엔터테이닝

호텔관광서비스

Hotel Tourism Service

양승훈 지음

이프레스

서비스로의 초대

나름 소중했던 젊은 날의 체험들이 책을 집필하면서 하나하나 떠오릅니다. '고객을 위한 가치창조'를 모토로 하던 모 제조기업에서 근무할 때 가치창조의 완성은 서비스에 있다는 것을 배웠습니다. 호텔과 크루즈에서 근무하면서 고객 서비스의 주체로써 직원의 중요성(spirit to serve)을 깨닫고 7성급 서비스(GOLD service)를 실천하였습니다. 그럼에도 "진정한 서비스의 힘은 어디에서 나오는가?"에 대한 답을 구하는 데 아직도 미로(迷路)를 헤매고 있습니다.

표지에 제시한 나선(螺線)은 가운데 중심축을 중심으로 선이 돌돌 말려서 확대되어 나가는 형상입니다. 중심축은 현재의 독자이고, 이 책을 통해 서비스를 알아가면서 학교와 기업에서 한층 성장하길 바라는 염원을 담았습니다. 또한 중심축은 고객에 대한 서비스로 시작하여 점차 확대하여 마침내 사회에서 삶의 방식으로서 서비스, 기분 좋은 사회를 만드는 서비스가 되어야 한다는 의리를 표현하였습니다.

그리고 조심스럽게 다음과 같은 잠정적인 가설을 제시합니다.

서비스의 힘(力) = 환대 × 판매력 × 엔터테인먼트

환대는 주인이 손님을 맞이하는 방법입니다. 서비스 직원들이 겪어왔던 갑질과 을의 비애에 대한 변호이자 서비스의 따스함을 찾을 수 있는 방법 제안입니다. 판매력을 강조한 이유는 서비스의 끝이 탁월함에 있는 것이 아니라 판매와 연결되는 서비스(service that sell), 즉 기업의 생존원리를 서비스 직원도 숙지해야 하며 이를 내면화해야 한다는 것입니다. 그리고 이 책의 부제로 붙인 엔터테

인먼트는 엔터테인먼트 산업과 서비스 산업의 제휴, 서비스 산업의 체험성 강조 등에 주목하고 엔터테이닝한 서비스를 연출하는 엔터테이너를 미래의 서비스 직원으로 만들어 가야 한다는 것을 제시합니다.

이 책은 전체 4개의 편으로 이루어져 기초편, 이론편, 응용편, 성과편으로 구성되어 있습니다. 각 장은 3개의 절로 이루어져 있고, 각 절은 3개의 소제목으로 구성되어 있습니다. 각 장의 본문은 다음과 같이 구성하였습니다.

① 서비스 익스프레스: 내용 요약, 키워드
② 도입사례: 해당 장의 주제와 관련된 기사
③ 해당 장의 본문: 해당 장 내용 해설
④ 서비스 브레이크: 가벼운 이야기로 서비스 이해 증진
⑤ 서비스 열전: 서비스의 대가(Master) 및 서비스기업의 서비스 철학 소개
⑥ 엔터테인먼트로 배우는 서비스: 향후 서비스 연구를 촉발하는 서비스의 키워드 발견

책을 세상에 내놓기 위해 엄격한 자기검열을 적용하고 좀 더 숙성한 작품을 위해서 심사숙고해야 한다고 봅니다. 그러나 빠르게 돌아가는 서비스 현장에 빨리 도움을 주고, 전작을 바탕으로 한 강의와 연구 속에서 떠오르던 단상들이 기억의 저편으로 사라지기 전에 붙잡아야 한다는 조바심도 있었습니다. 여기 다시 새로운 책으로 독자와 진실의 순간(MOT: moment of truth)을 맞이하고자 합니다. 문자화된 책이기에 강의실에서 보여줄 수 있는 라이브한 끼(氣, talent)는 담지 못했지만 이를 강의실에서 선보일 수 있도록 약속드립니다. 지난 수개월간 졸고를 번듯한 책으로 만들어 주신 이프레스 출판사 대표님과 편집부 직원들께 감사의 인사드립니다.

백양산 자락에서 2021년 봄날을 기다리며

양승훈

차 례

Part 01 기초편

Chapter 01 | 기업경영과 서비스

Chapter 02 | 서비스란 무엇인가

Part 02 이론편

Chapter 04 | 고객만족

Chapter 05 | 서비스 전략

Part 04 성과편

Chapter 10 | 팔리는 서비스

Chapter 11 | 서비스 문화

Chapter 12 | 엔터테이닝 서비스

PART 01

기초편

CHAPTER 01

기업경영과 서비스

인생은 서비스와 같다.
앞서가는 사람은 보다 많은, 보다 좋은 서비스를 제공하기 위해
인생을 바치는 사람이다.
– E. 스타틀러

Chapter 01

서비스 익스프레스

인생은 서비스와 같다. 앞서가는 사람은 보다 많은, 보다 좋은 서비스를 제공하기 위해 인생을 바치는 사람이다. (스타틀러, 코넬대학 도서관 현판)

→ 서비스는 먹고사는 직업이기도 하지만 인생을 살아가는 처세이기도 하다. 내게 고마운 사람에게 배운 서비스를 실천한다.

1. 경영과 서비스

직원에 의해 수행되는 서비스는 경영에서의 투입요소(자원)이자 산출요소(상품)이다. 서비스를 주 업(業)으로 하는 서비스기업의 역할과 비중이 날로 확대되고 있다. 호텔관광기업은 사람을 기반으로 하는 대표적인 서비스기업이다.

2. 서비스와 체험

서비스 경제에서 체험경제로 변화해 감에 따라 사람에 의한 서비스, 대면적 서비스를 중시하는 호텔관광기업은 체험을 전략적으로 활용하여 경쟁력을 확보해야 한다.

3. 서비스의 과제

사회 및 경제 전반에서 서비스에 대한 인식이 높아지고 그 중요성이 증대되어감에 따라 서비스 생산성 확보 및 서비스 패러독스에 대한 대응이 필요하다.

키워드

경영, 기업, 기업가치방정식, 고객, 서비스 패러독스, 체험, 호텔관광산업

도입사례

특급호텔에서 한 달 살기… 90만원에 가능

외국인 관광객 수요가 줄어들면서 서울 도심 호텔들은 내국인을 타깃으로 한 달 살기와 같은 장기 투숙 상품을 선보이고 있다. 위메프 투어에 따르면 7박 이상 장기 예약이 지난해 대비 1,000%까지 급증했다고 밝혔다. 호텔들은 이런 흐름에 맞춰 기존 예약가 대비 평균 10% 이상 할인된 가격으로 한 달 살기 상품을 제공하고 있다. 대표적인 호텔로는 글래드 호텔, 신라스테이, 이비스 앰배서더, 호텔 미드시티 명동 등이 있다. 주요 이용객들은 해외여행 대신 호텔 여행을 선택한 여행자, 서울 거주가 필요한 직장인과 지방에서 올라온 서울 출장자 등이다.

여행 스타트업 트래블메이커는 이러한 추세를 반영해 '호텔에삶' 브랜드를 선보였다. '호텔에삶'은 호텔 한 달 살기 서비스를 제공 중인 서울 도심 호텔들을 한 번에 보여주는 호텔 살기 플랫폼이다. 룸서비스, 호텔 편의시설 이용, 네트워킹 모임 등의 서비스를 제공한다. 또한 상품은 광화문, 강남, 여의도 등 서울 중심지에 위치한 3성급 이상의 호텔들로 구성했다. 호텔 미드시티 명동의 경우 1인 기준 29박 30일 예약 시 90만원에 예약 가능하다.

트래블메이커 관계자는 "호텔 한 달 살기의 주 고객층은 프리미엄 라이프를 원하는 20~30대 직장인이다. 또한 한 달 살기 기준, 호텔 예약가와 비교해 평균 20% 이상 할인된 가격으로 보증금 없이 살 수 있는 점이 장점"이라며 "여행자 외에도 호텔 거주를 꿈꾸는 MZ세대에게 새로운 주거 형태로 인기를 끌 것으로 예상된다"고 설명했다.

출처: 여행신문 (2020.11.27).

학습목표

01 기업경영에서 서비스가 어떠한 위치를 차지하는지 말할 수 있다.

02 호텔관광기업이 어떠한 종류가 있는지 알 수 있다.

03 체험이 서비스에 중요한지 받아들일 수 있다.

1 경영과 서비스

1) 경영의 개념과 의의

(1) 경영과 기업의 개념

경영은 일정한 목적을 위하여 인적자원과 물적자원을 결합하는 행위를 말한다. 목적과 관련하여 기업경영은 이윤창출을 의미하고, 가족경영은 가족의 화목과 구성원의 성장을 의미한다. 최근에는 자기경영, 얼굴경영 등 경영의 대상이 다양화되고 있다.

'경영(經營)'이라는 말의 한자 의미를 살펴보자. '경(經)'은 실(실타래)을 나타내며 씨줄과 날줄로 구성된다. 촘촘하게 미래를 향한 계획을 세우고 현 시점을 관리(혹은 통제)해야 한다는 의미를 가지고 있다. '영(營)'은 무언가가 집결된 양상으로 군영, 진형 등으로 쓰이는데 목적을 향해서 준비태세가 갖추어진 것으로 해석된다. 즉 계획과 통제를 하기 위해서는 조직이 필요하고, 조직은 결국 사람으로 구성된다는 의미이다. 기업에서는 담당자, 관리자, 경영자에 이르는 일련의 위계 관계가 존재한다. 기업(企業)은 경영을 하는 주체로서 기술과 사람의 조합을 통해 이윤 획득을 목적으로 운영하는 자본의 결합체이다. 따라서 다음과 같은 특징을 갖는다.

① 소유와 노동의 분리: 타인의 노동을 구매하여 생산과정에 투입
② 영리의 추구: 자본 소유자는 본인의 가계와 구별하여 기업이 장기적인 관점에서 생존할 수 있도록 이익을 추구
③ 개별성과 독립성: 기업은 사회를 구성하는 다른 조직과 구별되는 특징을 가지고 있으며 독립해서 존재

레스토랑이 어떻게 기업으로 성장했는지 알아보는 것은 의미가 있다. 레스토랑은 '먹는다'는 인간의 기본적인 행위를 대신 충족시켜 주는 기업이다. 레스토랑 기업의 시초는 1765년 파리에서 수프를 팔던 무슈 블랑제(M. Boulanger)라고 알려져 있다. 당시 궁중과 귀족저택에서 음식을 만들던 요리사들이 프랑스 혁명 이후 몰락한 귀족들의 집에서 나와 개업을 하였다. 집안에서 만들어 먹던 음식과 그 행위(內食)들이 완성된 상품이 되고 집밖에서 사먹는 행위(外食)가 나타났다.

(2) 경영의 추구가치

기업의 지속적 성장을 위해서는 끊임없이 가치(value)를 창출해야 한다. 고객의 입장에서는 가치란 고객이 원하는 모든 것, 교환의 근거, 주고받는 것이다. 기업을 가치사슬(value chain) 혹은 가치전달시스템(value delivery system)이라고 표현하는 것처럼 경영이란 결국 가치를 만들어 내는 과정이다. 가치를 통해 고객으로부터 선택받는다.

기업은 고객에게 전달할 가치가 무엇인지를 결정하고, 공급자로부터 가치를

창출할 수 있는 원재료를 받아 기업 내부의 생산활동을 통해 가치를 만들어 내고, 외부 고객을 대상으로 마케팅함으로써 가치를 극대화하며, 마지막으로 판매를 통해 고객에게 가치를 전달한다.

기업의 가치방정식은 다음과 같다.

기업의 가치방정식 = V> P > C

- V(value) : 고객에게 제공된 상품으로 고객이 인식하는 가치
- P(price) : 고객이 가치를 획득하기 위해 지불한 희생으로서의 가격
- C(cost) : 기업이 가치를 만들어 낼 때 투입된 비용

고객은 가격보다 가치가 커야 구매를 하고, 기업은 투입비용보다 더 높은 가격을 붙여야만 존재할 수 있다. 고객이 특정호텔에 투숙하는 것은 가치를 느끼기 때문이다. 장기간의 여행으로 지친 고객은 깨끗하게 정돈된 객실에서 푹신푹신한 침대에 피곤한 몸을 누이며 안락감을 얻는다. 고객은 이렇게 얻는 가치가 본인이 지불하는 객실료보다 크다고 생각하기 때문에 체크인을 하는 것이다.

가치는 위와 같은 경제적 가치와 같이 구체적인 것도 있지만 사회적 가치와 같이 추상적인 가치도 있다. 롯데호텔앤리조트(Lotte Hotel & Resort)는 핵심가치로서 고객중심, 개선/혁신, 소통/존중, 배려/협력, 상생을 제시하고 있다. 또한 비용에는 신용과 정직을 지키는 것, 정상적인 가치창조를 위해 반드시 써야 할 비용이 포함되기도 한다. 기업의 평판이 제품과 서비스의 가치를 높여주기도 한다. 착한기업이 양식 있는 소비자들의 선호를 받는 것이 좋은 예이다. 리처드 브랜슨 버진그룹 회장은 "180개의 사업을 시작할 때마다 오직 사회에 대한 명성과 책임만을 생각했더니 돈은 저절로 따라왔다"고 회고한다. 이윤극대화가 아닌 '좋은' 이익 극대화가 기업의 목표임을 천명하였다.

(3) 경영의 이해관계자

경영의 이해관계자는 고객, 주주(주식회사인 경우로 투자가로 환원 가능함), 직원으로 구성된다.

고객(顧客)은 기업의 생산물을 구매해 주는 사람, 기업에 가치를 만들어 주는 사람, 기업의 생산과 비교되어 소비를 하는 주체 등으로 표현된다. 그러나 최근에는 생활인으로 개념이 바뀌고 있는데, 라이프스타일(life style)을 창조하는 생활의 단위, 능동적, 참여적, 경제적 이외의 참여를 특징으로 한다. 기업의 상품을 사는(buy) 사람이 아니라 기업과 같이 사는(live) 사람으로 바뀌고 있는 것이다.

주주(株主)는 기업의 소유자이자 기업의 경영활동에 필요한 재원을 제공하는 주체로써 회사의 최고 의사결정기관인 주주총회의 구성원이며, 기업의 경영활동을 감시하는 감사 등의 역할을 하기도 한다.

직원은 기업의 활동을 수행하는 주체이다. 특히 고객과 직접 현장에서 만나는 일선 직원을 현장 서비스 요원(contact person)이라고 한다.

2) 경영에서 서비스의 위치

(1) 투입요소로서 인적자원

서비스는 제품과 함께 기업경영의 산출물이다. 따라서 서비스를 생산하기 위해서는 인적자원, 즉 사람이 들어가야 한다. 사람과 서비스는 서로 분리할 수 없는 일심동체이다.

호텔의 도어맨 중 고객 천 명의 얼굴과 이름을 기억하고 인사를 하며 호텔문을 친절하게 열어주는 서비스를 하는 사람이 있다고 가정해 보자. 기업 입장에서는 친절하고 능력 있는 이 사람을 당연히 고용해야 한다고 생각할 것이다. 그러나 실제로는 오백 명의 얼굴과 이름을 기억하는 두 명의 도어맨을 고용하는 것이 합리적이다. 특정 서비스에 대한 대체 불가능성은 인력 운영을 어렵게 만든다. 더욱이 전자의 직원은 후자의 직원보다 인건비도 높을 것이다.

투입요소가 좋아야 산출요소가 좋다. 즉 사람이 좋아야 서비스를 이끌어낼 수 있다. 여기서 사람이 좋다는 것은 특정 서비스를 생산할 수 있는 능력이 있는 사람을 의미한다. 따라서 능력이 기준에 미치지 못할 때 매니저는 적극적인 교육·훈련을 통해 양질의 투입요소를 만들어야 하는데 교육이나 훈련을 해도 익숙해지지 않는 사람이 있다. 즉 서비스에 맞지 않는 사람은 서비스 직종에서 일을 하지 않는 것이 좋다. 최소한 자기 자신을 위해서라도 말이다.

호텔산업에 종사하는 사람은 호텔에 방문한 손님을 우리 집에 온 손님이라고 여기고 또 하나의 가족이라고 생각하는 마음으로 주문시간이 넘은 후라도 허기진 가족에게 빵 한쪽이라도 먹이고 싶다는 심정을 가져야 한다. 식사서비스가 끝난 10시 이후에 허기져서 돌아온 손님을 통금시간을 못 지켰다고 징벌적으로 굶겨서는 안 된다. 바람직한 서비스맨은 먼저 베풀고 받는(give and take) 자세가 필요하다. 일부 서비스맨이 저속한 장사꾼으로 매도되는 이유는 먼저 뺏으려 하고 마지못해 내주는(take and give) 데 익숙하기 때문이다(손대현, 2000). 힐튼은 "호스피탈리티 서비스란 경쾌함과 따스함(light and warms)"이라고 강조하였다.

호텔 인적자원에서 더 어려운 것은 좋은 인재를 찾는 것이다. 특급 호텔에 입사하기 위해서는 고스펙, 호감 가는 외모, 높은 외국어 구사 실력 등이 요구되지만 근무조건과 연봉은 다른 산업군이나 기업에 비해 열악하다.

투입요소로서 인적자원은 그 가치가 가변적이다. 서비스를 생산하고 고객에게 전달하는 과정에서 바뀔 수 있다. 어느 날은 기분이 좋아서 최고의 서비스를 만들어 내지만 인간이기에 호텔 밖에서 일어난 좋지 않은 일 때문에 서비스를 망치기도 한다. 엔트리레벨(entry level)에서 대부분의 업무가 단순·반복적 특성을 가지기 때문에 쉽게 싫증이 나고 서비스 자체에 대한 애착이 떨어져 노동의 소외가 일어나기도 한다. 아침식사를 하러 오는 손님에게 아침의 활기를 전달하고자 수

백 번씩 미소 짓고 인사하는 것은 결코 쉬운 일이 아니다.

그림 1-1 크루즈 아침 조식뷔페의 호스트

(2) 산출물

서비스에 대한 고객의 평가는 주관적이다. 제 눈에 안경이라는 말이 있는 것처럼 서비스 생산자가 아무리 잘한다고 해도 최종적으로 판단하는 것은 고객이다. 고객이 서비스를 위해 지불한 요금은 제한이 있지만 고객의 요구는 무한대이다.

서비스는 좋은 유형적 제품과 만나서 빛을 발한다. 여행사가 고객을 상대로 여행상품을 설명할 때 브로슈어 등의 유형적 도구가 있으면 더 나은 서비스로 인정받을 수 있다. 명필은 붓을 가리지 않는다고 하지만 좋은 붓이 있으면 기존에 가진 능력을 더욱 배가시킬 수 있다. 좋은 칼을 가진 셰프는 더 좋은 음식을 준비할 수 있다. 다만 서비스를 보조하는 유형적 제품을 구매하는 데에는 비용이 들어간다.

서비스는 아무리 내가 생산하고 싶어도 고객이 없으면 제공할 수 없다. 연극에 비유하면 관객이 없는 무대에 올라가서 대사를 읊조리는 것과 같다. 서비스는 시공간적으로 수요가 들쑥날쑥하다. 예를 들면 한국의 스키장은 대체적으로 겨울 시즌에만 열리기 때문에 여름에는 서비스를 생산하고 싶어도 할 수가 없다.

(3) 경영의 중심

서비스는 서비스를 생산하는 직원과 고객이 서로 만나는 시간과 공간에서 이루어진다. 물론 온라인 서비스와 같이 물리적인 공간이 아닐 수도 있고 먼저 제공하고 나중에 받는 서비스도 있다.

경쟁력 있는 기업경영을 위해서는 서비스가 중심이 되어야 한다는 사고가 조직 내에 널리 퍼지고 조직 구성원 모두에게 받아들여져야 한다. 서비스를 기업경영의 철학으로 보는 서비스 지향성(service orientation)이 필요하다. 고객과 차단되어 자기만의 세계 속에서 서비스를 만들고 제품을 만드는 자세는 경쟁력 있는 기업경영과 거리가 멀다.

주방장이 고객의 취향과 동떨어져 나만의 절대미각을 추구하는 것은 레스토랑 경영에 별로 도움이 되지 않는다. 최고의 음식은 자기만족일 뿐만 아니라 값비싼 식재료를 요구하여 결국 기업의 원가압박으로 이어진다. 테마파크의 공연기획자가 고객의 눈높이와 맞지 않는 최고의 예술작품을 추구하는 것은 테마파크 경영에 별로 도움이 되지 않는다. 최고의 공연작품은 자기만족일 뿐만 아니라 고객의 시선을 사로잡을 수 있는 것이어야만 한다. 그리고 공연이 끝난 후 테마파크의 부대시설을 이용하고 유료 아이템 구매로 이어져야 한다.

3) 서비스기업으로서 호텔관광기업

(1) 서비스 산업의 분류

서비스 산업의 분류는 통계청의 한국표준산업분류(KSIC), 즉 사업체가 주로 수행하는 산업활동을 그 유사성에 따라 체계적으로 유형화(분류)한 자료를 통해 확인할 수 있다(통계분류포털 홈페이지, 2020). 이 분류를 통해 서비스 산업에는 어떤 것이 있는지 알 수 있다.

표 1-1 서비스 관련 산업 분류

대분류	중분류(업종 예시)
G. 도소매	45. 자동차 및 부품 판매업 46. 도매 및 상품 중개업 47. 소매업; 자동차 제외
H. 운수창고업	49. 육상 운송 및 파이프라인 운송업 50. 수상 운송업 51. 항공 운송업 52. 창고 및 운송관련 서비스업
I. 숙박 및 음식점업	55. 숙박업 56. 음식점 및 주점업
J. 정보통신업	58. 출판업 59. 영상, 오디오 기록물 제작 및 배급업 60. 방송업 61. 우편 및 통신업 62. 컴퓨터 프로그래밍, 시스템 통합 및 관리업 63. 정보서비스업
K. 금융보험	64. 금융업 65. 보험 및 연금업 66. 금융 및 보험관련 서비스업
L. 부동산업	68. 부동산업

M. 전문, 과학 및 기술 서비스업	70. 연구개발업 71. 전문 서비스업 72. 건축 기술, 엔지니어링 및 기타 과학기술서비스
N. 사업시설 관리, 사업지원 및 임대서비스업	74. 사업시설 관리 및 조경 서비스업 75. 사업 지원 서비스업 76. 임대업; 부동산 제외
O. 공공행정, 국방 및 사회보장 행정	84. 공공행정, 국방 및 사회보장 행정
P. 교육서비스업	85. 교육서비스업
Q. 보건업 및 사회복지서비스업	86. 보건업 87. 사회복지 서비스업
R. 예술, 스포츠 및 여가관련 서비스업	90. 창작, 예술 및 여가관련 서비스업 91. 스포츠 및 오락관련 서비스업
S. 협회 및 단체, 수리 및 기타 개인서비스업	94. 협회 및 단체 95. 개인 및 소비용품 수리업 96. 기타 개인 서비스업
I. 가구 내 고용활동 및 달리 분류되지 않은 자가 소비 생산활동	97. 가구 내 고용활동 98. 달리 분류되지 않은 자가 소비를 위한 가구의 제화 및 서비스 생산활동

출처: 통계분류포털 홈페이지(https://kssc.kostat.go.kr)

(2) 산업 내 서비스와 재화 생산

〈표 1-1〉에서 생략되어 있는 A는 농업, 임업 및 어업, B는 광업, C는 제조업, D는 전기, 가스, 증기 및 공기조절 공급업, E는 수도, 하수 및 폐기물 처리, F는 건설업 등이다. 비교적 눈에 보이는 재화의 생산임을 알 수 있다. 그러나 농업을 보면 벼를 생산하는 데 효과적인 생산을 위한 재배기술이라는 서비스가 활용되고, 폐기물 처리 역시 수거에서 처리까지 사람의 노동력으로서 서비스가 필요하다.

아울러 서비스 산업에 포함되어 있다고 하더라도 I. 55-숙박업은 침대와 욕실

내 샴푸 등 어메니티라는 유형적 제품이 구비되어야 한다. 또한 항공운송업 역시 항공기 기체라는 무형의 상품은 C. 제조업에 포함되지만 손님이나 화물을 적재하고 목적지까지 운반하는 데는 기장의 운항 서비스와 승무원의 객실서비스가 필요하다.

이상에서 살펴보면 각각의 산업이 상품을 생산한다고 하지만 상품을 크게 분류할 때 직접적으로 드러나고 손으로 잡을 수 있는 재화와 눈에 보이지 않는 서비스는 혼재될 수밖에 없다.

(3) 호텔관광산업

〈표 1-1〉 중에서 본서가 주제로 하는 것은 호텔관광산업이다. 따라서 H. 운수창고업(내 운수업), I. 숙박 및 음식점업 등이 각각 항공, 크루즈업, 호텔, 레스토랑업과 관련된다고 할 수 있다. 그러나 실제로 호텔관광산업은 매우 폭넓은 산업으로 구성되어 있어 명확하게 구분하는 것이 불가능하다. 예를 들어 51-항공운송업이라 할지라도 비즈니스 출장이나 가족친지방문은 관광산업과 직접적인 관련성이 없다. 68-부동산업은 호텔이나 레스토랑이 본격적인 운영을 하기 전에 땅을 매입하고 건물을 지어야 하는 것을 감안한다면 간접적인 관련성이 있다.

호텔관광산업은 다음과 같이 숙박, 운송, 식음료, 소매, 여가활동 등으로 구분할 수 있으며 다음과 같은 기준에 덧붙여 세분화되기도 한다. 관광산업에 초점을 맞추어 관광객의 동선에 따라서 출발 전 관광준비업으로 여행업, 출발 후 도착까지 이동업으로 항공, 크루즈업, 도착해서 본격적인 여행을 하기 위해 필요한 체제업으로 호텔, 레스토랑 등이 있다.

관광산업(Tourism Industry)

준비업	이동업	체제업			
여행정보 및 예약	운송	숙박	식음료	여가 & 엔터테인먼트	구매
여행사 예약포털 각종 앱	항공 렌터카 기차 크루즈	호텔 모텔 리조트 펜션	레스토랑 케이터링 바 카페테리아	컨벤션 축제 스포츠 테마파크	면세점 기념품점

그림 1-2 관광산업의 종류

그림 1-3 카지노 입구

2 서비스와 체험

1) 고객체험모델

(1) 체험모델

파인과 길모어(Pine & Gilmore, 2001)는 인류경제의 발달이 수렵채집, 제품생산, 서비스의 전달을 거쳐서 체험(experience)으로 이루어지는 일련의 단계를 이룬다고 하였다. 체험이 경제의 주를 이루는 시대, 즉 체험경제의 시대가 올 것이라고 예견하였다. 체험은 서비스 시대 이후에 나타난다.

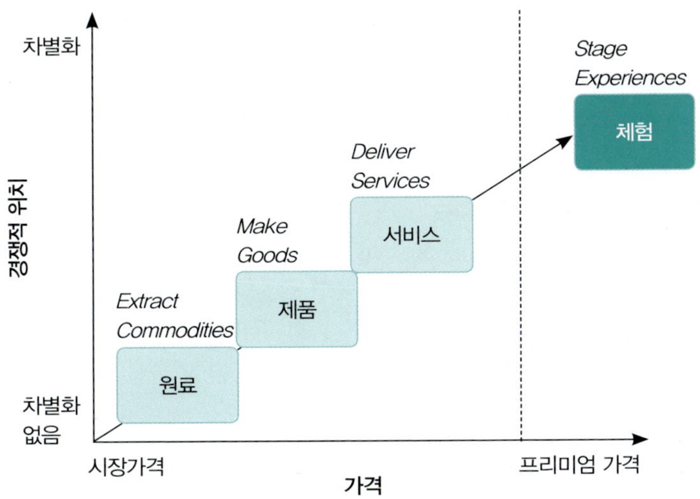

그림 1-4 체험경제로의 진화

출처: Pine (2001).

체험은 고객에게 잊지 못할 기억을 제공한다. 고객은 체험을 통해서 체험을 제공하는 주체와 밀접한 관계를 맺기도 한다. 따라서 체험은 제공물에 대한 긍정적인 인식을 유도하고 수익으로 이어질 가능성이 높다. 체험이 경제에 중요한 의미를 가지는 것은 상품이 시장에서 프리미엄 가격을 받을 수 있고 아무나 흉내 낼 수 없는 체험을 상품에 담아 경쟁적 우위를 확보할 수 있기 때문이다.

파인과 길모어는 고객의 체험을 능동적 참여와 수동적 참여으로 구분한 수평축과 환경에 얼마나 몰입하느냐의 수직축(흡수와 몰입)으로 나누어 네 가지 상황으로 구분하였다.

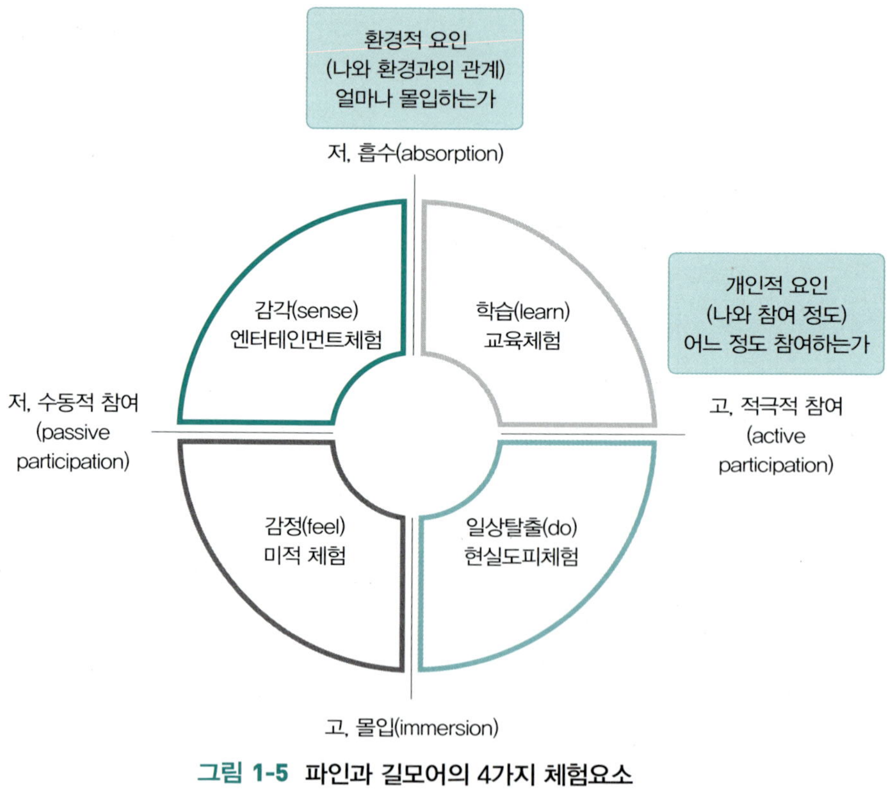

그림 1-5 파인과 길모어의 4가지 체험요소

출처: Pine & Gilmore (1998).

번스 슈미트는 1999년 체험마케팅이 기업의 차세대 전략임을 제안하였다. 슈미트는 체험시대에는 전 산업의 비즈니스가 테마파크의 체험을 닮아 갈 것이라고 하였다. 체험에는 다음과 같이 5개의 종류가 있으며 각각의 기능은 다음과 같다(삼성경제연구소, 2011).

① 감각체험: 파격으로 깜짝 놀라게 하기 → 즐거움

② 감성체험: 기대 이상의 섬세함으로 승부 → 배려

③ 관계체험: 나만을 위한 맞춤서비스 → 배려

④ 지성체험: 제품 및 서비스 개발에 아이디어 제안 → 성취감

⑤ 행동체험: 새로운 라이프스타일 도전 기회 제공 → 성취감

(2) 서비스와 체험의 차이

서비스와 체험의 구분은 쉽지 않다. 이는 서비스가 제품과 같이 어울려 하나의 상품으로 인식되는 것과 같은 맥락이다. 서비스는 전달(deliver)되고 체험은 연출(staged)되는 것이라는 차이가 있다.

체험은 생산된 대상, 즉 상품(제품 혹은 서비스)을 소비하는 주체와 일체가 되는 것을 의미한다. 쉽게 말해서 직접 해보는 것이다. 제주도의 초콜릿 테마파크는 체험비를 지불하면 직접 본인이 구입할 초콜릿을 만들어 볼 수 있다. 이때 체험 강사가 등장한다. 이미 만들어진 초콜릿을 구매(제품)하거나 초콜릿을 주문할 때 겉면에 메시지를 새겨 달라는 것(서비스)과는 또 다른 차원이다. 효과적인 체험이 이루어지려면 참여하는 사람이 대상과 물아일체(物我一體), 즉 너와 내가 구분되지 않는 몰입의 상태가 되어야 한다. 직접 체험해서 만든 초콜릿에 대한 기억은 오래도록 소중히 남을 것이고, 그때 만든 초콜릿은 세상에 둘도 없는 소중한 물건이 될 것이다. 서비스와 체험의 차이는 다음과 같다.

표 1-2 서비스와 체험의 차이

서비스 전달	체험 연출
전달로서 마무리	연출로서 마무리
무형적 성격의 서비스	인상적, 오랜 기억을 주는 체험
고객화(필요시 대량생산 대량소비)	개인화 지향
수요에 따르는 제공	시간을 두고 고객이 등장
제공자로서의 판매자	연출자로서 판매자
고객으로서 구매자	관객으로서 구매자

(3) 성공적인 체험 연출의 조건

기업은 고객에게 성공적인 체험을 선사하기 위해서 다음과 같은 다양한 조건들을 연출한다(메터스, 2006).

① 맥락(context): 공간의 구성 형태

② 시간(time): 체험의 질을 향상시키는 시간의 흐름

③ 고객행동(behavior): 공간 내에서 시간이 흐름에 따른 행동

맥락은 물리적 장치(공간의 테마, 배치, 고객의 감각 호소 기재)와 이미 같은 공간 내에 들어와 있는 다른 사람들(고객 및 종업원)과의 상호작용으로 이루어진다. 시간은 계속성, 연속성, 기억될 만한 사건 등으로 이루어지며 체험의 질을 강화하는 역할을 한다. 고객은 공간 내에서 대상과의 상호작용을 통해서 그 정도에 따라 다양한 체험을 할 수 있다.

유니버설스튜디오는 영화사가 만들어낸 다양한 영화의 소품이 테마파크 내에 전시되어 있다. 따라서 영화를 본 사람은 전시물에 대하여 좀 더 깊은 이해를 할 수 있다(맥락). 예를 들어 영화 "백 투 더 퓨처" 코너에서는 라이드(ride)를 타고 영화의 주인공이 될 수 있다(고객행동). 라이드는 영화에 나오는 것처럼 일련의 시간 흐름 속에서 진행된다(시간).

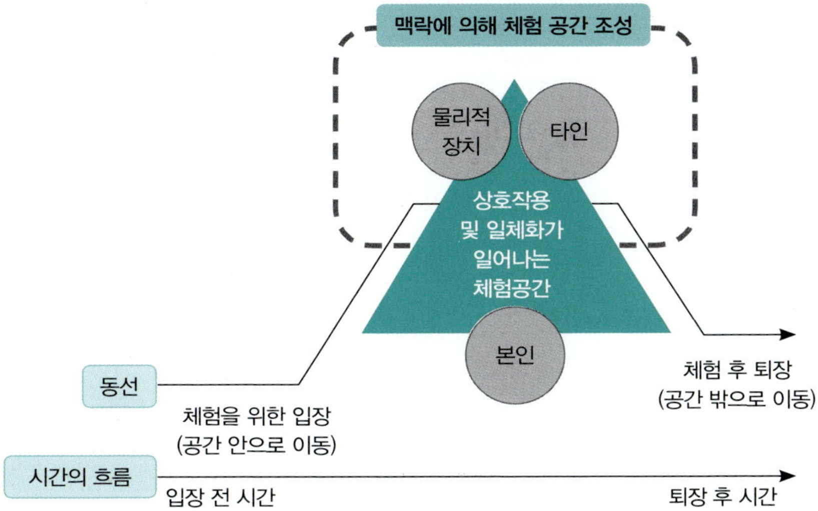

그림 1-6 성공적인 체험연출의 조건

2) 서비스에서 체험이 중요한 이유

(1) 서비스업의 핵심은 환대에 있다

환대(hospitality)를 한마디로 말하면 '환영'이고 '웰컴(welcome)'이다. 눈에 보이는 물건을 살 때에는 해당 물건이 잘 작동하는지가 중요하지만 서비스를 이용하고 요금을 지불할 때에는 서비스를 제공하는 사람이 기꺼이 즐거운 마음으로 손님을 맞이하는지 아닌지의 여부가 서비스의 좋고 나쁨을 결정하게 된다. 서비스의 최고의 미덕은 환대의 포함 여부로 결정된다. 이런 점에서 서비스인은 세상에서 환대라는 아름다움을 빚는 예술가이자 화려한 환대 연출가이어야 할 것이다. 환대는 서비스를 주고받는 사람이 서로의 일체감을 느낌으로써 비로소 시작된다. 체험이란 서비스에서 한 단계 나아간 것이고 대상과의 일체감이다. 사람과 사람이 직접 만나는 서비스는 환대가 넘쳐나는 체험이 요구된다.

(2) 서비스 산업에서 차별화는 체험연출로 가능하다

좋은 서비스는 경쟁업체들이 쉽게 따라한다. 전자제품은 복제하여 팔고 싶어도 기술적인 어려움은 물론 특허 등으로 보호를 받고 있기 때문에 섣불리 시도하기 어렵다. 경쟁업체가 늘어나면 개성이 없는 서비스 업체는 손님에게 금방 잊히기 때문에 체험을 어떻게 연출시키느냐에 대한 고민을 해야 한다.

나에게 말해봐 나는 곧 잊어버리지
나에게 보여봐 나는 기억하지
나를 참여시켜봐 나는 잘 이해하지

디저트는 사람의 표정을 빛나게 한다. 파티셰는 손님 앞에 접시가 놓이는 순간 번지는 미소를 상상하며 과자를 만든다. 만찬을 장식하는 크렘 브륄레(creme brulee, 구운 푸딩)가 사람들의 뇌리에 오랫동안 기억되기 위해서는 파티셰의 토치 연출이 필요하다. 헤드웨이터가 고객을 위해 직접 치즈를 갈아서 시저샐러드에 토핑해 주는 것은 좋은 체험이다. 연출력의 차이가 감동을 가져온다.

(3) 절제된 체험으로 서비스의 본질을 흐리면 안 된다

서비스에서 분명히 체험은 필요하지만 과도한 체험은 제대로 된 서비스 전달을 방해할 수도 있다. 체험은 분명히 서비스가 전달되는 시간과 공간에 대한 기억과 함께 서비스를 주고받는 사람 간의 상호 교류를 가져오고 더 나아가 고객의 충성도를 높인다.

테마 레스토랑은 식사 이외에 다양한 쇼와 이벤트를 열어 방문객에게 일반 식당과 다른 차별화된 체험을 제공한다. 먹는 즐거움 것 이외의 다른 방문 이유를 제공하는 것이다. 그러나 다수의 테마 레스토랑이 식당의 본연의 기능인 맛있는 메뉴와 식사 서비스를 놓치고 있다.

예를 들면, 고객이 음식을 먹으면서 떨어뜨린 나이프를 교체해 달라고 몇 번이나 의사표현을 하는데 웨이터는 준비한 마술쇼에 정신이 없다. 웨이터는 웨이터대로 고객의 손짓을 보았기에 불안한 마음에 쇼 연출을 하면서도 실수할 것 같은 조바심이 생긴다. 서비스에서 실수는 용납되지 않는다. 야구로 비유하자면 야구경기에서 외야수가 뜬공을 휘청거리며 위험천만하게 잡는 것은 관객에게 잠시 동안 즐거움을 줄 수도 있지만 선수로서 스킬 부족으로 오인될 수도 있다.

3) 서비스 체험의 성공 사례

(1) 스타벅스의 독특한 서비스 체험

세계적인 커피 브랜드 체인인 스타벅스는 다른 커피전문점과 비교되는 독특한 서비스 체험, 이른바 '스타벅스 체험'을 제공한다. 다른 커피전문점은 서비스 경제에 포함되어 있으나 한걸음 더 나아가 체험경제를 실현하고 있는 것이다.

우리는 매우 불안정한 세계에 살고 있다. 사람과 사회 사이에서 발생하는 고도의 긴장감, 그 사이에 스타벅스가 있다. 커피는 단순한 음료가 아닌 사람과 사람 또 사람과 사회를 연결시켜 주는 매개체이며 가정이나 직장에서 느끼지 못하는 평온한 감성공간을 마련해 준다. 이를 스타벅스 체험이라고 한다.

스타벅스는 이와 같은 감성체험으로서 초기에 승승장구하였으나 급속한 성장과정에서 본연의 감성을 상실했다가 2010년부터 다시 기지개를 펴고 있다. 제3의 공간을 표방하면서 삼삼오오 모여서 커피 한 잔으로 아침을 열고 저녁을 마감하는 역할을 해왔으며, 최근에는 SNS 공간, 즉 제4의 공간을 연출하고 있다. 제3의 공간은 제1공간인 집과 제2공간인 일터와는 다른 또 하나의 공간으로 1, 2공간의 특성을 공유하고 연결해 주는 독특한 곳이다.

www.starbucks.com

스타벅스는 마음에 평안을 이르는 체험을 연출하기 위해 다음과 같이 세 가지 노력을 하는데 그 첫 번째는 서비스이다.

① 좋은 서비스

② 커피원두에 대한 신념

③ 예술적 감각을 가진 공간연출

회장 하워드 슐츠(H. Schulz)는 2008년 2월 26일 미국 전 지역 7,100개 매장을 3시간 동안 폐쇄했는데, 언론에서는 이를 '커피 브레이크(coffee break)'라고 하였다. 최상의 에스프레소를 만들기 위해서 잠시 휴식시간을 갖는다고 한 것이다. 휴식기간 동안 바리스타 교육을 실시하기 위해 영업을 하지 않았고 그로 인해 6,000만 달러의 손해를 보았지만 아이러니하게도 고객만족은 수직 상승하였다. 품질을 타협하지 않는다는 스타벅스의 의지가 드러나는 부분이다.

Starbucks Takes a 3-Hour Coffee Break

By MICHAEL M. GRYNBAUM FEB. 27, 2008

A training session on Tuesday at a Starbucks on the Upper East Side of Manhattan, which focused on making the drinks.
Jacob Silberberg for The New York Times

그림 1-7 뉴욕타임즈에 실린 스타벅스의 커피 브레이크 기사

(2) 후터스

후터스(Hooters)는 레스토랑에 테마를 입힌 이른바 테마 레스토랑이다. 1983년 여섯 명의 사업가들이 만우절을 맞이하여 장난삼아 레스토랑을 구성하여 미국 플로리다주 클리어워터에 1호점을 오픈한 이후 전 세계 430개 매장으로 확장하였다.

이 레스토랑은 식사체험 이외에도 공연 및 엔터테인먼트, 건물 내외부장식, 서비스 요원의 독특한 연기연출 등이 특징이다. 미국식 패밀리 레스토랑과 스포츠바를 접목하여 '맛있는 음식, 시원한 맥주, 친절하고 아름다운 웨이트리스'를 콘셉트로 삼고 있다. 또한 검은색과 오렌지색이 대비되는 강렬한 이미지의 내부장식과 떠들썩한 분위기가 특징이다. 발상지인 플로리다 시골 해안가의 투박하면서도 넉넉한 시골인심을 체험할 수 있다. 이러한 레스토랑 서비스는 체험을 먹다(eat)와 엔터테인먼트(entertainment)의 합성어인 이터테인먼트(eatertainment)라고 불리운다.

www.hooters.com

(3) 크루즈의 댄싱웨이터

크루즈는 이동이 가능한 선박을 호텔로 만든 것이다. 따라서 육상의 보통 호텔에 비해 자타가 공인하는 보다 탁월한 서비스를 제공한다. 특히 크루즈에서의 만찬은 선사에서 매우 공들여 준비하는 서비스로, 승객의 만족도를 결정하는 매우 중요한 요소이다.

크루즈는 1명의 웨이터와 보조웨이터가 항해하는 동안 같은 고객을 항해일수만큼 서비스한다는 점에서 육상 호텔과 양상이 다르다. 즉 1회성 만남이 아니라 적게는 2~3일에서 많게는 한 달 이상 식사 서비스가 이루어지기 때문에 식음료

스텝의 서비스에 대한 부담이 크고, 승객 역시 서비스에 대한 기대의 변동 폭이 매우 크다.

따라서 크루즈에서 웨이터들은 음식을 서비스하는 것을 넘어서 춤과 노래 등 화려한 퍼포먼스를 선보이며 승객들을 열광시킨다. 이들 댄싱웨이터는 해상에서의 독특한 식사체험을 보여주며 승객의 자연스러운 참여를 유도하여 즐거움을 선사한다. 고객에게 재미있는 배(Fun Ship)를 표방한 카니발크루즈에서 시작되어 모든 크루즈는 고객의 식사 서비스에 실수가 없도록 할 뿐만 아니라 엔터테이너적 기질이 있는 서비스 요원을 발굴하고 교육시키고 있다.

그림 1-8 크루즈와 고객

3 서비스의 과제

1) 서비스에 대한 중요성 인식

(1) 사회 변동과 서비스

사회는 경영활동이 이루어지는 무대이다. 기업 조직은 사회의 부분집합이기 때문에 사회 변동은 자연스레 경영에 영향을 주게 된다. 최근 가장 두드러진 것은 사회가 소프트화되고 감성화되고 있다는 것이다. 이를 키워드로 구체화하면 다음과 같다.

- 경쟁(competition) → 협조(co–operation)
- 스피드(speed) → 여유와 느림(slow)
- 이성(think)적 가치 → 감성(feeling)적 가치
- 물질적 소유 → 정신적 점유

위와 같은 사회 변동이 변화하는 환경에 기업이 적응하게 만들고 점차 기업이 변하게 된다. 변화의 동인(動因)으로서 서비스에 주목한다.

서비스는 본질적으로 사람에 의해 만들어지기 때문에 제대로 된 서비스라면 부드러움과 감성을 가진다. 서비스는 사람과 사람 간의 관계의 부드러움을 최고로 한다. 서비스는 포함되는 재화를 부드럽게 해주는 윤활유와도 같다. 그리고 서비스가 좋고 나쁨에는 이성적인 판단보다는 감성적 판단이 우선하기도 한다.

(2) 경제의 성숙화로 인하여 서비스를 주목

타인의 입장에서 볼 때 무모한 일, 무리한 일, 굳이 필요하지 않은 일에 자신의

수고와 시간을 파는 것이 서비스이다. 원래 서비스는 중세 이전에 노예들이 다른 사람을 시중드는 것에서 시작하여 중농, 중상주의 시대가 지배하던 때에는 비생산적이고 비경제적인 활동으로 치부되었다. 산업사회에는 제품을 팔기 위한 부수적인 수단일 뿐이었으나 후기 산업사회로 넘어오면서 독자적인 가치를 창출한다(이정학, 2018). 인류 역사의 제1의 물결인 농업혁명, 제2의 물결인 제조업 중심의 산업혁명에 이어 제3의 물결인 서비스가 경제활동의 중심에 서게 된 것이다.

클라크는 1, 2차 산업의 잔여부분을 3차 산업, 즉 서비스라고 하였다. 부를 창출하는 자본의 중심이 토지, 설비 등이 아니라 사람 · 지식 등으로 이전한 것이다. 1968년 훅스가 『서비스 경제(Service economy)』를 발표한 이후 서비스 경제화, 경제의 서비스화라는 용어가 빈번히 사용되기 시작하였다. 구미 선진국에서는 제조업, 농업, 광업에 비하여 고용인구 비율이 과반수 이상을 차지하는 등 경제의 주요 동력원으로 각광받고 있다(안대희 외, 2017).

산업생산성이 높아지고 소득이 증대되면서 사람들의 여가시간이 늘어나고 삶의 질에 대한 욕구가 높아진 것과 관련이 있다. 그리고 그러한 욕구는 타인에 의해 기꺼이 제공되는 서비스가 해소해 준다.

사생활을 외주(out-sourcing)하는 트렌드를 다룬 『나를 빌려드립니다(THE OUTSOURCED SELF: Intimate Life in Market Times)』라는 책이 주목을 받고, 언제 어디서든 심부름센터가 되어 모든 것을 대신해 주는 '대신맨' 광고도 있다. 모처에서는 할머니 대여 서비스를 제공하는데 모든 사람이 할머니와 같이 자라지 않는다는 것에 주안점을 두고 제과 제빵교육, 애완동물 관리, 레크리에이션 자격증을 보유하게 하여 서비스의 질을 높이고 있다. 이것이 바로 서비스 사회이다.

(3) 기업 전략 및 조직화 방법으로서 서비스

소비자의 욕구 변화와 고급화된 서비스 수요는 기업의 새로운 사업 기회가 된다. 기업활동이 생산에서 서비스 중심으로 변화하고 있으며, 고객의 욕구를 보다 적극적으로 수용해 나가는 데 서비스를 활용한다. 이러한 것을 제조업의 서비스화, 즉 서비사이징(servisizing) 혹은 서비스타이제이션(servitization)이라고 한다. 반데르머위와 라다(Vandermerwe & Rada, 1988)는 서비스화란 기업의 핵심 비즈니스에 가치를 부여하기 위한 제품, 서비스, 셀프서비스 및 지식의 통합적 패키지의 제공이라고 하였다(김승욱, 2017).

복사기 및 프린터 제조회사인 제록스는 서비스를 강조함으로써 보다 많은 가치를 창출하고 있다. 대림산업의 아파트 브랜드인 '이편한세상'은 집을 지어 분양하는 것으로 끝나는 것이 아니라 독특하게 주택토털서비스인 오렌지서비스를 제공하여 소비자의 만족도를 높이고 있다. 크루즈선사는 여행사가 크루즈상품 판매의 중요한 역할을 하고 있음에 주목하고 여행사에게 비교적 후한 판매수수료를 보장하며 동시에 판매력 향상을 위해 세일즈 키트 제공 및 여행사 직원 대상 상품교육 및 팸투어 등 서비스를 제공한다.

2) 서비스의 생산성 향상

경영활동의 우수성을 높이기 위해서는 효율성을 추구해야 한다. 생산성(productivity)은 경영활동의 효율성을 측정하는 지표 중의 하나이며 투입 대비 산출을 나타내는 것이다. 기업이 상품으로서 제품뿐만 아니라 서비스를 생산할 때도 생산성이 요구된다.

(1) 기계화

사람이 서비스를 할 때 기계를 활용하면 보다 빠르고 정확한 서비스를 제공할 수 있다. 예를 들어 식당에서 주문을 받는 웨이터는 연필과 주문서 대신 주문패드를 사용한다. 다만 주의해야 할 것은 서비스를 생산하는 데 지나치게 기계에 의존할 경우 인간미(human touch)를 감소시킬 수 있다는 것이다. 고객이 자동판매기 대신에 사람이 제공하는 서비스를 이용하고자 하는 것은 나름 이유가 있기 때문이다.

(2) 매뉴얼화

사람이 서비스를 생산할 때 이미 만들어진 수행 절차를 참조함으로써 속도와 정확성을 높일 수 있다. 예를 들어 직원이 처음 회사에 입사하면 업무를 수행하기 위해 이전의 업무에 대한 기록이 담긴 파일을 참고하도록 지도받는다. 서비스 생산에 필요한 지식은 머리로 기억하고 태도는 마음으로 받아들이고 기술은 몸에 체화시키는데, 이를 다수가 공유할 수 있도록 문서화한 것이 매뉴얼(manuel)이다. 다만 매뉴얼에 지나치게 의존하면 임기응변 능력이 떨어지고 새로운 서비스에 필요한 창조성이 결여되기 쉽다는 점에 유의해야 한다.

(3) 고객의 셀프서비스화(고객참여)

사람이 서비스를 생산할 때 고객을 생산에 참여시킴으로써 속도와 정확성을 높일 수 있다. 예를 들어 '물은 셀프'라는 문구는 고객이 직접 물을 가져다 먹으라는 표시이다. 패스트푸드 레스토랑에서는 생력화(省力化) 차원에서 키오스크를 활용하여 고객이 직접 주문을 입력하도록 장려한다. 고객이 서비스를 대신 해줌으로써 서비스 인력을 줄일 수 있고, 현재 있는 서비스 인력은 하고 있는 서비스에 보다 충실할 수 있다. 다만 유의해야 할 것은 고객을 참여시켰을 때 고객의 실수로 서비스 전체가 실패할 수 있다는 것과 고객이 서비스 수행을 하는 도중 고객이 피해를 보았을 때 이에 대한 배상문제 등이 발생할 수 있다.

3) 서비스 패러독스

(1) 서비스 패러독스란 무엇인가

패러독스(paradox)는 역설이라고 하는데 겉으로 보기에는 모순이 있고 말이 안 되는 것 같지만 표면적인 뜻을 떠나서 자세히 들여다보면 근거가 존재하고 더 깊은 진실이 있다는 의미이다. 케인즈는 절약의 역설(paradox of saving)을 통해 개인이 절약을 하고 저축하는 것이 합리적으로 보일지 몰라도 경제 전체로 볼 때 소비가 축소되며 경기침체가 발생하는 등 부정적인 현상으로 확대된다고 하였다.

서비스 패러독스(service paradox)란 서비스가 경제에서 차지하는 비중이 높아졌음에도 불구하고 고객이 체험하는 서비스의 질이 악화되는 현상을 말한다. 현대는 과거보다 경제적으로 풍요로운 사회가 되어 서비스를 받기 위한 조건은 더 좋아졌다. 즉 서비스를 제공하는 기업이 많아지고 고객은 서비스에 대하여 충분히 대가를 치룰 수 있음에도 불구하고 이러한 현상이 일어나고 있다. 기업은 고품질 서비스를 제공하기 위해서 높은 비용을 들여 서비스 전담인력을 일선에 배치하였으나 비용 대비 성과를 창출하지 못하는 경우가 비일비재하다.

(2) 서비스 패러독스의 원인

서비스의 제조업화(service industrialization)가 진행되고 있다. 서비스 제공과정 역시 효율성과 비용절감 차원에서 제조업의 원리가 적용되고 있는데, 그 핵심은 생산과정 및 생산물의 획일화와 표준화이다. 예를 들어 경비절감 차원에서 서비스 인력을 로봇(기계)으로 대체하거나 재배치하는 등 고객에게 제공하는 서비스를 일률적으로 규정하여 전달하는 것이다. 이러한 서비스 획일화는 고객의 요구에 맞는 서비스의 변형(customization)이 어렵다.

서비스 조직의 인력 운영에도 문제가 있다. 고객과 직접 대면하여 서비스를 생산하는 직원을 현장 직원(contact person)이라고 한다. 신입 직원은 기본적인 교육훈련이 마무리된 후에는 고객과 직접 대면하는 현장에 투입된다. 따라서 비숙련 직원이 고객과 마주하는 일이 비일비재하며 조직의 서비스력이 약하다는 평가를 받는다.

기업은 경영성과가 좋지 않으면 경비를 절감하려 할 것이며 가장 먼저 조정 대상이 되는 것이 인건비이다. 따라서 서비스 최일선에서 단순반복적인 업무를 담당하는 직원을 먼저 줄이려 한다. 이때 수적인 감소는 고객이 체감하는 불량서비스로 전환된다. 과거에 비해서 서비스를 제공하는 현장 직원과 고객 간의 인간적인 훈훈함이 사라지고 있다. 여러 가지 이유가 있겠지만 서비스를 주로 수행하는 종업원이 감정노동 결과 피로도가 증가한 것도 원인이다. 오늘의 슬픈 손님을 내일 어떻게 기쁘게 할 것인가를 고민하는 것이 서비스인데 아이러니하다.

고객은 현장 직원을 상하적 복종관계로 보고 하대하면 현장 직원은 본인이 하고 있는 일이나 직업에 대하여 의구심이 들 것이다. 또한 같은 업무를 계속 반복해서 수행하게 되면 자연스럽게 의욕저하가 일어난다. 결국 직무명세서에서 요구하는 최소한의 사항만 수행하려 할 것이다. 마치 자판기와 같이 서비스로 실수는 없으나 인간미를 상실하게 된다. 고객이 서비스기업을 찾는 이유는 기계가 해결해 줄 수 없는 그 무엇을 원하기 때문이다.

(3) 서비스 패러독스의 해결방안

서비스를 이용하는 고객의 마인드가 변화해야 한다. 서비스가 돈을 매개로 노동력을 사는 것이라고 생각하고 돈을 냈으니 마음껏 부릴 수 있다는 마음을 버려야 한다. 서비스의 본질은 사람에서 나오는 것이기 때문에 사람과 사람 간의 관계는 경제적 관계만으로 설명되지 않는다.

서비스를 제공하는 직원의 마인드가 변화해야 한다. 서비스 업무를 다른 대안이 없어서 어쩔 수 없이 선택했다든가 향후 좀 더 나은 직업을 갖기 위해서 대충 때운다는 생각을 가지고 서비스업을 해서는 안 된다.

서비스를 제공하는 직원과 서비스를 받는 고객 간의 관계를 개선할 수 있는 서비스 조직의 변화가 있어야 한다. 서비스 현장의 최일선에서 고객을 맞이하는 직원의 역할이 중요하다는 것을 인식해야 한다. 그리고 그 역할을 수행할 수 있도록 조직의 과정과 시스템을 정비할 필요가 있다.

모 크루즈 선사에서 손님이 실수로 반지를 잃어버렸는데 하우스키핑 직원이 억울하게도 절도범으로 몰렸다. 손님에게 하대를 당하고 일에 대한 회의를 느낄 때 매니저의 역할은 부하직원에 대한 무한한 신뢰를 확인시켜 주는 것이다. 로열 캐리비안 크루즈는 현장에서 고객을 맞이하는 직원들로 하여금 복무신조가 담긴 수첩을 가슴에 품게 한다. 수첩의 맨 앞에는 '고객의 여행은 당신으로부터 시작한다(The best vacation begin with you)', 즉 현장 직원이 어떻게 서비스를 수행하느냐에 따라서 고객이 여행 성패가 달라질 수 있다고 적혀 있다. 현장 직원의 역할이 얼마나 중요한지를 일깨워 주는 대목이다.

서비스 열전

타카시마야 백화점의 포도 파는 점원

1980년대가 저물어 가던 어느 겨울, 일본 도쿄 변두리의 허름한 다다미방에서 안타깝게도 백혈병에 걸린 한 소녀가 어머니의 간호를 받고 누워 있었다. 소녀는 투병 중에 간절하게 "엄마, 포도가 먹고 싶어요."라고 애원을 했다. 어쩌면 딸의 마지막 소원일지도 모른다는 생각에 어머니는 무작정 포도를 찾아 집을 나섰다. 하지만 겨울철에 포도를 구하는 것은 쉽지가 않았다. 마침내 어머니는 타카시마야 백화점에서 포도를 발견할 수 있었다.

Takashimaya

www.takashimaya.co.jp

그러나 포도는 백화점답게 오동나무 상자 속에 고급스럽게 포장된 최고급 거봉이었다. 가난한 살림에 돈이 없어 절망하고 있던 어머니의 모습을 보고 한 점원이 다가왔다. 어머니의 사연을 들은 여직원은 상자를 열고 포도 일부를 잘라 어머니에게 건네주었다.

몇 달 후 소녀를 치료했던 의사가 유력 신문에 애달프고도 고마운 사연을 투고하였고 많은 독자들이 공유하였다. 이러한 직원 한 명의 선행 이야기에 힘입어 백화점의 매출은 급격하게 늘어났다. 창립 160주년을 맞은 타카시마야 백화점은 상징으로 오랫동안 쓰던 장미를 포도로 바꾸고 '남을 돕는 마음을 갖자'라는 경영이념을 새로 채택하였다.

Take a bow   Madonna (1994)

Take a bow, the night is over 인사해요 밤이 끝났어요
This masquerade is getting older 이 가면무도회도 끝나가요
Light are low, the curtains down 빛은 어두워지고 막이 내려가죠
There's no one here 여긴 아무도 없어요 (중략)

Say your lines but do you feel them 대사를 읊어 봐요 느낄 수 있나요
Do you mean what you say when there's no one around 주위에 아무도 없는데 진심인가요 (중략)

The show is over, say good-bye 쇼는 끝났어요, 이제 인사해요
Say good-bye, say good-bye 이제 인사해요, 작별인사를 해요
Make them laugh, it comes so easy 사람들을 웃겨봐요, 그건 아주 쉽죠
When you get to the part 역할을 맡았을 때요
Where you're breaking my heart 당신이 내 마음을 아프게 하는 부분에서요

마돈나와 R&B계의 거물인 싱어송라이터 베이비페이스(Babyface)가 함께 작곡하고 프로듀스한 대표적인 발라드 곡이다. 1994년 발매한 〈Bedtime stories〉 앨범에 수록되었다. 사랑하는 사람과의 이별을 연극에 비유하여 막이 내리고 각자의 역할이 끝났으므로 노래하고 있다. 서비스의 마무리는 인사로 끝난다(take a bow). 인생은 연극이다. 그리고 서비스도 연극이다.

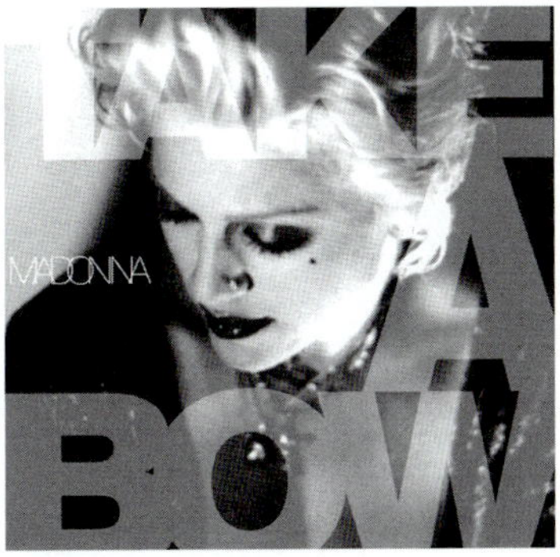

CHAPTER 02 서비스란 무엇인가

서비스에는 두 가지 어려움이 존재한다.
끊임없이 요구하는 고객에게는
yes도 no도 쉽지 않다.

Chapter

02 서비스 익스프레스

서비스에는 두 가지 어려움이 존재한다.
끊임없이 요구하는 고객에게는 yes도 no도 쉽지 않다.

→ 서비스는 고객의 요구에 대한 응대인데 고객이 원하는 것과 기업이 할 수 있는 것 사이에서 적절한 균형점을 찾아야 한다.

1. 서비스의 개념과 의의

서비스의 본질에 접근하기 위해서 서비스와 유사한 단어들, 서비스의 역사부터 최근 논의되었던 서비스의 학술적 개념까지 살펴보았다.

2. 서비스의 분류

서비스는 유형적 요소를 얼마나 포함하는가와 서비스가 필요한 대상 등에 따라 다양하게 분류할 수 있다. 호텔관광산업의 서비스에는 어떠한 종류가 있는지 알아본다.

3. 서비스의 특징

서비스는 무형의 상호작용재로서 유형적 요소와 무형적 요소, 서비스 직원과 고객이 같이 만들어 나가는 특징을 가진다.

키워드

동시성, 무형, 서비스, 소멸성, 이질성, 재화, 이벤트, 친절

도입사례

배달에 가까운 식당 내 서비스

많은 식당 테이블에는 플라스틱 통이 놓여 있다. 그 안에 있는 냅킨은 질감이 거칠고 잘 닦이지도 않으며, 얇아서 여러 겹을 만들어 수시로 사용해야 한다. 테이블에는 물통과 컵도 놓여 있고, 서랍에는 수저가 들어 있다. 수저를 놓고 물을 따라서 먹는 건 셀프다. 어떤 식당에서는 반찬도 셀프고 음료수도 손님이 냉장고에서 대충 스스로 꺼내 먹는다. 직원은 주방에서 테이블까지 음식만 날라다 준다. 서비스라기보다는 '배달'에 가깝다. '빨리빨리'를 위해서 호출 벨이 테이블마다 설치되어 있는데, 그렇기 때문에 벨을 누르지 않으면 직원이 테이블에 오지 않는다. 손님을 살피지 않으니 손님이 맛있게 먹는지, 불편한 점은 없는지 관심이 없다.

이제 우리나라 식당에는 이렇게 정형화된 시스템이 자리를 잡은 듯하다. 친절하고 상냥하게 손님을 챙기는 풍경은 실종된 느낌이다. 지난 몇 십 년간 서비스 산업의 많은 분야가 선진국 수준으로 발전했는데 외식 부문에서는 왜 쇠퇴하고 있는지 의문이다. 비싼 임차료나 최저임금 상승은 우리나라만의 문제가 아니다. 우리가 경쟁하고 싶은 음식 선진국들은 훨씬 더 비싸다. 하지만 패스트푸드점을 제외하고 손님이 테이블을 직접 세팅하고 직원이 손님에게 무관심한 식당은 어디에도 없다. 직원 중 한 사람만이라도 테이블을 수시로 지켜보고 손님이 필요한 서비스를 바로 제공해야 한다. 인건비가 추가되는 만큼 상승하는 음식값은 향상된 서비스를 인정하고 기꺼이 값을 지불하려는 손님을 믿으면 된다.

TV를 보면 음식점 소개부터 각종 먹방 프로그램이 수두룩한데 대부분은 맛에 집중되어 있다. 식당이라는 공간과 접객에 관해서는 평가가 거의 없다. 주방에서 만드는 음식 맛과 홀에서 제공하는 서비스의 균형적 발전이 없으면 외식업은 다음 단계로 격상되지 못한다. 식당은 음식만 먹으러 가는 곳이 아니다. 환대받으며 기분 좋게 서비스를 경험하는 공간이다. 음식 문화의 수준은 맛과 더불어 식당의 서비스 스타일에서 평가된다.

박진배 뉴욕 FIT 교수 · 마이애미대 명예석좌교수

출처: 조선일보 (2020.3.10).

학습목표

01 서비스와 비슷한 단어들을 열거할 수 있다.
02 서비스가 어떠한 점에서 무형의 상호작용재인지 본인의 경험을 토대로 생각해 보자.
03 제품 대비 서비스의 차이점을 극복할 수 있는 방안을 논의해 보자.

1 서비스의 개념과 의의

1) 일상에서의 서비스 개념

(1) 친절

친절(親切)은 한자어로 사랑할 친(親), 친할 친, 겨레 친의 의미에 끊을 절(切), 정성스러울 절, 간절할 절 등으로 다양한 의미를 가지고 있다. 두 한자어를 살펴보면 서로 친한 관계를 가진 사람 이외의 다른 사람과의 관계(끊어진 관계)를 어떻게 만들어 나갈 것인가에 대한 답을 알 수 있다. 즉 친절해야 하는 것이다.

친절은 영어의 '카인니스(kindness)'에 해당되는데 '킨(kin)' 역시 친족의 뜻을 가지고 있으며, 더 나아가 종류 혹은 종자라는 의미를 포함한다. 종자가 다른 것끼리 어떻게 지낼 것인가, 즉 카인드하게(친절하게) 지내야 한다는 의미이다. 사이좋게 지낸다는 뜻에서 모르는 사람과도 좋은 관계를 유지한다는 뜻을 유추할 수 있다.

일본 오키나와의 한 톨게이트 요금 징수원 할아버지들의 친절이 화제가 된 적이 있다. 이분들은 손자의 손에 돈을 쥐어주는 것처럼 거스름돈을 건네주는데 운전자 입장에서는 떨어뜨리지 않아서 좋고 징수원과 운전자 간에 손에서 손으로 전해지는 따스함이 오래 기억되어 좋다. 친절의 실천이다.

친절은 환대와 관련이 있는데 다른 사람의 특정한 필요와 욕구에 대한 배려와 우호적이고 관대적인 대접으로도 풀이된다. 따라서 친절은 후천적으로 배우는 것이 아니라 오히려 선천적으로 타고 나는 것일 수도 있다. 친절은 서비스와 어울려 친절 서비스, 봉사와 같이 쓰여 친절봉사 등으로 널리 쓰인다. 친절이 겉으로만 친절한, 표리부동(表裏不同)의 친절이라는 비판도 있으므로 이에 유의하며 본심(本心)을 담아야 할 것이다.

레스토랑에서 종업원이 자신에게 팁을 더 많이 줄 것처럼 보이는 사람에게 더 많은 친절을 베풀어 옆 테이블의 손님을 불편하게 하는 것은 진정한 친절이 아니다. 손님을 지급하는 팁의 양, 즉 얼마짜리 손님으로 보는 태도는 지양해야 한다.

(2) 공짜

공짜, 덤, 무료(free)와 같이 힘이나 돈을 들이지 않고 거저 주고받는 것도 서비스라고도 한다. “이건 서비스예요”, “이 화장품을 사면 서비스 없나요?”가 전형적인 공짜라는 의미로서의 서비스라는 단어를 사용하는 예이다.

사람들은 천성적으로 공짜를 좋아한다. 공짜로 주는 것은 부등가(不等價)적인 교환관계의 발생, 즉 어느 한쪽이 손해를 보는 거래라고도 볼 수 있다. 그러나 설렁탕집에서 덤으로 주는 깍두기, 길거리에서 무료로 나누어주는 화장품 샘플 등은 서비스를 제공하는 사람 입장에서는 현재로서는 금전적인 손해가 발생하지만 손님이 미래에 또 방문하고 사줄 수도 있다는 점에서 손해가 아니다. 짜장면을 시켰는데 군만두 두 개를 서비스로 받았다고 하면 고객은 식당 주인에 대한 감사로 '언젠가 한 번 더 와야지' 하는 마음을 갖는다.

(3) 봉사

남을 위하여 자신을 돌보지 아니하고 희생을 하며 힘을 바쳐 애쓴다는 의미의 봉사는 서비스와 관련이 있다. 서번트 리더십(servant leadership)은 리더가 스스로를 낮추어 아랫사람으로 하여금 따라오도록 하는 것이다. '오늘 일요일은 내가 가족을 위해 서비스한다'라는 것은 서비스가 봉사적 의미로 쓰인 것이다. '세르부스(servus)'가 성인(聖人, saint), 지성소(至聖所, sanctuary) 등의 긍정적인 의미의 어원을 동시에 가지고 있다는 것은 이와 같은 이유이다. 독일, 오스트리아에서는 'servus', 즉 '나는 당신의 봉사자입니다'를 인사말로 쓴다고 한다.

봉사는 타인을 사랑하고 나를 낮추어야 가능하다. 또한 가슴으로부터 우러나와야 하며 겸손하고 사랑어린 행동으로 표출해야 한다. 예수님도 당시 신분이 낮아 환대받지 못한 사람들과 기꺼이 식탁에서 마주하였고 이들을 대변하였다. 슈바이처는 인간에게 베푸는 서비스보다 더 숭고한 종교는 없다고 하였다.

Service Break

직업 속의 삶, 삶 속의 직업

시카고에서 온 미국인 한 명이 다가와 양파는 한 줄에 얼마냐고 물었다. 그러자 노인은 10센트라고 말했다. 가만 보니 노인이 내놓은 양파는 모두 스무 줄 정도였다. 그래서 미국인이 스무 줄 다 사면 얼마냐고 물었다. 대량구입하면 어느 정도 깎아줄 수 있냐는 서구식 경제개념으로 물은 것인데 이에 대한 노인의 대답은 뜻밖에도 다 팔 수 없다는 것이다. 놀란 미국인은 물었다.

"왜 못 판다는 겁니까?" 그러자 그 노인이 대답했다.

"나는 지금 인생을 살러 여기 나와 있는 거요. 나는 이 시장을 사랑하오. 북적대는 사람들을 사랑하오. 햇빛을 사랑하고 흔들리는 종려나무도 사랑하오. 친구들이 다가와서 인사를 건네고 자기 아이들이며 농사에 대해 이야기하는 것을 사랑한다오. 그것이 나의 삶이요. 바로 그걸 위해 하루 종일 여기 앉아 양파 스무 줄을 파는 것이요. 그런데 한꺼번에 다 팔면 돈은 벌겠지만 그걸로 내 하루는 끝이요. 사랑하는 삶을 잃어버리는 것이요. 그렇게 할 수는 없소."

2) 서비스의 역사적 개념

(1) 노예의 어원을 가진 서비스

서비스의 어원은 슬레이브(slave, 노예)와 관계가 있다. 계급적 복종으로서 '주인에게 시중을 들다'라는 뜻을 가진다. 노예 상태를 나타내는 라틴어 세르비티윰(servitium), 프랑스어로 노예인 세르부스(servus), 영어로 종(從)이라는 서번트(servant), 종의 생활인 서비튜브(servitude), 종처럼 생활하는 서빌(servile) 등이 있다.

서비스는 계급사회에서 상위계급이 하위계급에게 절대적인 권력을 행사하는 것과 관련이 있다. 지배계급으로서 부족장, 왕, 귀족 등은 피지배계급으로서 부족민, 노예, 농노, 평민들에게 본인이 해야 할 것을 대신하라는 지시를 한다. 지배계급은 생사여탈권이 있기 때문에 피지배계급은 어쩔 수 없이 수행해야 할 서비스이다. '당신의 바람은 나에게 있어서 명령(Your wish is my command)'이라는 말이 양자 간의 관계를 적절하게 표현한다.

계급사회는 근대사회가 되면서 급격하게 해체되었다. 지배계급은 피지배계급을 더 이상 잡아둘 수 없었으며 양자 간의 관계는 자연스럽게 자본에 기초한 임금노동으로 대체되었다. 계급사회가 탈계급사회로 이행되는 과도기에는 계급적 복종으로서 서비스와 임금노동을 바탕으로 하는 고용관계로서의 서비스가 공존하기도 했다.

오늘날 현대사회에서 거래되고 있는 다양한 형태의 서비스는 상기와 같이 계급적인 복종을 그 기원으로 하고 있다. 일반화할 수는 없지만 오늘날 호텔에서 고객에게 제공되는 서비스는 과거의 귀족사회 어느 저택에서 이루어진 그것과 별반 다름이 없다. 서비스를 둘러싼 제공자와 수혜자의 권력 변동은 서비스의 질과도 관련이 있다. 누구나 대신할 수 있는 서비스, 대신하면 더 잘할 수 있는 서비스를 거쳐 도저히 흉내가 불가능한 서비스를 제공하는 쪽은 받는 쪽에 대하여 우위를 가질 수 있을 것이다.

(2) 빅토리아 여왕시대의 사용인의 서비스

영국 빅토리아 여왕 시대는 19세기 영국이 유럽에서 대표적인 선진 산업자본주의 국가로서 '해가 지지 않는 나라'로 불릴 만큼 번영을 구가하였다. 당시 귀족에 의해 고용된 사용인(使用人)의 계급을 보면 오늘날 호텔에서 수행하는 업무와 매우 유사하다. 집사(butler), 요리사(cook), 종복, 마부, 말구종, 가옥 및 토지 관리인, 문지기, 시녀, 몸종, 하녀, 우유 짜는 하녀, 보모, 유모, 세탁담당 하녀, 하녀장, 가정교사 등이 있었다(이케가미, 2010). 귀족은 유한계급(有閑階級)으로서 안락한 생활을 유지하고 사회적 지위를 과시하기 위해 사용인을 적극 활용하였다. 그럼에도 불구하고 고용인과 사용인 간의 갈등이 발생하였는데 생활태도에 대한 잔소리, 금전문제, 불합리한 대우를 받는 것에 이성을 잃는 등 다양했다고 한다. 분명히 고대와 계급적 질서를 바탕으로 하는 고대 및 중세시대의 노예와는 다른 양상이 발생하기 시작했다. 오늘날 호텔의 경영진과 부딪치는 직원들의 인사 처우문제와 매우 유사하다.

당시 이들의 사회적 지위는 『걸리버 여행기』의 저자인 조너선 스위프트(J.

Swift)의 사후에 출간된『하인에게 주는 지침』에 잘 나타나 있다. 가공의 종복이 세상의 사용인 동료에게 보내는 충고의 형식으로 쓰여 있다. '고기 접시를 가지고 가는 도중 식당으로 들어가기 전에 접시가 손에서 미끄러져 고기는 바닥에 떨어지고 소스를 흘렸다면 고기를 살짝 집어 옷옷 소매로 닦고 원래 접시에 올려서 서빙한다.'(제3장 종복). '부인이 버린 속옷을 받아서 입는다. 영광이고 절약도 되고 어디 곤란한 것이 하나도 없다.'(제8장 시녀) 같은 어구가 담겨 있다.

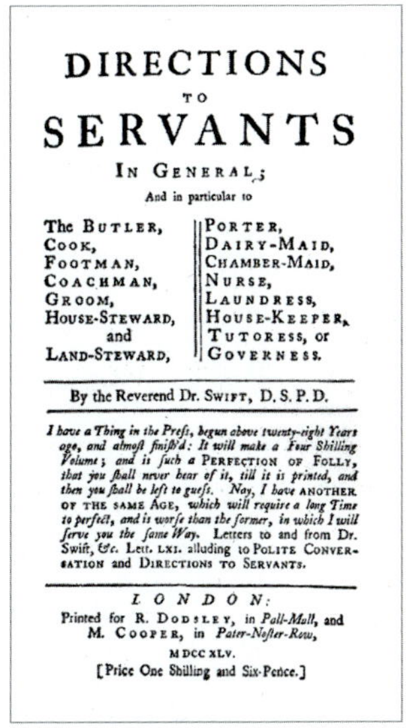
DIRECTIONS
TO
SERVANTS
IN GENERAL;
And in particular to

The BUTLER,	PORTER,
COOK,	DAIRY-MAID,
FOOTMAN,	CHAMBER-MAID,
COACHMAN,	NURSE,
GROOM,	LAUNDRESS,
HOUSE-STEWARD, and	HOUSE-KEEPER,
LAND-STEWARD,	TUTORESS, or GOVERNESS.

By the Reverend Dr. SWIFT, D. S. P. D.

I have a Thing in the Prefs, begun above twenty-eight Years ago, and almoft finifh'd: It will make a Four Shilling Volume; and is fuch a PERFECTION OF FOLLY, *that you fhall never hear of it, till it is printed, and then you fhall be left to guefs. Nay, I have* ANOTHER OF THE SAME AGE, *which will require a long Time to perfect, and is worfe than the former, in which I will ferve you the fame Way.* Letters to and from Dr. Swift, &c. Lett. LXI. alluding to POLITE CONVERSATION and DIRECTIONS TO SERVANTS.

LONDON:
Printed for R. DODSLEY, in *Pall-Mall*, and M. COOPER, in *Pater-Nofter-Row*,
MDCCXLV.
[Price One Shilling and Six-Pence.]

그림 2-1 하인에게 주는 지침

출처: J. Swift

이 시대에는 비록 귀족의 사용인이지만 뚜렷한 목표를 가지고 선택되기도 하였다. 금전적인 보수를 제외하고는 노예 수준의 대접을 받는 사용인도 있지만 인간적으로 대접을 받는 사용인도 있었다. 고용주와 같은 계층이지만 예의범절과 생활양식을 익히기 위해서 자진해서 일을 선택하기도 한다. 손님을 서빙하면서 손님으로부터 이야기를 듣는 것도 자신이 예법을 습득해 나가는 과정이었다. 인생사에서 직업이든 직책이든 한 단계씩 올라갈 때마다 만나고 어울리는 사람이 달라진다. 서비스업에 종사한다는 것은 서비스를 받는 사람들의 인생을 간접체험하는 것이다.

오늘날의 호텔이 상류사회에 사는 사람들의 모습을 통해서 교양과 매너를 배우는 학습의 장으로 여겨지는 것도 같은 맥락이다. 영국 황실에서 시중을 드는 레이디 인 웨이팅(lady in waiting) 혹은 로드 인 웨이팅(lord in waiting) 등이 있는데 이들 중에는 귀족 출신도 적지 않다.

Service Break

컨시어지 서비스

컨시어지(concierge)는 옛날 성(城)의 도어키퍼(door keeper)에서 유래되었다고 하는데 성안의 거주자가 야간에 방안에서 안전하게 머무는지 확인하는 역할을 하였다. 고급호텔에서는 지금도 컨시어지를 활용하고 있다. 재킷 위에 금색의 십자가 모양의 열쇠장식을 붙이는데, 이는 '국제 컨시어지연합'으로부터 부여받은 황금열쇠로 그들의 서비스를 상징한다. 게스트 릴레이션 오피서(guest relations officer)라고도 하는데 프런트데스크의 "information clerk"과 유사하지만 보다 고급화되고, 개인화되고, 무정형화된 서비스를 제공한다. 호텔에서 투숙객의 요구사항들, 예를 들면 소포를 부쳐달라든가 관광명소나 맛있는 식당을 추천해 달라든가 할 때 이를 유료 혹은 무료로 대신 처리해 주는 사람이다.

컨시어지 서비스의 진가는 오랫동안 호텔에서 근무하면서 꼼꼼히 적어온 정보이며 인터넷 블로그에 올라오는 정보와는 다른 것이다. 만약 손님이 물어보는 내용이 일생일대의 대사(大事)라면 인터넷을 검색해서 불러줄 수는 없으며 여기에 컨시어지의 진가가 발휘된다.

(3) 오늘날 잔존하는 계급적 복종관계로서 서비스

오늘날의 서비스는 서비스를 노동력으로 제공하는 사람으로부터 시장가치에 준하는 돈을 주고 사는 것이다. 즉 서비스는 거래되는 상품이며 가치가 매겨지며 수요와 공급의 적용을 받는다.

그럼에도 불구하고 서비스를 제공하는 사람을 계급적으로 아래인 사람으로 보고 하대하는 일이 종종 일어난다. 직원을 무엇으로 부를까 하는 것이 고객의 고민이다. 보통 "여기요"나 "저기요"라고 부른 뒤에 바로 명령이 들어간다. "스푼 좀 가져다 주세요." 지극히 수직적이다. 고객에게는 이름을 항상 '님'자를 붙여서 부르라 교육을 받지만 정작 서비스를 하는 종업원은 '아가씨', '웨이터', '이봐요' 등으로 불리면서 그러한 대접을 받지 못한다. 한국에서는 유교적 생활 규범과 양식으로 인해 서비스 관련 기업이 사회적으로 낮게 평가되어왔다(이웅규 · 민미순, 2006).

3) 현대적 개념으로서 서비스

(1) 사회학적 개념으로서의 서비스

사회(society)는 사회를 구성하는 개인 간의 상호작용이 만들어내는 실체이다. 따라서 개인의 사회적 상호작용(social interaction)은 서비스라고 할 수 있다. 사회학적 개념의 서비스란 개인화, 파편화되어가는 인간관계를 연결하고 메워주면서 사회를 유지하는 역할을 한다.

사회학적 개념으로서 서비스는 다음과 같이 인연을 만들고 유지하는 행위이자 과정이다. 인연이란 사회를 구성하는 씨줄과 날줄이 만들어 내는 망(網)이고 네트워크이다.

- 혈연(血緣)적 서비스: 피로 맺어진 인연
- 정연(情緣)적 서비스: 정(情)으로 맺어진 인연
- 지연(地緣)적 서비스: 출생 및 성장 지역으로 맺어진 인연
- 이연(利緣)적 서비스: 경제적 교환으로 맺어진 인연
- 지연(知緣)적 서비스: 공유된 지식으로 맺어진 인연
- 유연(遊緣)적 서비스: 놀이로 맺어진 인연
- 권연(權緣)적 서비스: 권력관계로 맺어진 인연
- 의연(義緣)적 서비스: 가치 및 대의명분으로 맺어진 인연

계급적 복종관계로서의 서비스는 권연적 서비스, 즉 권력관계로 맺어진 인연을 만들고 유지해 나가는 서비스에 해당한다. 즉 명시적 계급관계는 없어졌지만 탈신분제 사회에서 권력이라는 형태로 존재하는 것이다. 상품으로서 서비스를 사고파는 것은 이연적 서비스로 설명할 수 있다. 대학 강의실에서 강의를 하는 것은 지연적 서비스이며 동시에 이연적 서비스가 될 수도 있다. 이와 같은 분류는 현실에서 행해지는 서비스와 중첩되기도 하지만 유용한 분류임에 틀림없다.

(2) 경제학적 개념으로서의 서비스

경제학적 개념으로서 서비스는 소비의 대상이다. 소비대상은 상품(commodity)이라고 하며 재화(goods)와 서비스(용역, 庸役)로 나눈다. 눈에 보이는(visible) 재화에 대비하여 서비스는 눈에 보이지 않는다(invisible).

아담 스미스(A. Smith)는 "서비스는 재화와 달리 비물질적이므로 표준화가 어려운 서비스는 비생산활동이다"라고 정의하면서, 부(富)를 창출할 수 없기 때문에 논외로 하였다. 칼 마르크스(K. Marx)는 서비스가 경제적 효용을 창출하지 않기 때문에 역시 제외하였다. 초기 경제학에서 서비스는 심각한 연구대상이 아니었다.

세이(B. Say)는 부(富)의 본질은 효용에 있으며 생산이란 물질의 창조가 아니라 효용(utility)의 창조라고 했다. 인간은 물질에 의해 욕구를 충족시키는 것이 아니라 물질 그 자체가 지닌 효용에 의해 욕구를 충족시키기 때문이다. 따라서 물질적인 부와 비물질적인 부로 나눌 수 있는데 후자를 서비스로 한다. 즉 '무형의 효용을 창조해 내는 생산적 활동으로서 서비스'를 강조하였다. 비교적 이용요금이 비싼 리무진 택시(모범택시)는 재화로서 택시가 가진 쾌적성, 신속성, 기동성 이외에 리무진 기사의 서비스를 통해서 사회적 위광이라는 효용을 가져다준다.

> 서비스직 노동자들은 측정할 수 있는 육체활동만 아니라 보이지 않는 감정노동으로 돈을 벌었다. 그들은 미소를 짓고 가벼운 대화를 나누면서 손님들에게 긍정적인 감정을 전달하였다. 자기 자신을 연기하는 연기자들이었고 때로는 민족적 정체성을 연기하였다. 그 대가로 산업적 맥락에서는 이상하고 불합리하게 보이는 보상의식 속에서 팁을 받았다. 그러나 그 다음 세기인 현재의 성과중심 사회에서는 그러한 노동형태와 보상형태가 일상이 되었다. – 리바트 (2017).

윗글은 레스토랑에서 서비스를 제공하고 이에 대한 보상으로서 팁을 받고 생활하는 식당종사자의 노동적 가치에 대한 인류학적 고찰이다. 서비스에 대하여 경제학 가치를 창출하고 있는가, 효용이 있는가에 대한 의문이 팽배했던 당시의 사회상을 엿볼 수 있다. 손님이 직접 음료수를 가져다 먹는 것이 아니라 종업원이 컵에 음료수를 담아 미소 띤 인사와 함께 손님에게 음료수를 드리고, 놓을 때는 중간 아랫부분을 잡고 새끼손가락을 쿠션 삼아 바닥에 닿는 소리를 내지 않는 스킬을 발휘하는 서비스로 돈을 번다.

(3) 경영학적 개념으로서 서비스

① 서비스의 속성을 강조한 서비스 개념

윌리엄 리간(W. Regan)은 서비스는 생산과 소비의 불가분성과 동시발생적인 성격을 가진 것으로서 제품은 먼저 생산되고 이후에 소비되는 반면 서비스는 먼저 판매되고 생산과 동시에 소비된다고 하였다. 그는 마케팅 혁명이 일어나고 있다고 하면서 서비스에 주목할 것을 천명하였다.

시티은행 부회장인 린 쇼스택(L. Shostack)은 "Breaking free from product marketing"이란 논문을 통해서 시장 실체는 유형적 재화와 무형적인 서비스로 구성되어 있으며, 기존의 마케팅이 재화와 비교에서 서비스에 대해서는 적절히 대응하지 못하고 있음을 지적하였다. 즉 서비스를 어떻게 마케팅할 것인가를 주창하였다.

로버트 주드(R. Judd) 및 존 라스멜(J. Rathmell)은 서비스란 한 당사자가 다른 당사자에게 소유권 변동 없이 제공해 줄 수 있는 무형의 행위나 활동이라고 하였다. 주드는 서비스란 시장에서 팔 수 있고 유형성을 가진 상품이 가진 소유권 이전 이외를 거래대상으로 포괄하면서 서비스학을 주장하였다. 라스멜은 서비스에 대하여 좀 더 많은 관심과 열정을 쏟아야 한다고 했다.

② 서비스의 활동성을 강조한 서비스 개념

레오나드 베리(L. Berry)는 서비스는 활동, 수행(performances) 그리고 노력이라고 하였다.

도로시 리들(D. Riddle)은 서비스란 서비스 수혜자를 위해서 또는 수혜자에 있어 일종의 변화를 가져오는 시간, 장소, 형태의 효용을 제공하는 경제활동으로 정의하였다.

어얼 사서(W. E. Sasser)는 공중이 요구하는 무엇이고 편의와 활동을 공급하기 위해 기계, 설비, 종업원의 역할이나 조직화된 시스템 또는 의무에 의한 행위, 타인을 위한 노동을 서비스라고 하였다.

③ 서비스의 실용성을 강조한 서비스 개념

테오도르 래빗(T. Levitt)은 "우리는 모두가 서비스 산업의 영역에 있다. 금융 및 소비재 생산자와 판매자들은 판매와 동시에 그들의 역할이 끝나는 것이 아니라 판매 후에 서비스(after-sale service)를 소비자에게 제공해야 한다"고 하였다. 아울러 재화와 서비스의 보완적 관계를 강조하였다. 동시에 서비스란 인간이 인간에 봉사하는 것, 서비스의 공업화, 판매자와 구매자 간의 행복을 약속하는 진취적 관계로서 서비스 등 향후 논의되어야 할 아이디어를 제공하였다.

필립 코틀러(P. Kotler)에 의하면 서비스란 한쪽이 상대편에게 제공하는 효용이나 그에 따른 행위로서 본질적으로 무형성을 갖고 소유권 이전행위를 수반하지 않는다. 서비스와 생산은 유형 제품에 연결될 수도 있고 그렇지 않을 수도 있다고 하였다.

미국 마케팅협회(American Marketing Association)는 서비스란 판매 목적으로 제공되거나 또는 상품판매와 연계해 제공되는 모든 편익 및 만족이라고 정의하였다.

(4) 기타 서비스에 대한 논의

서비스는 단독으로 존재하는 것이 아니라 재화와 서비스의 묶음으로 제공된다(피츠시몬스 & 피츠시몬스, 2006).

① 기본 시설: 서비스가 제공되기 전에 반드시 갖추어야 할 물리적인 자원으로 골프코스, 스키리프트, 항공기 등

② 보조용품: 구매자들에 의해 소비되거나 구매되는 물품, 혹은 제공되는 물건으로 골프클럽, 스키장비 등

③ 명시적 서비스: 감각에 의해 알 수 있는 서비스로 서비스의 본질적이고 핵심적인 특징. 치아 치료 후의 통증 제거, 호텔에서 숙박하고 난 후 피곤함이 사라진 것, 식당 이용 후 포만감 등

④ 묵시적 서비스: 고객이 희미하게 느끼는 심리적 혜택이나 서비스의 외관적 특징. 식당의 분위기, 대접을 받은 느낌 등

서비스가 유형의 재화와 다른 점은 〈표 2-1〉과 같이 정리할 수 있다(김병욱, 1987). 비교를 통해 서비스의 개념과 본질에 접근할 수 있다.

표 2-1 재화와 서비스의 비교

구분	재화	서비스
교환 대상	물건	서비스
교환 형태	소유권의 이전	기능만 얻음
회계 개념	자산(stock)	지출(flow)
시간 개념	시간을 초월해서 존재	어떤 일정시간에 존재
공간 개념	공간을 초월해서 존재	어떤 일정공간에서 존재
소유 여부	소유권 이전 가능	소유권 이전 불가
재고 형태	재고	대기행렬

생산품 재판매 여부	재판매 가능	재판매 불가
생산품 전시 여부	전시가능	전시 불가능
생산품 저장 여부	저장가능	저장 불가능
생산지 및 소비지 일치 여부	생산지와 소비지의 불일치	생산지와 소비지의 일치
생산 참여 여부	판매자가 생산	구매자, 고객이 직접 참여
생산, 판매, 소비 일치 여부	생산, 판매, 소비로 세분화	생산, 판매, 소비가 연결

출처: 김병욱 (1983).

2 서비스의 분류

1) 서비스의 유 · 무형성에 따른 분류

(1) 도덕적, 정서적 서비스와 기능적 서비스

도덕적 서비스는 태도의 표시, 표정짓기, 특정 동작이나 표현 등을 하지만 특별한 결과를 발생케 하지 않는 서비스이다. 정서적 서비스는 감정이 동반된 대응, 즉 좋고 나쁨에 해당한다. 기능적 서비스는 행동을 통해 결과로 구체화되는 서비스이다(시미즈, 1985). 기능적 서비스는 사람들로부터 객관적으로 인정되고 실행의 안전성이 확보되는 편익이다. 도덕적, 정서적 서비스는 무형적 서비스에 해당되고 기능적 서비스는 유형적 기물, 장치, 도구 등을 사용한다는 점에서 유형적 서비스에 해당된다.

레스토랑에서 차가운 물을 따라주는 서비스를 예로 들어 보자. 도덕적 서비스는 손을 들고 서비스 요청을 접수받았다는 것을 표시하는 것이고, 정서적 서비스는 "날씨가 덥죠?"라면서 더운 날씨에 물을 찾는 행동을 동조하는 것이고, 기능적 서비스는 물을 흘리지 않고 테이블에 놓인 글라스를 쓰러뜨리지 않고 넘치지 않게 따라주는 것이다. 도덕적 서비스와 정서적 서비스를 적절히 활용하면 기능적 서비스의 실패 시 고객의 컴플레인 등을 최소화할 수 있을 뿐만 아니라 기능적 서비스를 고품격화할 수 있다.

(2) 정신, 태도, 업무, 희생적 서비스

① 정신적 서비스: 고객을 정신적으로 만족시키는 서비스
② 태도적 서비스: 서비스 제공자의 접객태도, 표현, 동작, 옷차림 등에서 나타나는 서비스
③ 업무적 서비스: 눈에 보이지 않는 무형적 서비스, 자체가 업무로서 고객이 치르는 대가의 대상이 됨
④ 희생적 서비스: 특정의 서비스에 대하여 값을 받지 않고 그냥 주거나 싼 값으로 제공하는 것(안대희 외, 2017)

크루즈선에 처음 타는 고객에게 프런트 직원이 서비스를 한다고 가정해 보자. 크루즈선이 기상악화로 흔들리자 불안해하는 고객에게 안심하라는 멘트는 정신적 서비스이다. 고객이 크루즈선 오피서(관리자급 승무원)의 새하얀 유니폼을 보고 같이 기념사진을 찍자고 해서 이에 응대하는 것은 태도적 서비스이다. 고객에게 오작동되는 객실키를 새롭게 갱신해 주는 것은 업무적 서비스이다. 고객이 배의 흔들림 때문에 걱정을 할 때 선내 의료실에서 멀미약을 공짜로 처방해 주는 것은 희생적 서비스이다. 정신적, 태도적 서비스는 무형적 서비스에 해당되고 업무적, 희생적 서비스는 유형적 기물, 장치, 도구 등을 사용한다는 점에서 유형적 서비스에 해당된다.

(3) 제품 활용과 지식 활용 정도에 따른 서비스

제품 활용과 지식 활용의 높고 낮은 정도에 따라서 아래와 같이 네 가지 서비스로 분류된다. 대인서비스는 제품 활용도가 낮고 지식 활용도도 낮은 서비스이다. 객실에 키를 두고 나와 문이 잠겼을 때 호텔 직원은 마스터키를 이용해 간단히 문을 열어주는 서비스를 한다. 제품서비스는 제품 활용도가 높고 지식 활용도가 낮은 서비스이다. 고객이 아침에 모닝콜을 요청할 때 자동으로 세팅된 시간에 객실로 전화를 연결하는 서비스 등이 있다. 전문서비스는 제품 활용도는 낮지만 지식 활용도가 높은 서비스이다. 호텔의 컨시어지가 고객으로부터 인근 극장에 거의 매진되어가는 콘서트 표를 구해달라는 요청에 응대하였을 때 컨시어지만의 인맥과 정보력를 통해서 응대하는 서비스 등이 해당된다. 플랫폼 서비스란 제품 활용도도 높고 전문서비스도 높은 서비스이다. 다수의 이해관계자가 상호관계를 맺으면서 각각의 목적을 달성하기 위해서 부가가치를 창출하는 토대로서 아마존, 이베이 등이 해당된다. 크루즈에서 전문 사진사들이 찍어준 사진은 선내 사진관의 키오스크를 통해서 인적사항만 입력하면 쉽게 찾을 수 있다.

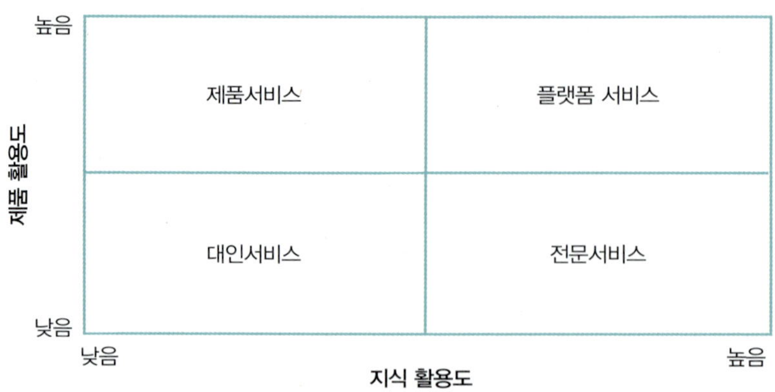

그림 2-2 제품 활용과 지식 활용 정도에 따른 서비스

2) 서비스의 목적에 따른 분류

(1) 도와주는 서비스(help)

고객이 할 수는 있으나 하지 않는 일을 대신해서 해주는 서비스이다. 고객이 서비스를 요청한 것은 여러 이유가 있을 것이며, 하기 싫어서일 수도 있고 다른 일이 겹쳐서 동시에 할 수 없는 것일 수도 있다. 따라서 고객의 해야 할 역할을 대신하는 것이며 따라서 고객이 직접 하여도 결과물(=서비스의 질)은 크게 차이가 나지 않는다.

심부름센터에서 노약자 동행 보디가드, 집안 정리정돈, 수화물 찾기 및 보내기, 각종 요금, 공과금 납부 등을 일정 금액을 받고 서비스해 준다거나, 호텔에 투숙한 고객이 도어맨에게 가까운 지하철역이 어디 있는지 물어볼 때 이에 대한 응대에 해당한다.

(2) 잘못된 것을 바로잡아 주는 서비스(fix it)

기존에 제공된 상품이 잘못된 것을 바로잡아 주는 서비스이다. 앞에서 도와주는 서비스와 달리 고객이 직접 할 수도 있고 할 수 없을 수도 있다. 다만 서비스가 불필요한 상태, 원상태대로 돌리는 것이 본 서비스의 특징이다.

호텔 난방이 원활하지 않을 때 프런트로 전화하면 바로 담당자가 올라올 것이다. 식당 호스트가 입구에서 손님맞이를 하는데 뚱뚱한 손님을 임산부로 오인하고 덕담(립서비스)을 하다 손님의 분노를 살 수 있다. 이때 난처한 상황을 매니저가 발 빠르게 원상태로 바로잡아 주는 서비스가 필요하다.

(3) 가치를 추가해 주는 서비스(value-added)

고객을 대신한다는 측면에서는 도와주는 서비스와 같으나 고객이 직접 할 수 없기 때문에 서비스 직원이 개입된다는 점에서 차이가 있다. 또한 대상의 개선이라는 측면에서 잘못된 것을 바로잡아 주는 서비스와 같으나 잘못되지 않았고 그대로 두어도 큰 문제는 없지만 서비스 직원이 개입하여 더 나은 상태로 만들어 낸다는 점에서 차이가 있다.

바에서는 양주를 마시다 남으면 키핑하는 서비스를 제공한다. 고객은 기억되고 존중받는다는 느낌이고 나중에 와서 큰돈을 쓰지 않고 술을 먹을 수 있다는 가치를 느낄 것이다. 반면 바텐더는 다른 손님을 더 모시고 재방문할 수도 있다는 기대와 안주 등 부대 매출을 기대할 수 있다. 고급식당에서 바닷가재를 먹는데 어려움을 겪는 고객에게 솜씨 좋은 웨이터가 손님을 대신해서 직접 껍질을 발라내 주는 서비스는 분명히 가치를 추가해 줄 것이다.

3) 서비스 분류상 호텔관광서비스의 위치

(1) 서비스 노동집약도와 고객세분화에 따른 서비스 분류

고객과의 상호작용 및 고객세분화 정도와 노동집약도에 따라 서비스를 다음과 같이 네 가지로 분류할 수 있다.

① 서비스 공장(service factory): 고객과의 상호작용 및 고객세분화가 낮고 노동집약도가 낮은 부문이다. 항공, 호텔, 리조트 등 호텔관광산업이 포함된다.

② 서비스 가게(service shop): 고객과의 상호작용 및 고객세분화가 높고 노동집약도가 낮은 부문이다. 병원, 자동차 정비소 등이 포함된다.

③ 대량서비스(mass service): 고객과의 상호작용 및 고객세분화가 낮고 노동집약도가 높은 부문이다. 도 · 소매점, 학교, 은행 등이 포함된다.

④ 전문서비스(professional service): 고객과의 상호작용 및 고객세분화가 높고 노동집약도가 높은 부문이다. 의사, 법률가, 회계사, 건축설계사가 제공하

는 서비스이며 여행사가 포함된다.

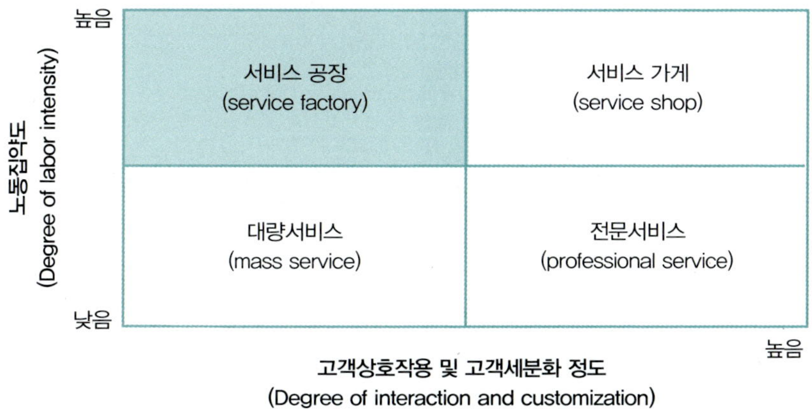

그림 2-3 서비스 분류

출처: Schmenner, R. W. (1986)

(2) 서비스 행위의 본질과 서비스를 제공받는 주체에 따른 서비스

서비스 행위의 본질이 보이느냐 보이지 않느냐, 서비스를 제공받는 주체가 사람이냐 재산이냐에 따라 네 가지로 나눌 수 있다.

① 사람의 몸(people's body)에 대한 서비스: 서비스를 제공하는 직원이 주로 신체를 사용하여 고객에게 영향을 준다. 손상된 신체를 복구하는 의료행위, 미용실의 헤어컷 등이 해당된다. 호텔관광산업에서는 몸이 불편한 손님을 위해 항공사에서 휠체어를 준비하고 이동시켜 주는 서비스가 있다.

② 물리적 소유물(physical possession)에 대한 서비스: 서비스를 제공하는 직원이 주로 신체를 사용하여 고객이 물리적으로 소유하고 있는 자산에 서비스를 한다. 자동차 수리, 양복 드라이클리닝 등이다. 호텔관광산업에서는 객실투숙고객의 의복세탁서비스가 여기에 해당한다.

③ 사람의 마인드(people's mind)에 대한 서비스: 서비스를 제공하는 직원이 주

서비스 행위의 본질 (Degree of labor intensity)

	사람(People)	재산(Property)
보이는 (Tangible)	사람의 몸 (people's body)	물리적 소유물 (physical possession)
보이지 않는 (Intangible)	사람의 마인드 (people's mind)	보이지 않는 자산 (intangible asset)

서비스를 제공받는 주체 (Direct recipient of the service)

그림 2-4 서비스 행위의 본질과 서비스 제공 주체에 따른 서비스 분류

로 마인드(지식과 감정)를 사용하여 고객에게 영향을 준다. 도 · 소매점 거래, 학교에서의 교육, 의사의 심리상담 등이 포함된다. 호텔관광산업에서는 여행사 직원의 여행상품 상담 등이 해당된다.

④ 보이지 않는 자산(intangible asset)에 대한 서비스: 서비스를 제공하는 직원이 주로 마인드(지식과 감정)를 사용하여 고객이 비물리적으로(실체가 없이) 소유하고 있는 자산에 대한 서비스를 한다. 변호사의 법정분쟁 서비스, 회계사의 자산관련 상담 서비스 등이 포함된다. 호텔관광산업에서는 여행보험 가입 서비스 등이 있다.

4) 호텔관광업이 제공하는 서비스

(1) 제품, 이벤트와 서비스의 관계

수요가 있으면 공급이 있다. 세상이 돌아가는 이치다. 호텔관광산업이 서비스를 제공하고 고객은 반대급부로 이용료, 팁, 그리고 호의를 되돌려준다. 호텔관광산업의 서비스는 단독으로 일어나는 것이 아니다. 제품과 어울려 서비스가 이루어지며 이벤트를 통해서 마무리된다. 제품은 만들어지고(make), 서비스는 전달되며(deliver), 이벤트는 연출되는(perform) 것이다. 고객은 제품을 통해서 효용을 느끼고 서비스를 통해서 감동을 받으며 이벤트를 통해서 영원히 기억한다.

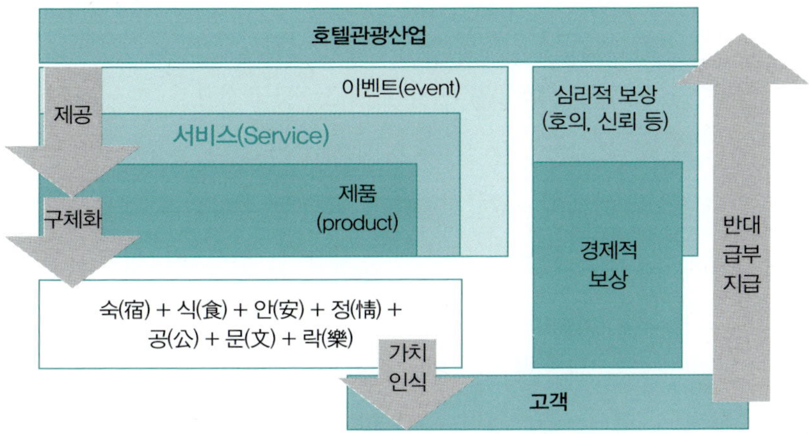

그림 2-5 호텔관광기업과 고객의 교환관계

이벤트는 서비스가 잘못되었을 때 이를 회복하는 역할을 하기도 한다. 예를 들어 식당에서 신입 웨이트리스가 접시를 나르다 떨어뜨렸다고 하자. 식사를 하던 모든 사람들의 눈이 그녀에게 몰리게 된다. 고객의 식사체험을 계속 이어주는 것, 그리고 신입 직원의 당황을 덮어주는 것은 고참 직원들에 의해 잘 준비된 이벤트다. 불이 꺼지고 무언가 구실(명분)을 만들고 케이크가 배달된다. 어둠 속에서 촛불이 빛난다. 사람들의 관심은 자연히 울려 퍼지는 노래에 집중된다. 물론 이러한 무대의 뒤에서는 열심히 깨진 접시를 쓸어 담는 조력자들이 있다.

(2) 호텔관광기업이 제공하는 것

호텔관광기업은 먹고 재우는 숙(宿), 식(食)을 기본으로 하여 즐거움의 낙(樂), 정보의 정(情)을 기본적으로 수행하며 이에 추가하여 안(安), 정(情), 공(公), 문(文), 락(樂)을 고객에게 제공한다.

숙(宿)이라는 것은 잠을 의미한다. 인간의 기본적인 욕구에서 가장 많이 소요되는 것이다. 하루에 잠을 7시간씩 잔다고 해도 사람들은 평균적으로 인생 70년 중 7년은 잠을 잔다. 몸은 휴식을 필요로 하고 궁극적으로 대뇌를 쉬게 하게 한다. 옛말에도 백성들이 편히 잠 잘 수 있게 해주는 것이 훌륭한 법치자라는 말이 있다고 한다. 고된 여행에 지친 사람에게 훌륭한 잠자리를 제공해 주는 것은 아무리 강조해도 지나치지 않다. 한국의 중저가 모텔인 베니키아(BENIKEA)는 '베스트 나잇 인 코리아(best night in Korea)', 즉 '한국에서의 최고의 밤'이라는 머릿글자를 조합한 것으로 최고의 휴식을 모토로 하고 있다.

식(食)이라는 것은 말 그대로 사람(人)을 양(良)하게 하는 것이다. 잘 먹어야 좋은 여행을 할 수 있다. 이러한 점에서 볼 때 음식을 먹는 것은 종합예술이다. 음식은 처음에 눈으로 먹고 그 다음에 코로 먹고 마지막으로 입으로 먹는 것이라고 한다. 오감만족이 이루어지는 것이다. 호텔에서의 식사는 음식의 특별함도 있지만 같이 하는 사람과 훌륭한 서비스 그리고 독특한 분위기를 통해서 완성된다.

안(安)이란 위험, 기호, 도난, 위생에 대한 안전과 안정을 말하며 또한 객실에 투숙한 손님의 프라이버시 확보와도 직결된다. 인간은 본능적으로 독립되면서도 아늑한 공간을 추구하고, 더 나아가 외부로부터의 차단을 원하기도 한다. 즉 프라이버시와 보안(security)을 절묘하게 조합해야 할 것이다. 특급호텔은 VVIP가 모여들기 때문에 그들의 안전이 매우 중요한 요소로 작용한다. 다만 과도한 안전의 추구, 즉 보안을 위한 행동이 불편으로 바뀔 수도 있음에 유의해야 한다. 호텔이라는 공간에서는 뭐든지 해도 될 자유와 하지 않아도 될 자유가 있다. 투숙객이 외부와 연락하고 싶지 않을 때에는 노인포메이션(no-information) 혹은 노콜(no-call)을 요청하면 되며 프런트 데스크는 교환실과 업무연락을 통해서 이에 대한 서비스를 할 수 있다(오흥진 · 강찬호 · 김연화, 2016).

정(情)은 정보의 기능을 말한다. 비즈니스 라운지 혹은 객실 인터넷, 무선와이파이 등과 같은 범용적인 정보에서부터 오랜 세월동안 축적된 컨시어지의 수첩에서나 나올 수 있는 귀중한 정보들까지 포함한다. 컨시어지가 가진 오랫동안 고객과 접하면서 만들어낸 정보들은 일종의 마법의 수첩이자 마법의 주문이라고 할 수 있다.

공(公)은 숙박자와 비숙박자 모두에게 널리 개방되는 집회, 사교, 교류의 공공장소의 역할을 하는 것이다. 호텔은 공익적인 기능을 수행해야 한다. 공익성과 함께 지역의 경제적 발전을 선도하는 역할을 해야 한다는 것이다. 호텔은 또한 도시의 랜드마크 역할을 한다.

문(文)은 레저와 문화의 전당의 역할을 하는 것이다. 호텔은 근대문명의 상징이자 도시의 창이다. R호텔이 선보이고 있는 오페라웨딩은 중세유럽의 고품격 오페라극장을 연상시키는 웅장함과 화려함이 더해지는 웨딩서비스로서, 신랑과 신부는 마치 오페라 무대의 주인공이 되는 느낌을 가지게 된다. 호텔에서 열리는 전시회 및 다양한 문화이벤트는 여기에 포함된다. 힐튼은 "세계의 어느 곳이나 한 지역의 주요 호텔은 그 지역의 구심점이 되어야 하며 그 지역의 마음과 인성을 나타내어야 한다. 즉 호텔을 통하여 의사의 교환, 상거래, 문화 활동 등이 발전하게 되며 호텔은 평화적 장래를 위한 상호신뢰에 명확하게 작용한다"고 하였다.

락(樂)이란 즐거움을 말하는데, 예를 들면 호텔 라운지에서 흘러나오는 가수 및 연주단의 음악, 호텔 내의 각종 쇼 이벤트 등을 포함한다. S호텔에서는 고유의 쇼를 제작하여 투숙객뿐만 아니라 일반 관람객을 즐겁게 하고 있으며 음료패키지나 디너패키지 등을 포함한다.

3 서비스의 특징

1) 서비스의 주요 특징

서비스는 무형의 상호작용재라고 정의할 수 있다. 서비스는 제품과 달리 무형적 특성을 가지고 있지만 업종에 따라서 무형 요소와 유형 요소의 적절한 결합이 이루어진다. 또한 서비스는 제품 생산과 달리 서비스 직원의 서비스 생산에 고객이 같이 존재해서 소비하거나 생산과정에 참여한다. 따라서 다음과 같이 상호 교호적으로 만들어지는 것이 서비스이다.

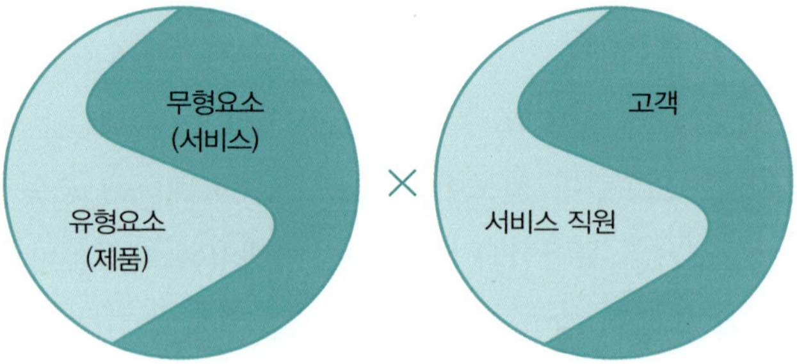

그림 2-6 호텔관광기업과 고객 간의 교환관계

출처: 김헌수(2019)를 중심으로 재구성.

좋은 서비스를 위해서는 각 요소들을 제약요소로 볼 것이 아니라 이를 적극 활용하는 것이 필요하다. 좋은 의사는 좋은 의료기기와 한 몸이 되어 좋은 의료서비스를 한다. 또한 좋은 의사는 의사 혼자서 병을 치료하는 것이 아니라 환자로부터의 도움을 적극 받아들이고 환자와 병을 같이 치료한다.

(1) 무형성

서비스는 무형성(intangibility)을 가지므로 물리적 실체를 가진 제품과 비교해서 보거나 만질 수가 없다. 이러한 이유로 서비스를 둘러싼 제공자와 고객 간에 지각의 오해가 발생하기 쉽다. 서비스 공급자는 나의 서비스를 어떻게 설명할까, 나의 서비스를 어떻게 연출할 것인가를 고민하고, 서비스를 받는 고객은 저 서비스를 어떻게 확인할 것인가, 어떻게 비교 분석할 것인가를 고민한다(이정학, 2018).

서비스가 무형적이기 때문에 다음과 같은 문제점이 발생한다. 서비스는 모방이 쉽기 때문에 서비스의 보호가 불가능하다. 서비스가 무형적이기 때문에 유형적인 단서로 인해 서비스 품질이 안 좋을 것이라는 오해를 받을 수도 있다. 웨이터가 장지갑을 뒷주머니에 넣고 다니거나 업무에 필요 없는 열쇠고리를 덜렁거리는 것은 보기에도 안 좋다.

반면 좋은 서비스는 고객이 눈치채지 못하는 사이에 이루어지도록 하는 것이다. 서비스는 보이지 않는 감동(invisible touch)이다. 여름에 얇은 옷을 입은 여성 고객이 실내 에어컨 때문에 추워한다고 느끼면 온도를 약간 조절해줄 수도 있다. 한국인 단체관광객의 식탁에 먹는 물 이외에 추가로 물 한 병을 더 가져다 놓는 일본 현지 식당의 서비스는 보이지 않는 감동이다. 일본의 우동이 외국인들에게 짜게 느껴질 수 있다는 생각에서 옮긴 행동이다.

(2) 동시성

서비스는 생산과 소비가 동시에 일어나는 동시성(inseparability)을 가진다. 이를 서비스의 비분리성이라고 하며, 서비스를 생산하는 직원과 서비스는 분리가 되지 않고 직원과 서비스를 소비하는 고객도 서로 분리되지 않는다.

그로 인해 서비스에 대한 수요가 몰릴 때 대응이 어렵다는 문제점이 발생한다.

즉 서비스는 대규모 생산이 불가능하다. 또한 서비스 전달과정에 고객이 참여함으로써 예측 불가능한 상황이 발생하기도 한다. 가이드의 의도와 관계없이 단체 관광객 버스에서 일부 고객이 다른 고객을 불편하게 하여 투어 전체 분위기를 망치는 경우 등이 있다.

서비스의 동시성은 서비스가 제대로 이루어지지 않았을 때 다른 손님이 이를 목도하고 업장의 이미지가 악화되는 원인이 되기도 한다. 카지노 테이블에서 손님이 부정한 방법으로 게임을 할 때 다른 고객이 알아차리도록 이를 저지할 것이 아니라 다른 손님이 알아차리지 못하도록, 그리고 게임에 방해를 받지 않도록 조용히 처리해야 한다.

(3) 이질성

서비스는 이질성(heterogeneity)을 갖는데 서비스의 결과가 상대적이고 일정하지 않다는 것이다, 즉 그때그때 달라질 수 있다. 상품은 일관된 생산시스템을 통해서 만들어지고 엄격한 품질관리를 거치기 때문에 대부분의 제품 품질이 균일하다. 그러나 서비스는 서비스를 제공하는 사람에 따라서 품질이 달라지고, 또한 동일한 서비스 제공자가 제공한다고 하더라도 제공자의 상황이나 노력의 정도에 따라, 컨디션이 좋을 때와 나쁠 때에 따라 상당한 차이가 발생한다.

이에 따라 다음과 같은 문제점이 발생한다. 즉 서비스에 대한 표준화와 품질통제가 어렵다. 또한 서비스를 둘러싸고 직원과 고객 간에 인식의 차이로 갈등이 일어날 소지가 있다. 극단적인 예로 고혈압에 당뇨가 있는 고객이 물냉면을 시켰을 때 물을 부어주어야 하지만 맛이 없다고 화를 낼 수도 있다. 남루한 고객이 들어왔다고 남루한 음식과 대충대충 서비스를 할 수는 없다. 만드는 사람의 복장과 심리상태에 따라서도 무의식중에 전혀 다른 맛이 된다. 신경이 예민해지면 짠맛이 더 느껴진다고 한다.

일관된 서비스를 제공하기 위해서 서비스 하나하나에 최선을 다해야 한다. 호랑이가 작은 토끼 한 마리를 잡을 때도 다른 큰 짐승을 사냥할 때처럼 신중에 신중을 더하는 것과 같다.

(4) 소멸성

서비스는 소멸성(perishability)을 가지는 데 생산되어 소비되지 않는 서비스는 바로 사라진다. 즉 생산되는 순간 바로 사라지기 때문에 만들어 놓고 나중에 필요할 때 고객에게 제공하는 것이 불가능하다. 즉 재고화할 수 없다.

서비스의 소멸성은 다음과 같은 문제점을 유발한다. 서비스는 저장 및 재판매가 불가능하며 이에 따라 서비스의 수요와 공급 조절이 어렵다. 고객의 수요가 적을 때 공급에 대비하여 미리 서비스를 만들어 놓을 수 없고, 고객의 수요가 많을 때는 서비스가 바로 생산되기 어렵기 때문에 고객은 서비스를 받기 위해 대기해야 한다.

학교에서 교수가 오피스아워에서 학생들을 위해 상담 서비스를 준비하고 있어도 방문하는 학생이 없으면 서비스를 생산할 필요가 없으며, 따라서 서비스 생산시간이 의미 없이 지나간다. 그러나 줌 등을 이용해서 외부특강을 하는 경우 공교롭게도 강의 후반부에 급한 약속으로 강의가 어려워질 때는 청중에게 양해를 구하고 미리 녹음해 놓은 강의를 틀어놓을 수 있다. 서비스의 소멸성에 대비하는 재고관리 절차이다.

(5) 서비스의 기타 특징과 특성

베리는 같은 맥락에서 무형적 특성, 생산과 소비의 동시성, 표준화 및 획일화 곤란성을, 코틀러는 무형성, 불가분성, 가변성(variability), 소멸성의 네 가지를, 러브록은 경험의 단기성, 소비단위로서 시간의 강조, 종업원과 고객 쌍방이 서비스 제품 일부를 구성하는 것, 코웰은 무형성, 불가분성, 이질성, 소멸성, 소유권의 결여, 스탠턴은 수요변동을 덧붙였다. 라스멜은 구매자와 판매자 간의 관계가 제품의 사용에 대한 통제 불가능, 생산과 소비의 상호작용, 서비스의 내재적 특징, 즉 재고의 불가능과 재고의 탄력성 결여, 획일적인 성과 달성이 어려운 점, 서비스에 관한 전통적인 마케팅 기능을 제고한다고 하였다(다카하시, 2003).

2) 서비스의 특징으로 인한 문제점과 극복방법

(1) 무형성은 서비스의 유형화로 극복한다

서비스는 눈에 보이지 않기 때문에 서비스가 부지불식중에 일어나기도 한다. 서비스는 눈에 보이지 않기 때문에 제대로 수행이 되었는지 측정하기가 어려우며, 제공자와 수혜자 간의 주관적 차이로 인해 더욱 힘들어진다. 더욱이 다수의 사람에 의해 분산되어 서비스가 수행되므로 누가 어느 부분에서 문제점이 발생되었는지를 찾아내기가 어렵다.

- 유형적 단서를 강조한다.
- 인적 접촉을 강화하여 부가적인 정보를 제공한다.
- 구전의 중요성을 인식한다.
- 기업의 이미지를 관리하여 기업 특유의 서비스가 기대되도록 한다.
- 가격설정에 원가회계시스템을 이용한다.
- 구매 후 커뮤니케이션을 강화한다.

유형의 재화에서 무형의 가치를 창출하면 서비스에 도움이 된다. 위스키를 온더락(On the Rock; 얼음을 2~3개 넣고 그 위에 술을 따르면 마치 바위에 따르는 것 같이 보인다는 뜻)으로 서비스할 때에는 동반되는 재화로서 올드패션글라스를 쓰는

데, 원래 흔들리는 배 안에서 사용되었기 때문에 바닥이 두껍다는 말을 덧붙인다. 샴페인을 딸 때 소리를 숙녀의 한숨(soupir de dame)으로 비유하여 관심을 불러일으킬 수도 있다. 고객이 '내가 저 소믈리에(Sommelier)로부터 좋은 서비스를 받을 수 있을까?' 하는 의구심을 가질 때 '소믈리에가 와인을 추천해 드립니다'와 같은 홍보문구를 메뉴에 포함시키는 것도 좋은 방법이다.

(2) 비분리성은 고객 동기화 전략으로 극복한다

서비스가 생산되는 과정에 고객을 참여시켜서 서비스의 비분리성을 극복한다. 즉 고객이 자발적으로 가치를 창출하는 데 기여하도록 유도한다. 와인을 자주 접해 보지 못한 고객들은 웨이터가 와인을 서비스할 때 어떠한 행동을 해야 하는지 모른다. 이를 위해서 「기다릴 때 와인 즐기는 법」이라는 조그만 리플렛을 구비해 놓는다. 패스트푸드 레스토랑은 식사 후 손님들이 직접 남은 용기와 음식물을 치우도록 유도하여 인력 운영의 효율화를 가져온다.

(3) 이질성은 표준화, 동질화 전략으로 극복한다

서비스는 사람에 의한 품질변동이 빈번하고, 호텔관광산업의 특성상 기계적 설비에 의한 이질화 탈피가 불가능하다. 또한 고객의 경험을 바탕으로 서비스에 대한 주관적 판단을 하여 더욱 이질성을 가속시킨다.

서비스의 이질성은 표준화, 동질화 전략으로 극복하는데, 서비스 직원이 매뉴얼을 철저히 익히고 이를 손님 앞에서 연출함으로써 가능하다. 다만 손님 앞에서 절대로 매뉴얼을 펼쳐서는 안 된다. 그럼에도 불구하고 매뉴얼이 서비스의 표준화, 동질화를 보장할 수 없다. 요리사의 레시피 역시 매뉴얼인데 다른 요리사가 이 매뉴얼을 보고도 원래의 메뉴를 100% 재현하지 못하는 것과 같은 이치이다.

(4) 소멸성은 서비스 수요 대응 전략으로 극복한다

서비스는 수요관리가 어렵다. 서비스 처리 능력을 갑자기 높일 수 없기 때문이다. 손님이 갑자기 들이닥칠 때에는 서비스 업장은 우왕좌왕하며 기존에 생산, 소비되던 서비스의 품질까지 위협을 받게 된다. 방문한 손님은 대기하거나 혹은 서비스를 포기한다.

공항에서 고객은 체크인을 하려 하지만 정원이 차서 어쩔 수 없이 대기자 명단에 올려놓는다. 그러나 다른 급한 일정으로 혹시 제시간에 탑승을 하지 못하면 어쩌나 하는 고민과 함께 현재 자신의 앞으로 몇 명이나 남아 있는지를 알고 싶어한다. 대기번호 표시와 남아 있는 승객 수 표시를 해 놓는다면 고객은 포기하지 않고 서비스를 받을 수 있다는 희망을 가질 수 있다.

다양한 예약채널을 통한 사전수요 창출, 비수기를 타개하기 위한 전략 마련, 타임마케팅, 일드(yield) 매니지먼트 등을 통해 수익관리가 필요하다(이정학, 2000).

서비스 열전

리츠칼튼 호텔

호텔의 아버지로서 최초의 최고급 호텔이란 개념을 도입한 세자르 리츠(1850~1918)가 1898년 파리에 호텔 리츠를 세움으로써 시작되었다.

18세기 베르사유 궁전의 생활양식을 응용하여 고풍스럽고 고급스러운 내부장식과 분위기를 현대 감각에 맞춰 설계한 호텔로, 외관의 품격과 내부의 격조, 그리고 정중한 종업원들의 서비스 정신으로 세계 정상을 유지하고 있다.

THE RITZ-CARLTON

www.ritzcarlton.com

리츠칼튼의 서비스 3단계는 다음과 같다.

① 따뜻하고 진실한 마음으로 고객을 맞이하며 되도록 고객의 성함을 사용한다.

② 고객이 원하는 바를 미리 예측하고 부응한다.

③ 따뜻한 작별인사로 고객에게 감사를 드리며 되도록 고객의 성함을 사용한다.

리츠는 웨이터 웨이트리스를 서버(server)로 통칭하였다. 리츠칼튼의 사훈(Motto)은 상호간의 존경과 자신에 대한 존경을 같이 강조한다.

We are ladies and gentlemen serving ladies and gentlemen.
(우리는 신사숙녀를 모시는 신사숙녀이다).

Welcome to my world

짐 리브스 (1964)

Welcome to my world 나의 세상으로 오세요.
Won't you come on in 안으로 들어오세요.
Miracles I guess 내가 생각하기에는 기적이
still happen now and then 지금도 가끔(종종) 일어나기도 합니다.
Step into my heart 내 마음에 와닿지요.

Leave your cares behind 당신의 걱정, 근심 등은 멀리 하시고
Welcome to my world 나의 세상으로 오세요.
Built with you in mind 당신을 염두에 두고 만들었습니다
Knock and the door will open 두드리면 그 문은 열릴 겁니다.
Seek and you will find 구하면 찾을 수 있습니다.

"구라파, 일본, 동남아, 중동, 아프리카 그리고 미국, 세계 어느 곳이라도 대한항공은 내 집처럼 즐겁고 편안하게 모십니다. 세계 속의 한국을 펴는 우리의 날개 대한항공!"

오래된 대한항공의 CF이다. 푸르른 하늘과 구름 위를 나는 대한항공의 비행기가 위의 멘트와 배경음악 "Welcome to my world"를 바탕으로 등장한다. 가사가 전해주는 메시지는 대한항공이 추구하는 서비스가 무엇인지를 잘 나타내 주고 있다. 나의 세계로 오라는 멘트는 서비스를 제공하는 주체로서의 자신감이 묻어나며, 은은한 멜로디는 격조 높은 서비스 이미지를 보여준다.

출처: 대한항공 광고 (1985).

CHAPTER 03

서비스와 사회

사람이 어느 한곳에 머무른다면 머무는 것으로 그 사람의 인생은 끝이다.
나는 욕심 때문에 호텔을 세운 것이 아니라 나의 능력과
나의 힘이 멈추는 것을 꺼렸기 때문에 그 일을 계속했을 뿐이다.
– 콘래드 N. 힐튼

Chapter
03

서비스 익스프레스

사람이 어느 한곳에 머무른다면 머무는 것으로 그 사람의 인생은 끝이다. 나는 욕심 때문에 호텔을 세운 것이 아니라 나의 능력과 나의 힘이 멈추는 것을 꺼렸기 때문에 그 일을 계속 했을 뿐이다. (콘래드 N. 힐튼)

→ 직업을 통해 배운 서비스를 가지고 사회를 변화시켜 나가는 것이 의미 있는 삶을 살고 사회에 기여하는 것이다.

1. 엔터테이닝한 사회와 서비스

즐거움과 감동을 주는 엔터테이닝한 사회를 만들기 위해서는 물질적 · 경제적 관계로 경도된 인간관계를 바꿀 필요가 있으며, 공동체적인 삶에 대한 인식, 품격의 회복이 요구된다. 이를 위해 서비스기업은 올바른 서비스인을 양성하여 올바른 사회인으로 배출하는 역할을 해야 한다.

2. 환대와 서비스

환대는 이방인과 손님 간의 관계를 나타내는 사회적 의례이자 코드이다. 서비스에는 환대가 내재되어 있으나 서비스의 능률화, 표준화 차원에서 환대의 의미가 희석되어 왔다. 따라서 잊혀진 환대를 서비스 현장에서 일깨움으로써 최고의 서비스에 한걸음 더 나아간다.

3. 연극으로서 서비스

삶은 연극이라는 사회학적 발상은 서비스 현장을 연극으로 보는데 최고의 서비스를 위한 많은 시사점을 발견할 수 있다. 최고의 엔터테인먼트 기업인 디즈니는 엔터테인먼트 콘텐츠를 보러온 고객에게 제공하는 서비스를 연극과 결부시키고 이를 조직문화로 실천한다.

키워드

디즈니, 무대, 배우, 서비스, 엔터테인먼트, 연극, 인생, 호스피탈리티, 환대, 호스트

도입사례

중국의 집사 열풍…집사 연봉이 5500만원 달해

슈퍼리치가 많아진 중국에 '집사 열풍'이 불고 있다. 고액 자산가들이 영국 등 유럽 귀족들이 누렸던 집사 문화에 눈을 뜨면서 집사를 두고 싶어하는 수요가 늘고 있기 때문이다.

중국청년보 등은 중국 쓰촨(四川)성 청두(成都)에 있는 중국 최초의 집사 학교가 조만간 1기 졸업생을 배출한다고 7일 보도했다. 청두에는 지난해 국제 집사 아카데미가 설립되었다. 네덜란드에 있는 국제 집사 아카데미와 합작해서 세운 곳이다.

이곳의 커리큘럼에는 포크, 나이프 등 서양식 집기를 세팅하는 것은 물론이고 양복 다림질, 슈트케이스 꾸리기 등 집사들이 배워야 할 목록들이 담겨 있다. 6~8주간 특별 프로그램을 듣고 난 학생들은 유럽 스타일의 집사 매너를 몸에 익히게 된다. 중국 집사 학교 학생들은 흰 장갑을 끼고 검은 양복을 차려 입고 한시라도 자세를 흩트리지 않는 매너를 갖춘다.

집사 학교가 뜨는 이유는 중국의 슈퍼리치 때문이라고 현지 언론들이 보도했다. 특히 영국 최대 민영방송국인 itv에서 시리즈로 내놓은 드라마 '다운튼 애비'가 중국에서 인기를 얻은 것도 집사 열풍에 한몫 했다. 드라마에 등장하는 집사 문화를 체험하고 싶어하는 이들이 늘면서다.

중국 집사 학교 학생들이 이수하는 특별 프로그램의 가격은 1만1000파운드(1776만원)에 달한다고 전했다. 그러나 중국의 집사들은 연 최소 30만 위안(5500만원)을 벌 수 있기 때문에 그만한 투자가치가 있다고 현지 언론들이 보도했다.

출처: 중앙일보 (2015.10.09).

학습목표

01 삶을 살아가는 방법으로 서비스를 받아들일 수 있다.
02 환대가 빠진 서비스는 어떠할지 말할 수 있다.
03 디즈니의 테마파크의 연극적 발상에서 일, 직원, 유니폼, 고객, 조직은 각각 무엇으로 비유되는지를 말할 수 있다.

1 엔터테이닝한 사회와 서비스

1) 엔터테이닝한 사회

(1) 엔터테이닝한 사회의 개념

엔터테인먼트는 인간에게 즐거움과 감동을 준다. 엔터테인먼트라는 용어는 TV의 오락프로그램 혹은 연예를 번역한 말로 사용되었다. 따라서 뭔가 질적으로 수준이 떨어지고 인간의 말초신경을 자극하는 수단에 불과하다는 취급을 받아왔다.

그러나 엔터테인먼트는 오늘날 인간의 삶의 많은 부분을 차지하고 있으며 따라서 엔터테인먼트의 역할 역시 그 어느 때보다도 더 많은 책임을 느끼는 분위기가 조성되었다. 모 연예기획사의 대표가 청년세대의 멘토 역할을 한다든지 엔터테인먼트의 스타들이 자신들의 영역을 넘어서 사회적 목소리를 내기도 한다. 이를 소셜테이너(socialtainer)라고 한다.

엔터테이닝한 사회는 엔터테인먼트 자체가 그러하듯 즐거움과 감동으로 가득 찬 사회를 말한다. 사람과 사람의 만남, 즉 사회적 상호작용이 사람을 기분을 좋게 하고 신나게 한다.

(2) 엔터테이닝한 사회의 의의

엔터테이닝한 사회로 지향해야 할 이유는 다음과 같다. 인간관계가 지나치게 경제적인 관계로 경직되는 것을 완화시켜 준다. 경제적 관계는 삶에 필요한 부(富)를 확보해 나가는 과정으로서 반드시 필요하다. 그러나 필요 이상의 부를 확보하려 하기 때문에 경쟁이 일어나고, 경쟁에서 이기기 위해서 정당하지 않은 방법과 편법을 사용한다.

주둥이가 작은 항아리 안에 음식을 넣어 놓고 원숭이를 사냥하는 방법이 있다. 음식을 발견한 원숭이는 항아리 주둥이 안으로 손을 뻗어 음식을 움켜쥔다. 움켜쥔 손은 작은 항아리 주둥이로 빠져 나올 수 없지만 욕심이 생긴 원숭이는 결코 움켜진 손을 펴려 하지 않기 때문에 사람들에게 잡히고 만다. 원숭이 입장에서는 어느 정도 욕심을 버리고 포기를 해야 음식을 얻어낼 수 있다. 필요 이상을 바라는 인간의 끊임없는 욕심도 그러하다.

(3) 엔터테이닝한 사회와 그 적들

채워지지 않는 욕심을 향한 경쟁적인 사회관계를 만드는 사람들이 있다. 칼 포퍼(K. Popper)의 『열린 사회와 그 적들』이라는 유명한 저서의 제목을 따와 '엔터테이닝한 사회와 그 적들'이라고 명명한다.

'사촌이 땅을 사면 배가 아프다'라는 속담처럼 본인이 살고 있는 공동체 혹은 사회에서 남이 잘되는 것을 못 보는 사람들이 있다. 식당 재생 연예버라이어티

〈골목식당〉에서도 퇴락해 가는 식당 주인이 프로그램을 통해 우여곡절 성공하였지만 같은 지역의 시장상인과 경쟁위치에 있는 식당 사장들의 등살에 밀려 생업의 터전을 떠나는 모습들이 보인다. 물론 여러 이유는 있었겠지만 그리 아름다워 보이지 않는다. 오히려 상권 내에 식당이 잘되면 주목효과가 있어 전체적으로 상권의 활성화를 가져올 수 있을 것이다. 모처럼 반난 좋은 기운은 나누면 좋고 그것이 기분 좋은 기를 나누는 사회가 필요하다. 나의 성공을 응원해 주는 사람이 많다는 것은 행복한 일이며, 나의 성공이 지역공동체 전체의 성공을 가져올 수 있다면 그보다 더 행복한 일은 없을 것이다.

사람이 사는 사회의 인간관계를 금전적으로 환원해서 보기 때문에 만나는 사람을 경제적 가치창출의 대상, 좀더 쉽게 말하면 나에게 얼마나 돈을 가져다줄 수 있는가로 판단하기도 한다. 본인이 돈을 좀더 많이 버는 위치에 있다고 생각하여 행동하면 품격이 없이 행동하기 쉽고 자신보다 돈을 덜 번다고 간주되는 상대방의 인격과 직업은 품격이 떨어진다고 하대한다. 상대방이 하고 있는 생업을 본인도 할 수 있다, 내가 하면 더 잘할 수 있다, 내가 직접 하는 것보다 못하다고 판단될 때에는 품격이 없는 행동을 하게 된다. 정신과 지식을 이용하는 서비스보다 육체를 이용하는 단순 반복적 서비스에서 특히 이러한 현상이 발생하며 우리는 그것을 갑질, 갑의 횡포, 을의 비애라고 부른다.

2) 엔터테이닝한 사회를 만들어 가는 방법으로서 서비스

(1) 서비스와 사회

서비스는 직업의 하나이자 제3차 산업으로 분류된다. 따라서 개인적인 삶을 경제적 활동과 비경제적 활동으로 나눌 때 전자에 해당된다. 개인적인 차이는 분명히 있겠지만 앞에서 살펴본 바와 같이 금전적으로 환원해서 보고 사회적 인식으로 보니 천직이라 생각하지 않고 품격과는 거리가 먼 것으로 판단되기도 한다.

받는 사람 입장에서 서비스에 대한 가치를 낮게 여겨 서비스를 제공하는 사람의 가치조차도 낮게 평가한다. 주는 사람 입장에서도 서비스에 대한 가치를 낮게 여겨 본인 자신을 하찮게 여기고 비관하는 것이 문제이다. 서비스를 받는 사람에게 대충 대할 수도 있다. 서비스는 인간과 인간의 관계로 만들어지기 때문에 낮게 평가된 서비스의 가치는 이와 관계된 인간들까지 낮게 만들 수 있다.

품격은 자존심을 지키는 것이고 상대방을 존중해 주는 것이다. 서비스를 제공하는 사람은 서비스를 제공할 만한 품격을 갖추어야 하며 서비스를 받는 고객은 받을 자격이 있는 사람이 되어야 한다. 예전에 지하철역 광고에서 청년층 실업문제를 어필한다는 취지로 호텔 서비스 복장을 하고 눈물을 흘리는 젊은 여성을 등장시킨 적이 있다. 호텔에서 일하는 것은 인생에 있어서 보다 나은 직업을 얻기 위해 잠시 지나치는 정거장밖에 되지 않는 것인가? 그렇다면 호텔에서 만들어내는 모든 서비스 역시 사회적으로 볼 때 큰 가치가 없는 것일까? 레스토랑에서 손님에게 음식을 날라주는 웨이터의 서비스가 사회적으로 큰 가치를 창출하지 못하는 보잘것없는 것일까?라는 의문이 들었다. 사회적으로 문제가 되고 있는 갑질과 호갱 논란이 주로 서비스 산업과 서비스 현장에서 일어나는 점을 볼 때 오히려 서비스 자체가 엔터테이닝한 사회 속의 적들이 될 수도 있다고 생각된다.

(2) 서비스 기술을 삶의 처신으로

서비스를 수행하면 고객에 대한 중요성, 고객만족을 위한 제반 서비스 품질관리 방법 등을 다루게 된다. 서비스에 대한 해박한 지식, 올바른 태도 그리고 서비스를 전달하고 연출하는 기술 등은 서비스를 삶에 적용하는 데 매우 요긴하게 사용할 수 있다. 서비스를 수행하는 사람은 서비스를 수행하는 동안 주어진 역할을 수행하고 이후에는 역할을 바꾸어 다양한 삶을 산다. 호텔 프런트 근무를 마치면 누군가의 사랑스런 애인이 되고 애지중지하는 딸이 되는 것이다.

인간은 서비스 없이 생활하지 못한다. 인간은 태어날 때 혼자가 아니라 누군가의 도움, 즉 출산 서비스를 받고 죽을 때에는 혼자가 아니라 누군가의 도움, 즉 장례 서비스를 받고 생을 마감한다. 인간은 탄생과 죽음이란 긴 기간 동안 자신이 받을 서비스를 선택하고 또 서비스를 한다. 서비스는 인간의 가장 오래된 주제라고 한다. 인생은 곧 서비스다. 인생을 살아가면 다음과 같은 세 사람이 필요하다고 한다. 삶을 살아가면서 남을 위해 할 수 있는 가장 큰 서비스가 아닌가 한다.

① 나를 위해 울어줄 수 있는 사람
② 나를 위해 변호해 줄 수 있는 사람
③ 나와 같이 살아갈 수 있는 사람

서비스는 삶의 기술이자 인생의 처신으로도 사용할 수 있다. 우경진(2008)은 삶을 살아가는 방법과 서비스 기술을 연결하였다.

① 지(知): 경쟁에서 살아남는 으뜸 처세술이다. 지혜는 진정으로 자신의 몸을 낮추고 상대방을 이해할 때 비로소 생겨난다.
→ 고객의 요구를 채워주는 서비스 능력은 낮은 자세와 작은 에고(자아)에서 비롯한다.
② 정(情): 내 삶을 충전시키는 최우선 가치이다.
→ 서비스는 정이라는 원자재가 마음이라는 공장에서 만들어져 체험의 형태로 전달된다.
③ 의(義): 삶의 성공을 위한 대의명분이다.
→ 서비스는 고객만족과 행복을 목표로 한다.
④ 겸손: 인생의 잭팟 행운을 부르는 첫걸음이다. 지혜와 정의가 있다 할지라도 겸손한 마음이 없다면 큰 행운은 찾아오지 않는다.

→ 서비스는 고객의 컴플레인을 귀담아 들으면서 품질을 높여갈 수 있다.

(3) 서비스 현장과 삶의 현장 구분이 모호해짐

서비스 기술을 삶을 살아가는 방법(인생처신)화할 수 있다는 것은 서비스를 잘하는 사람은 인생처신도 잘한다는 의미이다. 이러한 가능성은 다음과 같은 두 가지 현상을 보면서 유추할 수 있다. 서비스 현장과 삶의 현장 구분이 모호해지고 있다.

최근 새롭게 관광의 트렌드로 떠오르고 있는 것이 생활관광(living tourism)이다. 생활관광은 특정 관광매력물을 방문하는 것이 아니라 해당 지역의 생활, 즉 라이프스타일을 체험한다. 따라서 마을 전체가 마을호텔 등이 되며 특정 관광지의 방문객과 지역주민 혹은 고객과 서비스 직원과의 관계가 이웃(neighbour)으로 치환된다. 관광지에서 뭔가 특별한 것을 보는 것이 아니라 타인의 일상, 즉 타인의 삶이 관광자원이 된다.

> 수영장이 있는 발리의 풀빌라에서 넓은 마당이 있는 제주의 돌담집까지. 에어비앤비로 아이들이 마음껏 즐길 수 있는 우리 가족만의 집을 예약하고 살아보세요.
> 여행은 살아보는 거야. — 에어비앤비 광고

서비스를 제공하는 사람들은 같은 삶을 살아가는 이웃사람이라는 은유를 통해서 서비스를 차별화한다. 서울역에서는 아주머니들이 새벽에 김밥을 팔 때 "김밥 사세요"가 아니라 "김밥 드세요"라고 말한다. 호텔에 1박 이상 투숙하는 고객이 잠시 외출하고 들어올 때 "안녕하세요"가 아니라 "어서 오세요", "다녀오셨어요"로 고객의 언어로 바꾸어 부르는 것이 환대의 출발이다(백지연, 2017). PIC의 메이트(mate), 클럽메드의 GO(gentle organizer), 테마 레스토랑 카후나빌의 만능웨이터, 크루즈의 웨이터 등은 서비스 요원을 넘어서 서비스 공간으로서 마을에 사는 사람으로서, 즉 애인이자 친구로서의 역할을 수행한다. 또한 기본적인 서비스 업무수행 이외에도 본인의 끼를 살려 다양한 엔터테인먼트 공연자 역할을 함으로써 환대를 실현하고 있다.

3) 서비스기업의 사회적 역할

(1) 서비스기업과 관광기업

서비스기업은 휴먼비즈니스(human business), 피플비즈니스(people business)라고 불린다. 핵심은 사람 대 사람의 관계이지 기업 대 기업이 아니다. 사람이 진정한 마음을 가져야 한다는 뜻에서 하트비즈니스(heart business)라고도 한다(이치조 신야, 1993).

관광기업 역시 서비스기업이다. 관광기업은 휴가(vacation)를 팔고 휴일(holiday)을 판다. 휴가를 즐겁게 보내도록 도와주는 관광기업에 속한 서비스 제공자의 수고로서의 서비스가 있고 서비스를 받아 휴가가 즐겁다.

휴가와 휴일은 낯선 곳을 방문하는 관광행동을 통해서 소비된다. 관광객은 이방인으로서 주인인 지역에 사는 사람을 만난다. 이방인과 주인의 바람직한 관계는 환대(hospitality)로 표현된다. 주인이 제공하는 서비스가 환대와 동일어로 쓰이는 것이 이러한 맥락이다. 이방인과 주인의 관계는 고객과 서비스업자 혹은 환대사업자로 전환된다. 마치 주인이 자기의 집을 방문한 손님을 가족같이 편안하게 느끼도록 해주는 것이 서비스의 본질이다. 손님의 마음을 불편하게 하고 대접하는 술이 맛이 있다고 느끼지 못하는 것은 환대하는 사람의 책임이다. 따라서 생각하는 것만으로 충분치 않기 때문에 역지사지(易地思之)를 넘어 역지감지(易地感之), 즉 느끼도록 하고 역지행지(易地行之)하여야 할 것이다.

(2) 서비스기업에서 서비스를 수행하는 직원

① 서비스의 원천으로서 인간

서비스를 요구하는 대상으로서 인간이다. 자동판매기를 이용하지 않고 서비스를 제공하는 직원을 찾는 이유는 서비스는 자동판매기가 줄 수 없는 그 무엇을 제공하기 때문이다. 인간은 직업으로서 서비스를 수행하기도 하지만 삶에서도 남에게 서비스하면서 살아간다. 서비스기업은 직원을 올바른 서비스인으로 양성하고 사회에서도 올바른 서비스인으로 받아들여질 수 있도록 지원해야 한다.

② 상품으로서 인간

사람을 보고 서비스의 좋고 나쁨을 판단한다. 서비스를 수행하는 직원은 좋은 서비스를 제공할 수 있다는 기대감을 항상 불러일으켜야 한다. 미소를 가득 머금은 얼굴은 서비스기업으로서 더할 나위 없는 자산이다. 좋은 미소는 인생의 가장 밑바닥을 헤매는 사람조차 미소로 화답하게 한다. 극진한 서비스는 나를 미워하는 사람을 무력화할 수 있고 동지로 만들 수 있다.

③ 기업 자체로서의 인간, 기업의 대표로서 인간

개개인이 수행하는 서비스가 개인이 속한 기업을 판단하는 기준이 된다. 직원이 입고 있는 유니폼이나 명찰은 특정 기업의 소속이라는 것을 말해준다. 따라서 고객이 직원을 대하는 것은 기업을 대하는 것이나 마찬가지이다. 서비스기업은 손님의 인생을 응원하는 기업이 되어야 한다고 한다. 일회성의 경제적 교환관계가 아니라 평생을 같이 살아가는 존재가 되어야 하는 것이다.

④ 전인격적인 인간

서비스를 수행하는 역할을 하지만 삶 속에서 다른 역할을 철저히 분리할 수 없는 것이 인간이다. 서비스 과정에서 고객에게 받은 모멸감은 고스란히 집으로 가져와 곱씹는 것이 인간이다. 서비스를 제공하는 사람을 하대하거나 무례하게 해서는 안 되며 서비스업에 종사한다고 해서 인간으로써 부당한 대우를 받을 이유는 없다.

(3) 서비스기업이 직원을 대하는 방법

서비스는 고객에 대한 맑은 마음이며 서비스는 고객을 사람대접하는 것이기 때문에(손대현, 2000) 기업은 서비스를 수행하는 직원이 맑은 마음을 가지게 하고 직원을 사람으로 대접해야 한다. 종신고용의 시대는 지나고 단기노동, 파견노동이 일반화되어 가는 이 시기에 서비스기업은 무엇인가 할 수 있다는 것, 지금 내가 하고 있는 것은 가치가 있다는 것을 직원들에게 일깨워 주어야 한다.

서비스 종사자의 기(氣)를 살려주어야 한다. 기는 기운이며 사기이다. 예를 들어 군대(軍隊)의 전력은 숫자도 중요하지만 얼마나 사기가 충천해 있는가가 중요하다. 호텔 조직 역시 한 시프트(shift)에 투입되는 종업원의 수도 중요하지만 서비스를 수행함에 있어서 얼마나 사기가 충천해 있느냐(동기가 부여된 상태)에 따라 업무성과가 좌우된다. 호텔업에 종사하는 사람들은 스스로를 낮추는 것이 서비스의 본질이라고 착각해서는 안 된다.

그럼에도 불구하고 서비스 직원은 올림픽 때에는 좋아하는 올림픽 경기를 보지 못하고 호텔에 경기차 투숙한 외국 손님들에게 신경을 써야 한다. 호텔리어에게 요구되는 외모, 인성, 서비스 마인드, 그리고 외국어 구사능력까지 상당히 높은 스펙을 요구함에도 불구하고 이에 대한 보상은 기대 대비 상당한 거리가 있다. 서비스기업은 서비스기업의 직원이 가진 수준에 상응하는 처우개선이 필요하다.

사람의 마음은 어디에 있는가, 서비스는 손님에게 만족, 애정, 기쁨을 느끼게 하는 것으로 이것은 마음이요 마음을 주는 것은 정이며 정을 준다는 것은 기(氣)를 주는 것이요 기는 사람을 기쁘게 만들고 웃음을 짓게 한다. 호스피탈리티 기업은 기업이라기보다는 기업(氣業)이요, 기분 좋게 기를 나누고 가격으로 먹고 사는 것이 아니라 기가(氣價)로 살아야 한다. – 손대현 (2000).

Service Break

여자의 마음과 고객의 마음

주세페 베르디의 오페라 〈리골레토〉 제3막에 나오는 아리아곡이 있다. 우리에게 매우 낯익은 명곡이다. ○○마트 광고에서 "시간 좀 내주오~. 갈 데가 있소, ~ 거기가 어디오, ~ ○○마트"라며 노래한다. 기억이 나는가. 그런데 원곡을 보면 제목인 '여자의 마음(la donna e mobile)'에 걸맞게 흔들리는 여자의 마음을 노래하고 있다. 서비스를 주는 사람도 서비스를 받는 사람도 마음이 변한다.

바람에 날리는 갈대와 같이
항상 변하는 여자의 마음
눈물을 흘리며 방긋 웃는 얼굴로
남자를 속이는 여자의 마음
바람에 날리는 갈대와 같이
여자의 마음 변합니다, 변합니다, 아~ 변합니다.
그 마음 어디에 둘 곳을 모르며
항상 들뜬 어리석은 여자여
달콤한 사랑의 재미도 모르며
밤이나 낮이나 꿈 속을 헤멘다!
바람에 날리는 갈대와 같이
여자의 마음 변합니다, 변합니다 아~ 변합니다.

2 환대와 서비스

1) 환대의 개념과 의의

(1) 환대의 어원

환대(hospitality)의 어원을 살펴봄으로써 환대에 대한 개념에 보다 가까이 다가갈 수 있다. 환대는 라틴어인 호스피탈리타스(hospitalitas)에서 유래하였다. 극진한 손님대접, 여행자나 손님에 대한 환대와 후대 그리고 나그네 처지라는 뜻을 가진다. 라틴어의 호스페스(hospes)는 손님이라는 뜻뿐만 아니라 손님을 맞는 집주인의 뜻까지 포함한다. 네덜란드어의 호스페스(hospes)는 집주인이라는 뜻이 있다.

환대는 오늘날 우리가 쓰는 단어로 살아 있는데 호스트(host), 호스테스(hostess), 호스피탈(hospital), 호텔(hotel), 호스피스(hospice) 등이 그것이다. 먼저 호스트, 호스테스는 손님을 초대한 주인의 남성, 여성형 명사이다. 호텔, 병원, 말기 환자를 위한 병원인 호스피스가 같은 어원에서 파생되었다는 것은 각각 서비스가 이루어지는 장소를 어떻게 만들어야 하는지를 잘 알려주고 있다. 병원의 경우 환대의 어원을 가짐에도 불구하고 환대와는 거리가 먼 곳이었지만 최근 경쟁력 차원에서 호텔 서비스를 벤치마킹하고 있다. 프랑스어의 오스피스(hospice)는 순례자, 여행자를 위해 수도원에 마련된 무료 숙박소이다. 결국 환대라는 본질이 같기 때문에 수렴하는 것이다.

(2) 환대의 역사

철학자 데리다(J. Derrida)는 환대란 '타자에게 머물 장소를 주는 것'이라고 말했다. 여기엔 주인과 손님의 구도가 만들어진다. 문전박대할 수도 있지만 주인은 손님에게 쉴 방을 내어 주고 따뜻한 음식을 대접한다. 말하자면 환대란 주인에게 요구되는 윤리적 의무이자 손님은 할 수 없는 주인만의 특권이다. 현대의 우리나라에도 손님을 바깥에 재우는 것은 결례라고 생각해서인지 아파트 단지 내에 게스트하우스를 마련하는 곳이 많다.

환대는 이방인과 이를 대하는 주인(host)과 밀접한 관련이 있다. 주인이 위험을 무릅쓰고 이방인에 대한 대접을 행한다는 뜻이다. 십자군 원정시대에 중세 십자군과 성지순례자들이 출현하게 되었으며 이들이 경계 대상이냐 경외의 대상이냐, 적(敵, hotis)이냐 손님(客, hospes)이냐의 모호한 판단 상황에 직면하였다고 한다(최한후, 2017). 이방인은 또한 폐쇄적인 비밀사교클럽의 멤버십을 얻고자 하는 사람, 신부 가족의 마음에 들기를 원하는 예비 신랑, 대학에 들어간 아들, 농촌에 정착하고자 하는 도시 거주자, 군대에 막 들어온 피징발자, 신흥도시에 이주한 전쟁종사자 가족 등 다양한 사람들을 포함한다(Schuttz, 1964; 김광기, 2003).

환대란 이방인이 타인의 영토에 도착했을 때 적대적인 취급을 받지 않을 권리를 의미한다. 이방인은 목숨을 잃지 않을 정도로 적대적 취급을 받고 쫓겨날 수도 있겠지만, 우연히 도착한 장소에서 평화로운 태도로 처신한다면 적대적인 취급을 받아서는 안 된다. 사람은 누구나 땅의 표면을 공유할 권리가 있으므로 타인의 사회에 나타날 자격이 있다(Reis, 1971; 한성훈, 2015). 환대는 이방인 초대를 전제로 하며(invitation only), 초대받지 않은 손님, 즉 불청객이 들어왔을 때는 공기(空氣)가 이상해진다. 환대는 사람대접을 하는 것이고 사람답게 대접을 받을 권리이다. 이러한 원리를 제일 잘 실천한 분이 예수님이었다고 한다. 종교적으로 배제된 자들과 함께 식사를 하면서 이들을 포용하였다고 한다(반재광, 2017).

(3) 환대의 일반적인 정의

일반적으로 알려져 있는 환대의 개념적 정의는 다음과 같다.

- Friendly and generous treatment of guest
  – 손님에 대해 우호적이고 너그럽게 대하는 것
- Cordial and generous reception of or disposition toward guest
  – 손님에게 마음에서 우러나 너그럽게 응대하는 것 혹은 그러한 성향

2) 환대와 서비스

(1) 환대와 서비스의 유사성

환대와 서비스는 서로 유사하게 쓰인다. 환대산업은 서비스 산업과 같은 의미로 쓰이기도 한다. 호텔이나 식당의 감동 서비스 사례를 보면 여지없이 서비스하는 사람의 인간미가 돋보이고 상대에 대한 배려심이 강조되며, 때로는 기업의 내부적인 규정까지 파괴하면서 고객을 만족시키는 것을 넘어 감동의 도가니를 연출하여 고객을 졸도시킨다.

환대와 서비스를 유사하게 쓰면 안타깝게도 환대가 빠진 서비스만 제공되기 때문에 문제가 있다. 서비스 제공자는 서비스 매뉴얼에 나와 있는 대로 규정에 의거하여 손님의 요구에 응대하기 때문에 큰 잘못이 없다. 그럼에도 불구하고 서비스 제공자를 비난하고 질책하는 것은 서비스를 서비스답게 하는 환대가 빠져 있기 때문이다.

월도프 아스토리아 호텔의 이야기(이 장 마지막 서비스 열전 참조)가 훈훈한 감동으로 다가오는 것은 젊은 직원의 탁월한 서비스 때문이 아니라 환대가 있었기 때문이다.

(2) 환대와 서비스의 차이점

표준화, 산업화된 경제논리가 지배하면서 잊혀졌던 환대를 회복하여 서비스가 좀더 인간다운 모습을 갖추는 것이 바람직하다. 환대가 없는 서비스는 앙꼬 없는 찐빵이고 결국 영혼이 없는 서비스이다.

모 일식당의 마스터는 환대정신을 멋지게 발휘한다. 남성과 여성 커플 고객을 맞아 두 사람이 끝까지 같이 즐겁게 식사를 마치도록 여성고객의 초밥을 남성고객 것보다 약간 작게 만든다. 같은 크기이면 여성이 먼저 포만감을 느껴 식사를 마치게 되므로 모처럼의 분위기가 어색해진다는 판단이다. 그러나 고객에게 약속한 서비스, 즉 정량공급 원칙이 깨지게 되어 손님에게 클레임이 들어올 수도 있다. 왜 내 초밥이 이렇게 작게 나오는지 말이다.

외식산업에서 전통적으로 강조되었던 것이 QSC, 즉 품질(quality), 서비스(service) 그리고 청결(clean)이었다. 그러나 최근에는 QHA, 즉 품질(quality), 환대(hospitality), 그리고 쾌적함(amenity)이 경쟁력의 원천으로 주목받고 있다. 물론 앞의 두 가지는 생략되는 것이 아니라 기본적으로 제공되어야 하는 것임에는 두말할 나위가 없다. 이러한 점에서 서비스는 환대와 구분된다.

시미즈 히토시(2005)는 항상 생기가 발랄하고 원기 왕성하여 상대방의 기분까지 좋게 만드는 사람, 언제 어디서 만나도 활짝 미소를 지으면서 표정이 풍부하고 상대방의 마음까지 밝게 만드는 사람, 항상 밝은 톤과 경쾌한 목소리로 말하며, 말씨가 공손하고 상대방의 이야기를 경청한 후 정확하게 대답을 해서 기분 좋게 대화를 이끌어 내는 사람을 진정한 환대정신을 가진 사람이라고 하였다. 분명히 실패 없이 서비스를 묵묵히 해내는 사람과는 차이가 있다.

환대와 서비스의 차이는 다음 사례에서 더 극명하게 드러난다. 투숙한 호텔에서 주문한 음식이 나오는 시간이 너무 오래 걸리고 방이 지저분하면 서비스가 실패한 것이다. 이때 주인장의 환대는 오히려 손님의 화를 돋울 것이다. 이번에는 안내 책임자가 모두 바쁘고 손님을 맞아 인사도 하지 않는다. 그럼에도 불구하고 음식과 서비스는 멋지고 객실도 좋다. 그러나 왠지 기분이 나쁘다. 환대가 빠진 것이다(스터먼 · 코질 · 버마, 2015).

표 3-1 환대와 서비스의 차이

구분	환대	서비스
택시의 비유 (미하일 그리오리브, 뉴욕의 택시기사)	깨끗한 택시이다. 겨울에는 따스하고 여름에는 시원한 택시	승객을 태워 빠르게 원하는 장소로 데려다 주는 것이다.
대니 마이어 (유니언스퀘어 호스피탈리티 그룹 소유주)	그 상품을 제공할 때 수혜자가 어떻게 느끼느냐 정도	상품을 기술적으로 제공하는 것, 또는 그 일을 얼마나 잘 하는가이다.
	대화, 일을 수행하는 사람이 누구냐에 초점, 손님의 편에서 말을 경청하고 사려 깊고 친절하게 감사하는 마음으로 대처	독백, 일을 어떻게 할지 결정하고 표준을 정하는 것이다.
애드 에반스 (유니바 수석부대표, 인적자원부서 책임자)	환대는 기질이 필요하며 타고나므로 배울 수 없음	잘 훈련된 서비스 전문가가 이미 만들어진 관리방침에 따라 기계적으로 수행한다.
마르크 부르노, (아라마크 스타디움스, 아레나스 & 컨벤션 대표)	진실한 환대는 천성적이고 이타적이며 영원히 기억됨	훌륭한 서비스는 설명되고 측정될 수 있다.
무명씨	친절, 마음, 경청, 존경, 대우, 안전, 손님, 이해, 민감성, 진실함, 기억할 만한, 독특한 것	기계적, 측정되는 효과적, 기술적, 제공, 상품, 대본에 따르는, 예측
무명씨	질적인 마음의 자세	구체적이고 양적, 서술적, 지시적, 기계적으로 연마 가능
테트 텡 (리딩호텔연합 대표 겸 CEO)	환대는 마음으로부터 나온 감정	서비스는 머리로 생각해서 나오는 것

출처: 스터먼 · 코질 · 버마 (2015).

미국의 많은 호텔스쿨에서 전공명칭을 환대(hospitality)로 하는 데는 이유가 있다. 국내의 모 대학에서도 환대 전공을 당당히 앞세우고 있다. 초기에 환대산업으로서의 호텔 및 관광 전공을 대학에 개설할 때 환대가 빠지게 되면서 사회적 통념상 호텔 및 관광 전공 서비스업으로 간주된 결과 본말이 전도되어 버린 것이다. 사업의 본질이 서비스로만 강조된 결과이다.

(3) 환대의 잘못 쓰임

서비스 산업 전반에 인간미(휴먼터치, human touch)로서 환대가 감소하고 있다. 이러한 경향이 종국에는 서비스 업체의 경쟁력을 감소시키고 고객으로부터 외면받는다는 것을 알고 있기에 서비스기업이나 서비스하는 직원은 가장 쉽게 그리고 가장 노력을 덜 들이고 환대를 표현하고자 한다.

"주문하신 커피 나오셨습니다." 존칭어 '시'의 요용 사례이다. 물건이 주체가 되면 존칭어를 사용하지 않는다. 미장원, 병원에서 접하는 "앉으실 게요", "머리 감으실 게요"라는 말은 들을 때마다 편치 않다. 고객을 왕처럼 모시겠다는 서비스 정신에 따라, 고객을 배려하고 예우하는 차원에서 쓰는 존칭과 높임말이 오히려 어색하고 부적절한 상황을 연출하는 것이다. 굳이 '~ㄹ게요'라는 어미가 더해지고 존칭, 주어와 목적어가 뒤엉켜 정작 앉거나 머리를 감는 사람이 누군지 헷갈리게 된다(오피니언 타임즈, 2017).

손님이 커피를 주문할 때 "커피 한 잔이십니까?", "커피 한 잔만 필요하세요?"라고 되묻는다. 잘못된 주문을 사전에 방지하고 커피 이외에 조각케이크라도 팔고자 하는 영업의지가 담겨 있다고도 볼 수 있지만 받아들이는 손님은 마음이 불편할 수도 있다. 오히려 "혹시 더 필요한 것은 없으신지요?"라고 하면 서비스와 환대를 동시에 표현할 수 있다.

환대의 주체는 호스트(호스테스)이다. 주인으로서 기품과 여유를 가지고 집(우리 업장)을 방문한 손님(고객)에게 최고를 보여주어야 한다. 바야흐로 오너십의 부재의 시대이다. 이러한 점에서 볼 때 특히 환대가 강조되고 규모가 그리 크지 않은 업태에 오너(owner)를 주인장으로 부르는 것을 제안한다. 주인의식을 가지라는 의미다. 그럼에도 불구하고 사장님이 남발된다. 조그만 식당을 운영하는 사람은 부부 두 명인데 둘 다 사장님이다. 아들이 하나 더 있으면 작은 사장님이다. 사장님은 회사(회사)의 장(長)이다. 주인으로서 환대의식은 둘째 치고라도 기본적인 서비스조차 하지 않는 경우가 태반이다.

3) 서비스기업의 환대 실천 사례

(1) 올리브가든의 호스피탈리아노

www.olivegarden.com

미국플로리다 올랜도에 본사를 두고 있는 풀서비스레스토랑 기업인 다든(Darden) 주식회사는 1982년 설립되어 현재 750여개 지점과 88,000명의 직원, 연매출 35억달러를 자랑한다. 본 기업이 추구하는 바는 '좋은 시절, 좋은 샐러드, 올리브가든'이다. 고객을 가족과 같이 생각한다는 점을 강조하며 정통 이탈리아 다이닝(dining)을 선사해 고객만족 100%를 충족시켜 준다고 한다. 호스피탈리아노(이탈리아식의 손님 환대방법)는 올리브가든 구성원들이 진정으로 고객과 연결되기 위한 열정이 담겨 있으며 이탈리아 사람들이 중시하는 가족의 따스한 마음으로 고객을 환대한다는 콘셉트, 신선하고 간소하지만 맛있는 음식, 각종 수상경력에 빛나는 음료 및 와인, 편안하고 가정과 같은 분위기 속에서 올리브가든의 친절한 서비스는 매주 330만명의 고객에게 펼쳐지고 있다.

(2) KFC의 서던 호스피탈리티

KFC는 서던 호스피탈리티(southern hospitality)를 강조하며 창시자인 커넬 샌더스의 푸근하고 친근한 미소로 표현하고 있다. 즉 신선하고 맛있는 닭고기에 환대를 담아낸다는 전략이다. 서던 호스피탈리티는 미국 남부 사람들의 독특하면서도 전형적인 따스함과 정겨움을 의미한다.

www.kfc.com

(3) 손님을 연인, 친구, 가족으로 대하는 환대 실천

싱가포르 항공은 1980년대에 〈싱가포르 걸〉이란 캠페인을 통해 효과적으로 이미지를 구축한 바 있다. 광고를 통해서 "런던의 택시 캡 창문 밖을 통해서 나는 당신이 지나는 것을 흘낏 보았습니다(중략). 당신을 언제 볼 수 있을까요?"라는 메시지를 던지고 있다. 스튜어디스는 고객의 연인이 된다.

www.singaporeair.com

사우스웨스트 항공사의 허브 캘러허(H. Kelleher)는 펀경영으로 유명한데 '저가 항공사'라는 단순하고도 명쾌한 전략을 가지고 기내에 탑승한 고객을 즐겁게 하고 있다. 고객은 친구가 된다.

데이코쿠 호텔의 오퍼레이터는 안내가 끝난 후에도 "고객님의 방문을 기다리고 있겠습니다", "오시는 길에 조심 하십시오"라는 메시지를 전달한다. 프런트 리셉션에서는 고객이 외출해서 돌아왔을 때 "잘 다녀오셨습니까?"라고 말을 전하여 마치 손님을 우리 집에 있는 가족처럼 환대한다(무라카미, 2010).

3 연극으로서 서비스

1) 인생은 연극이다

(1) 고프만의 연극적 사회학

다음은 셰익스피어(W. Shakespeare)의 희극 〈뜻대로 하세요〉 중 2막 7장에 나오는 대화이다.

온 세상은 무대이고 모든 여자와 남자는 배우라네.
그들은 등장했다가 퇴장하지요.
어떤 사람은 일생 동안 7막에 걸쳐 여러 역을 연기한답니다.

그림 3-1 All the world's a stage

인생은 연극이다. 인생극장(人生劇場)이라는 단어가 TV프로그램, 영화, 노래 등의 제목, 가게 상호명 등에 자주 등장하는 것도 그러한 맥락이다. 'It takes two to tango(탱고를 추려면 둘이 필요하다)'고 하였다. 제대로 된 인생을 살려면 혼자서는 불가능하다. 혼자서는 훌륭한 탱고를 출 수 없기 때문이다.

사회학자 고프만(Earving Goffman)은 인생은 연극이라는 시각으로 사회를 분석하였다. 사회는 무대이고 사회를 구성하는 개인을 무대 위의 배우로 비유하였다. 따라서 사회는 행위자들의 역할연기 집합소이다.

> 교수인 나는 학생을 대할 때, 동네 세탁소 주인을 대할 때 각각 다른 사회적 가면을 이용한다. 만약 이 모든 가면을 강제적으로 벗겨버린다면 진정한 자아가 남는 것이 아니라 방어능력을 상실한 상처받은 인간이 남을 것이다. – 고프만 (2016).

(2) 연극에서의 캐릭터 연기

연극에서 배우는 캐릭터를 담당한다. 배우는 희곡에 담겨 있는 특정 캐릭터의 행동, 개성, 생각과 충동을 받아들이고 획득해야 하는 것이다. 배우는 자기 자신의 일상에서의 캐릭터(역할)를 극 중의 캐릭터(역할)와 일치시킬 때 명연기를 하고 더 나아가 작품을 만들어낼 수 있다.

스타니슬라브스키(K. Stanislavski)는 매직 이프(Magic if), 배우들로 하여금 만약 내가 캐릭터와 같은 상황에 처한다면 어떠하게 반응할 것인가라는 질문을 던지게 하는 연기훈련 방식을 제시하고 있다. 따라서 본인의 인생에서 다양하게 맡는 캐릭터에서 Magic if를 생각해 보면 좋다. 내가 항공승무원 역할을 하는데 고객응대 상황에서 어떻게 반응하면 되는가를 상상한다.

내가 항공승무원이고 캐릭터를 연기함에 있어서 '실례합니다'와 같은 범용적인 대사보다는 상황에 따라 객실에서는 '들어가겠습니다', 손님에게 말을 걸 때는 '잠시 괜찮으십니까' 등 그 자리에 걸맞는 언어구사가 필요하다.

(3) 인생과 연극

연극에는 주인공이 있고 보조 연기자가 있고 더 나아가 엑스트라가 있다. 따라서 누구나 주인공이 될 수는 없는 것이다. 그럼에도 불구하고 우리는 각각의 역할에 좋고 나쁨의 가치를 부여한다. 인생 역시 그러하다. 역할을 직업으로 본다면 직업에 가치를 부여한다. 그럼에도 불구하고 직업에 귀천이 없다는 것, 모든 직업은 사회가 돌아가는 데 필요한 것이라는 것을 누구나 알고 있다. 세상이 무탈하게 잘 돌아가는 것은 모든 연기자가 자신의 역할을 충실히 이행하고 협조하기 때문에 잘 돌아가는 연극과 같다. 그리고 또 다른 연극에서는 주인공의 배역을 바꿀 수 있는 캐스팅의 개방성 혹은 사회로 따지면 계층 이동의 사다리가 존재하여야 한다.

이정재, 이영애 주연의 〈선물, 2001〉이라는 영화를 생각해 보자. 아내 이영애의 죽음을 알고 있지만 아내를 객석에 두고 개그를 해야 하는 3류 개그맨 남편, 자신의 죽음을 조용히 맞이하면서 처음이자 마지막으로 남편의 개그를 보는 아내. 참으로 아이러니한 상황이 아닐 수 없다. 연극을 도중에 그만두고 객석으로 뛰어갈 수도 없고 그렇다고 마지막 아내의 임종을 그냥 두고 볼 수도 없는 것이다. 무대에서는 희극을 하고 있지만 인생에서는 비극을 맞이하고 있다. 인생은 한 편의 연극과 같다.

2) 서비스는 연극이다

(1) 일상과 서비스 현장이라는 진자

진자(pendulum, 振子)는 고정된 한 축이나 점의 주위를 일정한 주기로 진동하는 물체이다. 인생은 진자의 운동과 같이 일상(자연인으로서의 삶)과 서비스 현장(직업인으로서의 삶)이 반복된다. 다시 말해서 역할이 바뀌고 있는 것이다. 고객을 상대하는 서비스맨으로서 활동하는 것이 무대라면 업무를 잠시 쉬기 위한 휴식 공간 혹은 하루일과가 끝나 유니폼을 벗는 곳이 무대 바깥이다.

한때 욕쟁이 할머니가 운영하는 식당이 주목을 끌었다. 훈훈한 고향인심을 욕쟁이 할머니라는 역할을 통해 전달하려는 의도였다. 서비스 현장은 연극이다. 식사를 마치면 연극은 끝난다. 욕쟁이 할머니 관련하여 유머가 있다. 단골학생이 웃으면서 "할머니 저 지갑을 안 가지고 왔는데요, 내일 드릴게요."라고 했다. 할머니가 "왜 그러십니까, 손님?"이라고 정색을 하면서 말을 바꾸었다. 연극의 핵심은 '~인 척 하기'이다. 화해한 척, 인정한 척, 옛날부터 친구인 척 등이다. 연극이 성공적이려면 서로 맞추어 볼 필요가 있다. 연극이 잘 안 되는 것은 상대가 스킵퍼일 때, 서로의 약속을 깨뜨리는 자가 있기 때문이다.

(2) 서비스 생산 및 소비와 역할 연기

그로브(Grove), 피스크(Fisk), 비트너(Bitner) 등이 서비스 생산자의 활동을 연극학적 관점에서 최초로 분석한 연구자들이다. 서비스 생산자는 고객이 신뢰할 수 있는 연기를 수행하기 위한 준비를 해야 하는데 연기자의 외모, 서비스 역할을 적절히 수행할 수 있는 개인의 기량, 특히 무엇보다 중요한 것은 서비스 공연을 수행하고자 하는 의지 등이 그것이다. 따라서 자신의 배역을 정확히 이해하고 개인적인 어려움에도 인상을 관리하며 관객의 특정 요구를 인식하고 반응하려는 연기자로서의 결심이 필요하다(차길수, 2008). 역할의 일치, 즉 자신이 올바른 역할을 수행한다고 확신하면 서비스 수행에서 고객과 손님은 상호 간에 만족을 한다.

서비스가 일어나는 장소는 무대를 중심으로 배우인 직원과 관객인 호텔 방문객들 사이에 일어나는 것으로 비유할 수 있다. 이 연극에서는 두 가지 역할이 있는데 서비스를 제공하는 역할과 서비스를 받는 역할이 있다. 바에서는 남에게 술을 따라주는 사람과 남이 따라준 술을 받아 마시는 사람만이 존재한다.

서비스 상황에서 직원은 조직이 부여한 가면, 즉 페르소나(persona)를 쓰고 고객을 만나게 된다. W워커힐 호텔도 직원끼리 영어이름을 부르는데, 직장이 곧 무대라는 생각으로 배우가 예명을 사용하는 것처럼 무대에서 끼와 능력을 맘껏 발휘하기 위해 스테이지 네임(stage name)을 쓴다.

(3) 서비스를 연극으로 보는 자세

전통적으로 주종관계에 바탕을 둔 서비스의 관계는 생산자와 소비자 간의 심리적 갈등을 유발하거나 심지어는 이직을 하는 요인이 된다. 따라서 서비스를 연극으로 보는 입장은 매우 유용하다. 역할은 주어지는 것이고 영원하지도 않기 때문이다.

스타 호텔리어로 그랜드하얏트 호텔에서 수십 년간 일한 구유회 씨는 다음과 같은 마음가짐을 호텔리어들이 가져야 한다고 했다.

> 우리는 돈 받고 일하는 직업배우이다. 속된 말로 선수다.
> 그러면 알아서 해야 한다. 부모가 세상을 떠나도 알아서 마인드를 바꿔 현장에 나가야 한다. 직업배우가 무대 위에서 대사를 까먹는 것은 안 되는 일이다.
>
> – 구유회 (2013).

연극을 하는 배우에게 감탄하는 것은 똑같은 연극대사를 몇 번이나 반복하면서도 우리에게 감동을 주기 때문이다. 청중이 앙코르를 외치면 주저하지 말고 바로 응대해야 한다. 호텔 앞에서 근무하는 도어맨은 마침 그 지역에 중요한 공연이벤트가 있다면 호텔 투숙객으로부터 같은 질문을 수십 번 받을 것이다. 같은 질문이라도 처음처럼 한결같이 대답해야 좋은 서비스맨이다.

3) 월트디즈니의 연극적 발상

(1) 엔터테인먼트 기업이 바라보는 서비스

엔터테인먼트 기업이 고객에게 제공하는 것은 엔터테인먼트 콘텐츠 자체(고객이 보고자 하는 무엇)와 엔터테인먼트 콘텐츠를 제대로 즐길 수 있도록 도와주는 서비스가 있다. 대표적인 엔터테인먼트 기업인 월트디즈니는 원래 본업인 애니메이션 사업을 넘어 테마파크와 크루즈로 영역을 확장하면서 원래 가지고 있는 콘텐츠를 안방까지 배달하는 온라인 동영상 서비스(OTT: over the top)인 디즈니플러스 이외에 사람과 사람이 직접 맞닿는 대면(face to face) 서비스의 중요성을 인식하게 되었다.

플로리다주 올랜도 등에 있는 디즈니월드와 카리브해에 떠 있는 디즈니크루즈에서의 서비스는 디즈니가 원래 가지고 있던 엔터테인먼트 산업의 속성을 그대로 반영하였다. 엔터테인먼트 산업이란 결국 재미와 감동을 주는 이야기 산업(스토리텔링, storytelling)이며 이야기가 제대로 관객에게 전달되게 하기 위해서는 이에 걸맞는 서비스가 이루어져야 한다.

(2) 월트디즈니의 연극적 발상

연극(drama)은 가장 오래된 형태이자 완성된 스토리텔링 형식이며 오늘날 영화, TV드라마, 뮤직비디오 등 엔터테인먼트 산업 내 각 장르뿐만 아니라 기업광고, 축제, 이벤트 등의 기초가 된다. 연극의 4대 요소는 배우, 무대, 관객 그리고 희곡이 있다. 디즈니는 테마파크와 크루즈를 방문하는 관객을 위해 서비스를 전달하는 것(수동적인 수행)을 넘어서 연출화하는 이른바 극적인(dramatic) 발상을 하고 있다.

디즈니에서 일은 곧 연극이다. 따라서 직원은 각자의 배역을 소화해야 한다.

직원의 유니폼은 디즈니의 맥락에 맞게 의상화한다. 고객은 서비스를 받으면서도 공연을 관람한 관객처럼 즐거움과 감동을 받고 그것을 오래 기억해야 한다. 따라서 조직은 배우 간의 연기처럼 조화를 이루어야 한다. 이러한 도식을 조직 구성원이 당연히 받아들이고 내재화할 때 조직의 연극학적 발상이 조직문화로 자리잡는 것이다.

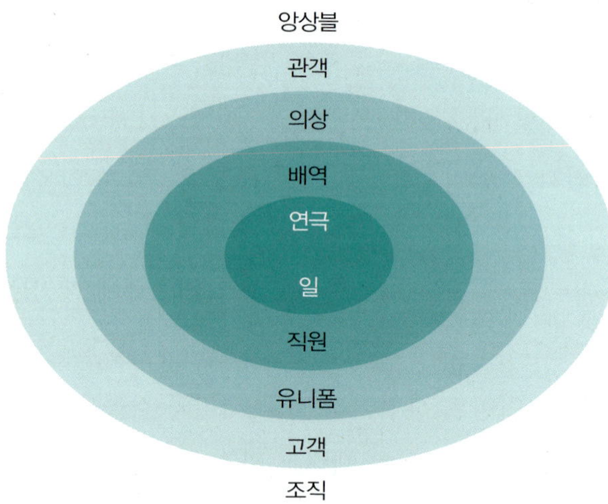

그림 3-2 테마파크의 연극적 발상

출처: 파인 · 길모어 (2001).

(3) 연극적 발상의 서비스화 사례

에버랜드의 사파리 운전기사는 고객에 따라 좋아하는 음향이나 음악을 달리해서 누구를 즐겁게 할 것인가 고민하기도 하고, 전동차에 꼬마손님이 많이 탔을 때 악어가 나타나는 강물에서 시간을 더 보내거나 연인이 많을 때에는 동굴 속에서 불을 잠시 꺼주는 등의 연출을 한다고 한다(유혜선, 2004). 끼를 통해서 서비스의 연출할 필요가 있는데 테마파크의 주차안내원은 교통경찰관의 모습처럼 규제를 하는 인상을 주면 안 되며, 식당의 축하이벤트에서 피에로 분장을 한 크루는 어색한 표정을 사진으로 담으면 안 된다.

서비스 열전

월도프 아스토리아 호텔

WALDORF ASTORIA™ HOTELS & RESORTS

http://waldorfastoria3.hilton.com

뉴욕에서 가장 오래된 럭셔리 호텔로 백만장자 윌리엄 월도프 아스토가 1893년 세운 13층 규모의 월도프 호텔과 1897년 세운 아스토리아 호텔을 합쳐, 1931년 10월 문을 연 호텔이다. 뉴욕의 크라이슬러 빌딩, 록펠러센터와 함께 뉴욕의 아르데코 보석 중 하나이다.

뉴욕에 사는 노부부가 어느 날 필라델피아로 여행을 갔다. 불행히도 때마침 큰 학술회의들이 동시에 열리고 있어서 호텔방을 구하지 못했다. 새벽 1시를 넘어 이 호텔이 마지막이라 생각하며 로비에 들어섰다. 새벽이었지만 젊은 직원이 상냥한 미소와 맑은 음성으로 맞이했다. 그러나 방이 다 찼다는 말에 노부부는 실망을 하고 돌아서려는 참이었는데 갑자기 호텔 직원이 막아섰다. "지금 비바람이 불고 새벽인데 어디로 가시겠습니까? 제 숙소가 있는데 괜찮으시다면 내어 드리지요." 뜻밖의 직원의 배려로 노부부는 하룻밤을 지낼 수 있었다. 다음 날 아침에 노부부는 "참 고맙네. 내가 자네에게 줄 선물을 준비해 놓고 부를 테니 잊지 말고 꼭 찾아오게."라고 약속했다.

그로부터 2년 후 노부부는 젊은 직원 앞으로 초청장을 보냈다. 젊은이는 반신반의 하면서 찾아갔다. 노부부는 그를 뉴욕 최고 번화가인 5번가 34번지로 데려가 큰 호텔을 가리키며 말했다. "그날 밤 자네의 환대를 받고 자네에게 경영을 맡기면 잘할 거라는 생각이 들었지. 지난 2년 동안 이곳에 호텔을 지어 이제 막 끝냈네. 경영권을 자네에게 줄 테니 마음껏 경영해 보게." 이렇게 탄생한 호텔이 월도프 아스토리아 호텔이다.

버틀러: 대통령의 집사

리 다이넬스 감독 (2013)

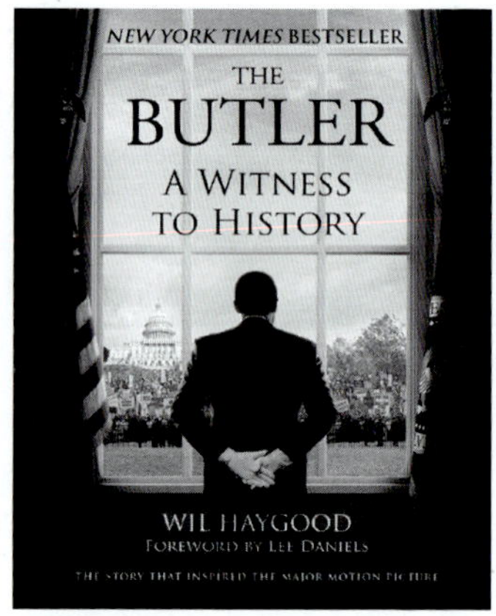

2008년 겨울, 버락 오바마가 대통령 선거를 할 즈음에 워싱턴 포스트에서 유진 앨런(89세)이라는 인물의 인터뷰를 게재한다. 이 영화는 이 인터뷰의 내용, 그리고 당사자 본인의 삶을 모티브로 영화화한 것이다. 물론 영화화하는 과정에서 유진 앨런의 실제 이야기와는 달라졌지만 흑인으로 태어나 부모를 잃고 어렵게 살다가 대통령의 집사로 출세한 남자가 34년 동안 8명의 대통령을 수행하면서 겪는 시대의 변화를 시계열로 보여준다. 흑인 해방 운동에 투신하는 아들과 현 체제에 순종적인 아버지의 대립이 영화의 한 틀을 차지하고 있으며, 아들의 시각에서 흑인들의 인권 투쟁, 아버지의 입장에서 권력의 중심에서 그 흑인 인권과 관련된 의사결정을 하던 내용을 교차적으로 보여준다. 마지막엔 아들과 아버지가 화해하고, 주인공 세실 게인즈가 버락 오바마 대통령과 만나는 걸로 끝을 맺는다(나무위키, 2018.3.14. 검색).

이 영화는 미국의 아픈 역사인 흑백의 갈등이 서비스를 하는 쪽과 받는 쪽으로 묘하게 오버랩되면서 제시된다. 아버지 세실이 백악관에서 서비스맨을 천직으로 살아가는 것이 아들 입장에서는 인종 간의 불평등으로 받아들여진다. 물론 세실도 백악관에서 일하면서 버틀러들 사이에도 흑백 간에 불평등이 존재한다는 것을 깨닫는다.

"백인의 눈으로 보고 그들이 원하는 걸 찾아내야 한다. 무엇을 원하는지 알아내려면 마음을 읽어야 한다. 그들을 미소 짓게 하라."

– 본인의 아버지 세대의 가사 노예(house slave)로서 처지와 다를 바 없다는 자조 섞인 푸념이지만 서비스맨 입장에서는 어떠한 서비스를 해야 하며 그 서비스의 결과 무엇을 얻어내야 하는가를 잘 말해주고 있다.

"우리도 손님이오", "손님으로 앉아 있으니 파티가 이런 거구나, 세상이 달라보였다."

– 서비스맨이 일과를 마치면 똑같이 손님이 될 수 있다. 서비스라는 연극이 끝났기 때문이다. 입장을 바꾸어 보면 자신의 서비스가 어떠했는지 볼 수 있다.

출처: 로라지킨스 프로덕션 등

PART 02
이론편

CHAPTER 04 고객만족

고객은 성인(聖人)이 아니고 성인(成人)도 아니다.

Chapter 04

서비스 익스프레스

고객은 성인(聖人)이 아니고 성인(成人)도 아니다.

→ 고객은 우리의 잘못을 용서해 주는 너그러움이 있는 것도 아니고 고객이 항상 옳은 것도 아니다. 그러나 고객의 존재가 우리의 생존에 직결된다는 것은 분명하다.

1. 고객의 개념과 종류

고객을 표현하는 다양한 단어들을 통해 고객의 본질에 접근한다. 고객은 서비스의 대상이다. 또한 고객에게 서비스를 제공하는 것은 궁극적으로 기업의 재무적 성과를 내는 데 그 목적이 있다. 그럼에도 불구하고 고객과 기업 간의 관계를 나타내는 충성도는 일정하지 않다.

2. 고객행동

공급이 수요를 초과하는 시대를 맞이하여 고객의 요구는 다양해지고 있다. 따라서 기업은 구매결정 시 고객행동에 대한 이해가 필수적이며, 고객을 유치하고 유지하는 데 어떠한 점에 유의해야 할 것인가를 명심해야 할 것이다.

3. 고객만족

고객만족은 극단치가 존재하며 고객만족이란 이해관계자 간의 팽팽한 균형의 산물로서 생겨난다(고객만족 삼각형). 고객만족을 위한 올바른 자세와 함께 고객만족을 위해 서비스를 표준화할 것인가, 고객 맞춤화할 것인가에 대해 논의한다.

키워드

게스트, 고객, 고객만족, 고객만족 삼각형, 고객전환행동, 관계혜택, 구매, 내부고객, 손님, 잠재고객, 전환비용, 표준화, 5S 다이아몬드 모형, SOP

도입사례

한국의 파인 다이닝은 지금 위태하다

파인 다이닝은 요리로 하는 예술이다. 〈블랙 팬서〉 같은 블록버스터 상업영화보다는 〈셰이프 오브 워터: 사랑의 모양〉처럼 평단과 영화 애호가를 동시에 사로잡는 영화와 비슷하다. 정확히는 엄청난 롱테이크(컷을 나누지 않고 한 번에 오래 찍는 촬영기법)로 대부분의 관객을 잠들게 하지만 영화예술적 가치로 칭송받는 안드레이 타르코프스키 감독의 예술영화와 가깝다. 태도로 보면 순수예술, 즉 파인 아트다.

돈이 안 된다는 점이 가장 큰 공통점이다. 목적은 작가로서의 요리사가 표현하고자 하는 것을 식사라는 시간과 공간, 행위에 담는 것이다. 완성도는 높을지언정 향유층이 적고, 독창성이 중시되며 이를 누리기 위해서는 많은 돈을 지불해야 한다.

서비스도 중요한 요소다. 스와니예의 이준 셰프는 "10만원 이상의 코스 음식이 나온다고 해서 다 파인 다이닝이 아니다"라고 말한다. 그는 뉴욕 퍼세 레스토랑의 서비스를 예로 들었다. 하이힐에 잘 차려 입고 혼자 레스토랑을 찾은 여성이 화장실에 가려고 일어서자 담당 서버가 텔레파시가 통한 듯 아무 것도 묻지 않고 화장실 앞까지 손님을 에스코트한다는 것. "아무것도 아닌 것처럼 보일 수 있지만, 손님이 조금이라도 원하는 게 있으면 미리 알고 해줄 수 있는 것이 굉장한 디테일입니다. 그 손님에겐 굉장히 편안한 배려였을 것입니다. 파인 다이닝이라면 당연한 수준의 서비스입니다."

반면 한국에선 서비스 부문의 고급 인력을 갖추기가 쉽지 않다. 들어가는 돈에 비해 버는 돈이 적은 레스토랑의 수익구조도 걸림돌이다. 매일 만석이어야 레스토랑에 간신히 미래가 있다. 몇 자리가 비는 날이 이어지면 당장은 망하지 않는다 해도 앞날은 비관적이다. 미래를 위해 시설에 지속적인 투자를 할 수 없다. 무엇보다 장기근속 직원들의 고임금과 복지를 감당할 수 있는, 선순환구조를 만들지 못한다. 극단적으로 전망했을 때 낡고 허름해진 레스토랑에서 서비스 비전문가인 아르바이트생이 툭 놓고 가는 음식을 손님이 먹을 수밖에 없게 된다.

출처: 한국일보 (2018.03.17).

학습목표

01 고객이 왜 중요한지를 받아들일 수 있다.

02 호텔관광기업의 고객만족 사례를 찾아보도록 한다.

03 개개의 고객 응대와 표준화된 서비스를 제공하는 것의 장단점은 무엇인지 구별할 수 있다.

1 고객의 개념과 종류

1) 고객의 개념

(1) 고객의 한자 표현

고객을 한자로 풀어보면 고객(顧客), 즉 돌아볼 고(顧)에 손님 객(客)이 된다. 객(客)은 집(宀)에 각각(各) 있는 사람, 필요에 의해 도착한 사람, 자손을 잇거나 사업을 위해서 초대된 사람이 들어와 있는 형상이다. 집에 원래 있던 집주인이 새롭게 돌아온 사람이다. 고(顧)는 고개를 돌려 뒤를 돌아본다는 것으로 아쉬워하면서 다시 돌아보는(돌아보게끔 하는) 것이다. 따라서 고객은 객(客)이기에 언제든지 마음에 들지 않으면 방문한 집을 떠날 수 있다(아리랑 역사와 한국어의 기원, 네이버 블로그).

(2) 손님

손님의 손(孫)은 자손(子)을 잇는(系) 것이다. 자식이 자식을 낳아 자손 대대로 번창하는 형상이다. 손님의 어원은 원래 손명(孫命)에서 왔는데 명(命)은 먹는 것(口)을 허락(令)하는 것, 즉 음식을 받는 것, 생업을 말한다, 따라서 손님은 자손이 번창하도록 업적을 쌓는 사람, 씨받이 관계나 혼맥을 이어주는 사람, 더 나아가서 사업의 번창을 돕는 사람을 말한다(아리랑 역사와 한국어의 기원, 네이버블로그).

(3) 고객의 영어 표현

① 게스트(guest): 다른 곳을 방문하여 환대를 받는 사람이다. 손님으로 번역한다. 귀하게 여겨야 할 손님으로 host(호스트, 주인)와 대칭을 이룬다.

② 클라이언트(client): 요구, 문제 등의 해결을 원하는 사람이다. 주로 법률, 의료와 같이 고급화되고 정신적인 서비스 등과 관련된다.

③ 커스터머(customer): 구매하는 사람이다. 거래 관계가 있는 사람, 제공자와의 상호작용의 뜻이 포함되어 있으며 규칙성(단골)을 띤다.

④ 컨슈머(consumer): 소비자이며 생산자(producer)와 대칭을 이룬다.

2) 고객에 대한 은유

은유(metaphor, 메타포어)는 대상을 지칭하는 데 비유의 방법을 써서 쉽고 강렬하게 이해시키는 방법이다. 즉 'A는 B이다'라는 형식을 써서 A를 표현하는 데 B를 활용한다. 예를 들면 '고향은 어머니'라는 은유적 표현이 자주 쓰이는데, 고객 역시 다음과 같이 매우 다양하게 은유적으로 표현할 수 있다.

(1) 고객은 가족이다

래플스(Raffles) 호텔에서는 고객을 게스트가 아니라 레지던스(residence)라고 부른다. 영국의 엘리자베스 여왕도 '마치 우리집 같다'며 이곳에서 쉬어갔다(테라다, 2013).

(2) 고객은 애인(愛人)이다

고객은 사랑하는 대상이다. 사랑은 사량(思量)에서 나왔는데 생각과 헤아림이라고 하였다.

> 고객에 대한 사랑,
> 사랑이 최고 양념이 아니겠습니까?
> 어머니의 음식이 맛있듯
> 손님을 향한 사랑과 정성이 담겨 있다면
> 그것으로도 산해진미가 부럽지 않습니다.
>
> – 허영만, 「식객」 중

삼성의 선대회장인 고 이병철은 "장사꾼이 아니라 고객의 마음을 얻는 기업가가 되라고 했다. 마음을 얻는 것은 결국 연애와 비슷하다. 연애에서 중요한 것은 상대방의 마음을 사로잡는 것이다. 사랑하는 상대의 마음을 얻음으로써 그 관계를 지속하는 것이다."라고 하였다.

애인의 시작은 남(stranger)으로부터 나온다. 처음 만나 잘 모르기 때문에 좋은 첫인상을 주고 사고 싶어하는(사귀고 싶어하는) 동기를 제공하며 관심을 보이고 탐색을 하는 단계이다. 남이 시간이 지나면 친구가 된다. 친구 간의 관계에는 정이 쌓인다(브랜드의 신뢰). 친구라면 신뢰할 수 있고 친구라면 힘이 되어주고 싶다는 생각이 든다. 친구 다음에는 애인이다. 연인단계에서 진솔한 마음으로 사랑을 확인하고(맞춤형 서비스, 피드백) 세상의 여느 연인들 간의 관계에는 없는 차별화가 시작되며 영원히 같이 하는 관계지속을 약속한다(삼성경제연구소, 2011).

(3) 고객은 환자다

고객은 문제를 가지고 있고 그 문제를 해결해 줄 것을 바라기 때문에 찾아온다. 크리니크(Clinique) 화장품 브랜드는 화장품을 치료의 수단으로 사용한다. 해당 브랜드의 트위터에는 "Always formulated for maximum results without irritation. No parabens. No phthalates. No fragrance. Just happy skin"이라고 쓰여 있는데 마치 병원의 처방전 같다.

선술집(bar, 바)은 밤에 여는 병원이다. 하루의 일과에 지친 사람, 고독하고 상처받아 헤매는 영혼을 치유하는 곳이 되어야 한다. 바텐더는 세 사람의 몫을 해야 한다고 하는데, 고객에게 술을 권하지만 또 과음을 못하게 하는 의사의 역할을 해야 하고 또 고객의 이야기를 들어주는 배우가 되어야 한다.

(4) 그 외 고객에 대한 다양한 은유들

피터 드러커(P. Drucker)와 스타틀러(E. Statler)는 '고객은 왕이다'라고 하였고 IBM의 존 에이커(J. Aker)는 '고객은 황제다'라고 하였다. 일본 소니(Sony)는 '고객은 신(神)'이라고 하였다. LG는 고객은 '최종결재권자', 즉 사장이라고 하였다. 데이비드 오길비(D. Ogilvy)는 '고객은 아내다'라고 하였으며 또 톰 피터스(T. Peters)는 '고객은 외국인'이라고 하였다.

> 임금님과 정승이 세상물정을 알아보려고 평복차림으로 마을을 돌아다녔다. 오늘날로 보면 미스테리 쇼퍼다. 마침 날씨가 뜨겁고 갈 길은 멀고 해서 잠시 요기라도 하려고 어느 주막에 들어서던 차에 기둥에 크게 쓰인 글귀를 발견하였다. "손님은 왕이다." 이를 본 정승은 임금님께 황급히 고했다. "전하 들켰사옵니다."

3) 고객의 종류

(1) 내부고객과 외부고객

고객은 우리의 제품과 서비스를 구매하고 이용하는 손님이다. 그러나 고객은 넓은 의미로 확장할 필요가 있다. 즉 나를 필요로 하는 모든 사람은 고객이다. 좀 더 구체적으로 제품과 서비스를 팔기 전에 만들어야 하며 이러한 생산과정에서도 고객관계가 형성될 수 있다. 이를 내부고객(internal customer)이라고 한다. 내부고객과 구분하여 통상적인 고객은 외부고객(external customer)이라고 한다.

내가 생산하여 전달하는 제품과 서비스는 다른 동료로부터 받은 제품과 서비스에 좀 더 부가적으로 가치를 포함시켜 다른 동료에게 전달되며 이러한 산출물이 조직을 떠나 판매가 될 때까지 일련의 연결고리나 사슬(chain)같이 연결되어 있다. 따라서 동료는 내부고객이다. 나 혼자서 일을 마치면 일이 끝난 것이 아니라 모두가 작업을 완료해야 하는 것이다. 내부고객이 만족해야 외부고객을 만족시킬 수 있다.

따라서 내가 하는 업무가 전체에서 어떠한 역할을 하고 있는지, 이 업무가 타부서에 미치는 영향은 어떠한 것인지를 파악할 수 있는 능력이 필요하다. 포시즌스 호텔에서는 직원을 파트너(partner)라고 부른다. 내부고객에 대한 관리를 내부마케팅이라고 하는데 이것은 인재육성관리(talent management)와도 매우 밀접한 관련을 갖는다.

(2) 충성도에 따른 고객의 종류

고객을 알아보고 만족시키는 이유는 기업의 재무적 성과를 내는 데 목적이 있다. 매출이나 이익을 쉽게 증대시키는 방법 중 하나는 충성도(loyality)가 높은 고객을 확보하는 것이다. 충성도가 높은 고객을 끌어들이는 데에는 비교적 비용이 크게 들지 않으며 또한 상호간 거래가 익숙하기에 서로 편하다. 충성도가 높은 고객을 단골이라고 한다. 고객은 충성도, 즉 서비스 사용빈도와 상호간 인간관계의 깊이에 따라 다음과 같이 은유적으로 표현할 수 있다.

① 사도(司徒, apostle): 예수님의 복음을 전파하기 위해 특별히 뽑은 열두 제자들이다. 거룩한 일을 위해 헌신하는 사람들을 통칭한다. 고객 중에서 충성도도 높고 마치 예수님의 좋은 말씀을 세상에 전달하듯이 우리 기업을 대신해서 널리 알려주는 고마운 사람이다.

② 충복(忠僕, Loyalist): 충신, 현 체재의 지지자, 대문자로 쓰면 미국 독립혁명에 즈음하여 영국으로부터 독립에 반대한 사람이다. 충성도가 높으나 사도만큼 좋은 점을 굳이 대외적으로 알리지는 않는다.

③ 용병(傭兵, mercenary): 여러 이유가 있겠지만 특히 가격적인 이유로 우리 기업을 방문하는 고객이며 다른 기업이 좋은 조건을 제시하면 언제든지 돌아설 수 있는 고객이다. 용병은 돈에 따라 소속을 바꾼다.

④ 게릴라(guerrilla): 현재 우리 기업과 관계를 맺고 있으나 다른 기업의 제품과 서비스도 이용하는 등 종잡을 수 없는 존재이다.

⑤ 인질(人質, hostage): 현재 우리 기업을 이용하게 만들어야 하는데 무슨 이유에서인지 다른 기업의 서비스를 선호하는 고객이다.

라스베이거스의 카지노들은 집적해 있고 제품 및 서비스가 거의 유사하기 때문에 충성도가 낮은 고객(용병, 게릴라, 인질)을 확보하는 경쟁이 치열하다. 하이롤러(high roller, 큰 금액을 자주 베팅하는 갬블러)를 확보하기 위해 카지노 호스트가 제공하는 조건은 엄청나다. 현재 충성을 보인다고 해서 관계가 유리하다고 교만하지 말고, 우리의 상품에 관심이 없다고 불리하다고 느껴 비굴해질 필요도 없다. 궁극적으로 상품력으로 승부해서 고객을 확보하는 것이 고객의 마음을 사로잡는 방법이다.

(3) 관계의 진화 과정에 따른 고객

고객은 진화한다. 잠재고객에서 가망고객으로 그리고 만족고객에서 충성고객 등으로 변화한다.

① 잠재고객(potential customer): 아직 구매하지 않았지만 향후 자사의 고객이 될 수 있는 잠재력이 있는 고객

② 신규고객(acquired customer): 잠재고객이 처음으로 구매하고 난 후의 고객

③ 기존고객(existing customer): 신규고객 중에서 2회 이상 반복 구매한 고객

④ 핵심고객(core customer): 반복적으로 구매하고 강한 유대관계를 가지고 있어 중대한 문제가 발생하지 않는다면 더 이상 재평가를 하지 않는 고객

⑤ 비활동고객(inactive customer): 과거는 이용했으나 일정 기간 동안 구매활동이 없는 고객

⑥ 이탈고객(defected customer): 더 이상 구매를 하지 않고 또 하지 않을 것으로 예상되는 고객으로 부적격고객, 회사에 리스크를 초래하는 고객, 신용상태가 좋지 않은 고객, 가입자격 미달 등 다양한 비유가 있다(백지연, 2017).

그림 4-1 다양한 고객이 방문하는 호텔 프런트 전경

2 고객행동

1) 고객의 중요성

(1) 고객은 우리에게 누구인가

고객은 우리에게 누구인가? 고객은 기업에게 가장 중요한 사람으로 그들이 있기에 우리가 비즈니스를 영위할 수 있다.

① 고객은 우리에게 급여를 준다. 급여를 주기 때문에 일을 할 수 있고, 회사가 운영되는 것이다.

② 고객이 우리에게 의존하는 것이 아니라 우리가 고객에게 의존하는 것을 때로는 잊어버릴 때가 있다. 상품이 잘 팔리거나 서비스가 너무 좋아 손님이 줄을 설 때 이 사실을 망각한다.

③ 우리의 일을 중단시키는 귀찮은 존재가 아니라 그들을 위해서 우리가 존재하는 것이다. 우리가 수행하는 일의 모든 원인과 결과는 고객에 의해 생겨난다.

④ 우리에게 자신이 원하는 것을 해주기 바라는 사람이다. 따라서 그들의 말을 경청할 필요가 있음을 아무리 강조해도 지나치지 않다.

호텔리어, 세자르 리츠는 고객에 대하여 다음과 같이 언급하였다.

"손님은 항상 옳다", "비록 하늘에 떠 있는 달이라 할지라도 고객이 원하는 것이라면 거절하지 말라. 먼저 시도를 하라. 그러고 나서도 불가능하였다면 그것을 설명할 시간은 충분하다", "인생은 열심히 일하고 훌륭한 태도로 임하고 탁월한 서비스를 제공해 준다면 성공이라는 보상을 가져다준다."

(2) 고객으로의 권력 이동

기업환경은 공급이 수요를 초과하는 역전현상이 일어났고 이에 따라 제품과 서비스를 둘러싼 권력게임에서 고객이 기업을 압도하게 되었다. 따라서 고객은 기업에 대하여 세분화된 요구를 하게 되었고 급기야 1인 10색, 즉 1명이 10가지 색(色=취향, 성향)을 띠게 된다. 다시 말해서 고객의 마음이 아침저녁으로 변한다는 것이다. 이에 따라 서비스 이념도 변하게 된다.

표 4-1 고객으로의 권력 이동

수요 : 공급	고객의 개념	고객의 개성	서비스 이념
수요 > 공급	고객은 봉 (苦객, 귀찮은 손님)	10인(人) 1색(色)	강압서비스
수요 = 공급	고객은 소비자 (固객, 평범한 손님)	10인 10색	평범서비스
수요 < 공급	고객은 왕 (顧객, 단골 손님)	1인 10색	고객만족서비스
수요 ≪ 공급	내부고객과 외부고객의 대응	1인 100색	최적 서비스

출처: 관광서비스학회 (2017).

(3) 고객의 평생가치 중요성

고객은 우리에게 제품과 서비스를 사는(buy) 사람에서 우리와 같이 더불어 사는(live) 존재로 바뀌고 있다. 따라서 일회성의 고객관계가 아니라 평생 관계를 맺어가면서 가치를 교환하는 고객의 중요성이 대두되었다.

LG는 1992년부터 고객만족을 기업의 새로운 경영이념으로 도입하여 고객을 위한 가치창조와 인간존중의 경영을 내걸었다. 삼성 역시 1993년 신경영을 선언하고, 1994년 회장실 직속으로 소비자문화원을 설치하였다. R호텔은 게스트 익스피어리언스(guest experience), 인터레스팅(재미)을 콘셉트로 독특한 서비스 방식을 도입하고 있는데, 평생 기억에 남을 경험을 제공하고자 한다. 'Let us stay with you'(당신과 함께 머묾)를 지속적으로 강조한다.

2) 고객구매행동의 개념과 의의

(1) 고객구매행동

고객은 특정 기업의 제품과 서비스를 사용 혹은 이용할 것인가에 대하여 마음을 먹는데 이것이 고객구매행동의 의사결정과정이다. 의사결정과정은 문제인식, 정보탐색, 대안평가, 구매, 구매 후 행동 등으로 이루어진다.

① 문제인식이라는 것은 충족되지 않은 현재의 상태를 인식하는 것이다. 따라서 채워 넣거나 바람직한 상태로 만드는 것에 대한 강한 압박을 느낀다. 가장 기본적으로 충족시켜야 할 것을 요구(needs)라고 하는데 성욕, 수면욕, 식욕 등 생리적인 문제가 대표적이다. 그리고 이것을 채우는 다양한 방법이 욕구(wants)이다. 여행 중 수면욕을 채우기 위해서 호텔을 찾을 수도 있고 게스트하우스로 들어갈 수도 있다.

② 정보탐색은 의사결정을 내리기 어렵기에 과거의 체험으로 이미 축적된 정보를 기억해 내거나 새로운 정보를 찾는다. 어떤 호텔에 투숙할지 결정하기 위해서 파워블로거가 작성한 내용을 검색한다.

③ 대안평가란 몇 가지 선택지를 가지고 고민하는 단계이다. 이성적인 판단과 감성적 판단이 동시에 작동한다. A라는 호텔은 B라는 호텔보다 가격이 비싸지만 방송에 자주 노출되어 왠지 끌리기도 한다.

④ 구매는 금전적 가치를 지불하고 내 것으로 만드는 단계이다. 제품은 소유하고 서비스는 이용권을 갖는다.

⑤ 구매 후 행동은 제품과 서비스를 소비한 후에 나타나는 행동으로 구매 기대

와 구매 후 체험을 비교, 만족 혹은 불만족, 구매행동에 대한 후회, 타인에게 추천 등 다양하다.

(2) 고객행동에 영향을 주는 요인

고객행동에 영향을 주는 요소는 의사결정 전 과정에서 고루 나타나지만 특히 정보탐색 및 대안평가과정에서 두드러지게 나타난다. 내부적 요인은 기존에 회득한 정보나 개인적 체험이고 외부적 요인은 나를 둘러싼 모든 대상으로부터 오는 요인이다. 친구의 권유나 TV광고가 대표적이다.

고객구매행동 = f (내부적 요인, 외부적 요인)

(3) 고객행동에 주목해야 하는 이유

마이클 해머(M. Hammer)는 21세기의 경영환경을 3C로 정의하고 변화와 혁신(change & innovation), 무한경쟁(competition) 그리고 고객만족경영(customer satisfaction)이 특징이라고 하였다. 고객만족경영이란 기업의 경영활동을 고객지향적으로 행하는 것으로써, 지속적으로 고객의 소리(VOC: voice of customer)를 수집하고 고객의 요구(needs)를 파악하는 동시에 대내외적인 불만요인을 근본적으로 개선하는 활동이다.

3) 고객전환행동과 관계혜택

(1) 고객전환행동의 개념

고객전환행동(switching behavior)이란 고객이 서비스 업체와의 관계를 단절하고 다른 업체로 전환하는 행위를 말한다. 주로 품질문제 때문에 발생하는데 가격, 불편함, 핵심 서비스 실패, 서비스 접점 실패, 고객의 개인적인 문제(부정적 인상, 무관심, 의지 없음), 더 좋은 조건을 제공하는 경쟁업체 발견, 윤리적인 문제 등 다양하다.

(2) 전환비용

고객이 전환행동을 할 때 발생하는 비용을 전환비용(switching cost)이라고 한다. 전환비용이 높거나 전환 시 위험이 수반된다고 판단되면 고객은 전환행동을 하지 않을 것이다.

① 탐색비용: 서비스 제공자를 찾는 데 발생하는 비용
② 학습비용: 새로운 서비스의 이용법을 배우는 데 드는 비용
③ 경제적 위험: 서비스를 이용함으로써 발생하는 금전적인 위험
④ 프라이버시 위험: 서비스의 제공자가 고객의 정보를 다른 용도로 제공할 수 있는 위험
⑤ 성과 위험: 서비스 제공자를 바꾼 후에 기대 수준에 비하여 성과가 낮은 경우 생겨나는 위험
⑥ 개인적 위험: 서비스 제공 과정에서 소비자가 신체에 위해를 입게 될 수 있는 위험

(3) 관계혜택

고객이 거래처를 바꾸지 않는 이유는 기존의 관계에서 누릴 수 있는 혜택이 있기 때문이다. 특히 성과 위험이 있기 때문에 기존의 관계를 바꾸지 않고 관계혜택을 누리려 한다(이정학, 2009).

① 확신혜택: 고객이 원하는 것을 먼저 알아서 해줌으로써 올바른 서비스 수행과 이용 시 걱정을 덜어줌

② 사회적 혜택: 종업원이 먼저 알아보고 친밀한 관계를 유지함으로써 사회적 관계를 누림

③ 특별대우 혜택: 할인 등을 포함하여 다른 고객과 비교해서 특별한 취급을 해줌

Service Break

여우와 두루미

유명한 이솝우화이다.

여우는 두루미를 초대하면서 음식을 모두 평평한 접시에 담아서 대접을 하였다. 두루미는 뾰족한 부리 때문에 접시에 담긴 음식을 먹을 수 없었고 다음에 복수를 하겠다는 다짐을 한다. 다음에는 두루미가 여우를 초대한다. 물론 여우가 먹을 수 없게 음식을 주둥이가 얇고 긴 병에 담아서 대접을 한다. 두루미는 긴 부리를 넣어서 호리병에 든 음식을 먹지만 여우는 먹을 수 없었다. 보기 좋게 복수를 한 것이다.

이 이야기는 입장을 바꾸어 놓고 생각하라는 이른바 역지사지(易地思之)의 교훈을 가지고 있다. 영어로 보면 상대를 대하는 태도(you-attitude)이다. 손님인 여우와 두루미는 상대방이 제공한 물리적 환경, 즉 식기인 평평한 접시와 호리병에 만족하지 못했다. 즉 고객이 사용하기에는 인체공학적으로 만들어지지 않았다는 것이다. 물리적 환경에 고민을 해야 하는 것은 그것이 고객의 만족과 불만족을 결정하기 때문이다.

3 고객만족

1) 고객만족의 개념과 의의

(1) 만족의 단어적 의미

만족(滿足)이라는 것은 마음에 흡족함, 모자람이 없이 충분하고 넉넉하다는 뜻을 가진다. 한자로 보면 가득 찰 만(滿)에 넉넉할 족(足)이다. 따라서 채워져야 할 것이 채워지지 못하면 불만족이 될 것이다. 채워진다는 것은 개인이 공통적으로 가지고 있는 요구, 이를 개인차에 따라 해소하는 방법으로서 욕구, 그리고 사회적 관계 속에서 발생하는 욕망(desire)이 있다.

(2) 고객만족의 은유적 표현

① 고객만족은 얼굴이다. 첫인상으로 판단의 기준이 된다.
② 고객만족은 탤런트이다. 항상 새로운 나를 연출해야 한다.
③ 고객만족은 설계다. 과정에서 결과까지 명확하게 드러나야 한다.
④ 고객만족은 손뼉이다. 고객과 한마음이 되어야 성공한다.
⑤ 고객만족은 물이다. 고객만족은 일어나는 순간부터 없어진다.
⑥ 고객만족은 개발이다. 같은 고객만족을 되풀이해서는 만족이 일어나지 않는다.
⑦ 고객만족은 무죄이다. 물적 증거를 남기지 않는다(정영주, 2009).

(3) 고객만족의 개념

고객만족(CS: customer satisfaction)이란 고객이 소비대상을 제공한 주체의 행위 혹은 소비대상 그 자체에 대하여 흡족하게 여기는 것이다. 올리버(R. Oliver)는 만족이란 소비자가 제품이나 서비스의 소비로 얻게 된 결과가 즐거운 수준이라고 판단하는 것이라고 하였다. 웨스트브룩과 노이만(Westbrock & Neumann)은 고객의 포괄적인 감정에 대하여 고객이 제품 및 서비스를 구매, 비교, 평가, 선택하는 과정에서 고객이 경험하는 호의적인 감정을 고객만족이라고 하였다.

고객은 서비스를 받고 나서 실망하고 쓰디쓴 마음으로 떠나는 고(苦)객이 되어서는 안 된다. 고객의 마음을 얻는 것이 매우 중요하다. 시장점유율(market share)도 중요하지만 고객의 마음을 얻은 정도인 고객 마음점유율(mind share)이 무엇보다도 중요하다. 단순하게 서비스를 제공하는 것이 아니라 지속적인 수익을 보장해 주는 원천으로서 고객, 만족하면 재구매를 통해서나 구전으로 새로운 고객을 만들어 주는 고객을 확보해야 한다(권혁률, 2005).

Service Break

항공기의 흑인과 백인

어떤 50대 백인 여성이 자신의 자리에 도착하자마자 누가 봐도 화난 표정으로 급히 스튜어디스를 불렀다. 스튜어디스가 "무슨 일이지요?" 묻자, 여성은 "보면 몰라요? 내 자리가 저 흑인 옆자리잖아요. 난 저 남자 옆에 못 앉아요. 다른 자리 주세요." 스튜어디스는 잠시 당황했으나 침착하게 응답했다. "진정하세요. 지금 자리가 다 차서 바꿀 수 있는 자리가 없을 텐데, 그래도 한 번 확인해 보겠습니다."

몇 분 후에 돌아온 스튜어디스는 말을 이어나갔다. "손님, 기장과도 확인해 보았지만 이코노미석에는 빈자리가 없네요. 지금은 일등석밖에 빈자리가 없습니다. 우리 항공사는 이코노미석을 일등석으로 옮겨 드리는 경우는 없습니다. 하지만 지금과 같이 불쾌한 자리에 손님이 앉도록 할 수 없다고 판단했습니다." 그리고 스튜어디스는 흑인 남성을 바라보며 "손님, 죄송하지만 짐 챙기셔서 일등석으로 이동해 주세요."라고 말했다.

2) 고객만족의 단계

(1) 고객만족의 단계

고객만족의 최소수준에 도달하기 위해서 고객만족의 단계를 뛰어넘어야 한다. 응대하기 어려운 고객은 어려운 과제를 주어 나의 수준을 높여주는(raise the bar) 고마운 분이라고 생각해야 한다.

① 고객지향의 단계: 상품생산단계에서 고객이 중요하다고 인식
② 고객초점의 단계: 감정보다는 논리로 고객에 집중
③ 고객기쁨의 단계: 고객을 즐겁게 하고 기쁘게 하는 방법 모색
④ 고객만족의 단계: 고객불만족을 없애나가는 수동적인 방법
⑤ 고객감동의 단계: 불만족을 없애는 것이 아니라 적극적으로 기대 이상을 제공(정영주, 2009)

영국 브리티시에어웨이는 웨어러블 기술을 이용하여 탑승객의 마음을 읽어낸다. 뉴로센서를 내장한 머리띠를 통해서 탑승객의 휴식과 스트레스 정도를 측정하여 블루투스를 이용해 분석한 내용을 전송하여 고객이 덮고 있는 스마트 담요의 광섬유 LED로 색상별 표시를 한다. 과학기술을 활용하여 고객의 만족을 한 차원 더 올리겠다는 전략이다.

(2) 고객만족의 차원

고객만족을 한눈에 알아볼 수 있도록 만든 모형은 매우 다양하다. 다음은 5S 다이아몬드 모형으로 고객만족의 수준을 5가지로 나열했으며 각각 S를 머리글자로 쓰고 있다. 고객만족의 최고의 수준인 전율(suspense)에서 시작하여 고객불만족의 최저 수준인 충격(shock)까지 다양한 모습을 보여주고 있다. 아울러 다이아몬

드이기 때문에 중간이 넓고 위와 아래의 폭이 좁다. 따라서 가운데 부분은 중간 정도의 만족으로 평균이고 고객 수 역시 가장 많기 때문에 넓게 표시된다. 반면 전율과 충격은 고객수가 적지만 만족 정도의 양극단을 나타내고 있다.

① 전율: 최고의 만족단계로 떨릴 정도로 가슴이 벅찬 만족상태. 요즘 흔히 사용하는 말로 '소름이 돋는' 정도이다.

② 놀라움: 기대하지 않았던 만족. 본인의 생일을 위해 지인들이 준비한 생일 케이크는 nice surprise(기분 좋은 놀라움)이다.

③ 만족: 예상했던 것이 충족된 만족상태이다.

④ 희생, 감수, 타협: 만족하지는 않지만 어쩔 수 없이 받아들이는 상태이다.

⑤ 충격: 전혀 예상치 못했던 것이 벌어진 상황. ②에 비해서 기분 나쁜 놀라움이다.

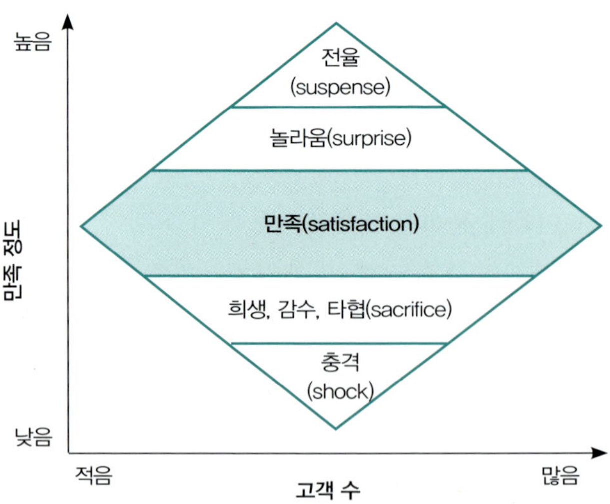

그림 4-2 고객만족의 5S 다이아몬드 모형

(3) 고객만족 삼각형

고객만족을 위해서는 세 가지 이해관계자의 힘이 작동한다. 즉 고객만족 대상으로서의 고객, 고객만족을 기획하고 지원하는 기업, 고객만족를 현장에서 구현하는 직원이다. 이를 정족지세(鼎足之勢)라고 솥의 발처럼 세력이 균형을 이루고 있는 모습에 비유할 수 있다. 고객만족과 관련하여 각각은 서로 다음과 같은 영향을 주고받으면서 고객만족을 실천하고 있다.

① 고객 → 직원: 지불한 가격보다 그 이상의 가치를 획득하고 싶어함, 기대 수준이 높아짐, 직원의 서비스를 통해서 기업의 역량을 판단

② 직원 → 고객: 약속된 서비스 이상을 제공하는데 부담을 느낌, 매뉴얼(서비스 표준) 이외의 서비스 요구에 대하여 책임을 느낌

③ 기업 → 고객: 마케팅 등을 통해서 고객에게 서비스를 약속(외부 마케팅), 투입자원(비용 및 원가)을 줄이고 최대의 가치(고객의 지불금액)를 이끌어 내고자 함. 특정 고객군을 위한 서비스를 개발, 고객의 기업에 대한 평판관리 부담(댓글 등)

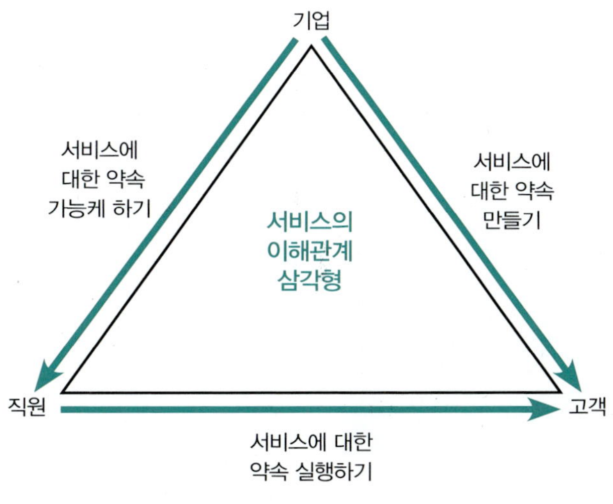

그림 4-3 고객만족 삼각형

④ 고객 → 기업: 지불한 가격보다 그 이상의 가치를 획득하고 싶어함. 기대 수준이 높음(특히 프랜차이즈 운영, 브랜드 등)

⑤ 기업 → 직원: 직원에게 서비스 표준을 제시, 직원의 서비스 품질을 통제 관리, 급여 등 금전적 가치를 포함하여 일을 하도록 동기부여(내부 마케팅)

⑥ 직원 → 기업: 서비스 품질에 대한 지원체계(교육훈련 등)를 요구, 고객과 문제 발생 시 중재 요청(기업 차원에서 해결)

3) 고객만족의 방법

(1) 고객은 항상 옳다는 마음가짐

미국의 소매점 체인인 스튜 레오나드(Stew Leonard)의 사규에는 단 2개의 조항밖에 없다.

Our policy

Rule 1. The customer is always right!

Rule 2. If the customer is ever wrong. Reread rule 1.

그림 4-4 스튜 레오나드의 고객 신조

출처: patriciagay.wordpress.com

다국적 햄버거 체인점인 자니 로켓(Johnny Rocket)은 다음과 같이 고객과 본인들의 관계를 명쾌하게 설정하고 있다.

① Please to guest always.

② Use your good judgment.

③ Have fun.

①은 고객을 대하는 자세이다. 한결같은 태도로 진심 어리게 고객을 대하라는 것이다. ②는 고객과 직접 대면을 해서 서비스를 할 때에는 매뉴얼도 중요하지만 무엇이 옳은지를 본인이 판단하라는 것이다. 매뉴얼은 손님들을 위해 일하기 위한 기초적인 지침서이다. ③은 고객서비스의 궁극적인 목표이다.

(2) 기업에 수익을 가져다주는 고객만족에 초점

고객만족은 고객의 가치를 극대화하고 기업 수익창출을 극대화하는 등 서로 윈윈(win-win) 관계가 제일 좋다. 고객의 만족도와 각 고객이 기업의 수익성에 기여하는 정도를 토대로 [그림 4-5]와 같이 4개의 범주로 분류하여 효과적인 전략을 개발할 수 있다. 기업과 고객이 서로 윈윈의 관계를 맺는 것은 스타고객이다.

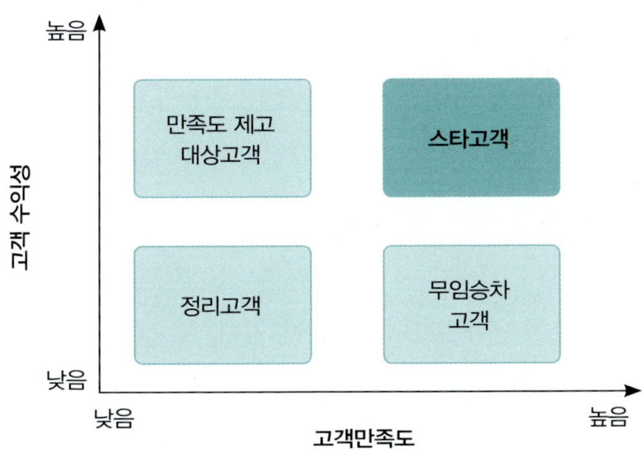

그림 4-5 고객만족과 기업 수익의 조화

(3) 서비스의 표준화와 고객화의 균형

서비스의 표준화(standardization)는 고객에게 제공되는 서비스를 동일화, 균질화하는 것이다. 서비스는 사람으로부터 비롯되기 때문에 원천적으로는 제품처럼 생산과 소비에서 엄격한 품질관리를 하기 어렵다. 그럼에도 불구하고 서비스는 표준화를 통해서 예측 가능성을 증대시키고 서비스 요원을 통제함으로써 생산성 제고에 만전을 기할 수 있다.

표준화 시도로는 매뉴얼의 제작 혹은 SOP(Standard Operational Procedure)의 확립 등이 있다. 직원들 각자의 자의적인 판단을 막고 트러블을 없애서 손님의 불편을 방지해야 한다. 고객이 서비스를 받기 전에 형성한 기대를 만들어 내고 기대를 충족시키는 과정이다.

그럼에도 불구하고 서비스를 매뉴얼에 고정시키면 마치 오래된 밀가루처럼 굳어진다. 적당히 형태를 유지하면서도 너무 굳지 않도록 일선직원의 임파워먼트(empowerment)가 필요하다. 매뉴얼에는 고객과의 언어까지 지정한다. "실례합니다", "들어가겠습니다", "잠시 괜찮겠습니까" 등이다. 그러나 틀에 박힌 말은 그 장소의 분위기를 무미건조하게 만든다. 매뉴얼과 SOP는 일종의 패턴으로서 이를 서비스 직원의 몸에 체화(體化)시켜야 하나 예상치 못한 일이 일어나면 머릿속이 한 순간 하얗게 되고 어쩔 줄 몰라 한다. 고객을 만족시키려면 일어나는 모든 상황을 검토해야 하며, 이렇게 된다면 무수히 많은 매뉴얼의 조항들이 늘어날 것이다. 이러한 점에서 매뉴얼은 가능한 최소화하고 직원들의 판단력과 임기응변 능력을 발휘할 수 있게 하는 것이 필요하다. 따라서 고객맞춤(customization)이 필요하다.

검도 용어 중에서 수파리(守破離)라는 말이 있다. 수(守)는 스승의 가르침을 충실히 지키고 정해진 원칙을 충실히 따르는 단계이다. 파(破)는 원칙과 기본을 바탕으로 그 틀을 깨나가면서 더욱 세련되게 다듬어 자신만의 개성을 창조하는 단계이다. 리(離)는 모든 것에 얽매이지 않고 그 수행이 무의식적이면서도 자연스러운 단계로 질적 비약을 이룬 상태이다. 새로운 표준을 만들어낸 것이다. 서비스도 그러하다. 첫 단계부터 매뉴얼이 중요하다.

그림 4-6 표준화된 테이블 세팅

레스토랑에서 고객이 좌석에 앉으면 테이블 세팅을 마주하게 되는데, 표준화된 매뉴얼에 근거한다. 즉 수천 년 동안 식사를 해오면서 가장 편하게(손의 움직임을 최소화해서) 식사할 수 있도록 각종 기물들이 '세팅'된 것이다.

그러나 고객에 따라 세팅은 달라질 수 있다. 고객이 어린아이라면 글라스는 플라스틱으로 바꾸고 위치도 안쪽으로 당겨야 한다. 고객이 왼손잡이라는 것을 알았다면 포크와 나이프의 위치를 반대로 바꾸는 세팅이 필요하기도 하다.

서비스 열전

스위스의 양말가게

양말가게 점원의 서비스 정신을 나타내고 있다.

스위스에서 양말을 한 켤레 살까 하고 백화점에 들렀다. 나이 지긋한 아주머니가 다가와 도와줄 것이 있는가를 물었다. 양말을 사려 한다고 말했더니 어떤 양말을 생각하고 있느냐고 하면서 정장을 입을 때 신을 것인지 아니면 스포츠용인지 물어왔다. 정장에 신을 것이고 색은 남색을 원한다고 앞질러 말해주었다. 그런데 이번엔 100% 면을 원하는지 아니면 50대 50 또는 100% 폴리를 원하는지 물었다. 양말 한 켤레 사는데 무슨 말이 이렇게 많을까 생각하면서도 그 부인의 태도가 너무나 진지해 보여 대답을 성심껏 해주었다. 물론 본인이 신을 양말이니 당연한 일이지만 어쨌든 이제는 내가 원하는 양말을 골라주려나 했더니 다른 질문이 또 있었다.

발에 땀이 많이 나느냐, 발의 피부가 예민하냐 하고 묻는 것이 아닌가! 사실 나는 내 발의 피부가 두꺼운지 얇은지도 모르고 여태껏 살아온 사람이라 적잖이 당황했다. 더욱이 지금까지 양말을 살 때 병원에 가서 진찰받는 것처럼 증세를 설명해 본 적도 없었다. 그런데 값이 얼마 되지도 않는 양말을 하나 파는데 내 발에 대해 묻고 또 묻는 그 판매원이 참으로 친절하고 믿음직해 보였다. 그래서 결국 여러 켤레를 사게 되었다. 그 부인의 세일즈맨십보다 그녀가 발에 대해 박사처럼 박식한 데 놀랐다. 물론 훈련을 받았기 때문일 것이다. 하지만 백화점의 경영철학과 상술이 철저하고 대단하다 싶었고 한편으로는 부럽기까지 했다.

출처: 김영철 (2001).

웃는 얼굴의 법칙

일본 TBS (2003.4~2004.6)

유명한 만화가 사쿠라이(아베 히로시 분)가 아르바이트 직원인 유미(다케우치 유코)와 함께 작품 활동에 전념하기 위해 전통여관 유즈하라를 방문하여 그곳의 시골사람들과 지내며 벌어지는 에피소드이다.

4화 에피소드

매년 찾아오던 단체손님으로부터 올해도 어김없이 예약문의가 들어왔다. 손님들은 과거에 성심성의껏 대접을 잘 받았기 때문에 또 연락을 한 것이다. 그러나 안타깝게도 종업원의 일 처리 능력(capacity)에 비해 이미 확보한 손님들께 서비스하는 것도 버겁게 느껴진다. 오카미상은 손님을 더 이상 받지 말자고 하였으나 주방 및 홀 직원은 능력 이상치에 도전하고 싶다는 의지를 불태운다. 그리고 서비스를 제공해야 할 손님이 많아짐으로써 실수를 할까봐 두려워하는 안주인에게 인정받고 싶어 하는 욕심이 생긴 것이다.

고객은 여러 가지 얼굴을 하고 오고 그에 맞게 준비하는 것이 가게의 얼굴이다(극중 대사)

서비스를 받는 쪽에서는 서비스를 주는 쪽이 얼마나 바쁜지를 인지하지 않는다. 바쁜 것에 대하여 동정을 하지 않는다. 다만 본인이 받아야 할 서비스가 제대로 이루어졌는지에 관심이 있을 뿐이다. 바쁘기 때문에 우리 음식이 늦게 나온다고 다독거려줄 손님은 별로 없다. 손님이 많아지면 서비스에 실패할 확률이 높아진다. 더 나쁜 것은 손님을 볼모로 본인의 능력을 시험하는 것이다. 손님이 서비스 직원들의 역량을 증명하는 데 이용될 이유는 전혀 없다. 결국 유즈하라의 직원들은 손님을 더 받지도 못한 상태에서 엎친 데 덮친 격으로 정전까지 발생해서 우왕좌왕하게 된다.

출처: 일본 TBS

CHAPTER 05

서비스 전략

전략은 무엇을 포기할 것인가를 묻는 과정이다.

– 마이클 포터

Chapter

05 서비스 익스프레스

전략은 무엇을 포기할 것인가를 묻는 과정이다.(마이클 포터)

→ 모든 부문에서 잘 할 수 없기에 지금 현재 내가 가장 잘 할 수 있는 것에 선택과 집중을 하는 서비스 전략이 필요하다.

1. 서비스 전략의 개념과 의의

서비스 전략이란 기업의 서비스 정의, 생산, 전달과 관련된 장기적이고 미래지향적인 방법이다. 따라서 서비스 전략은 주어진 환경을 바탕으로 바림직한 상으로서 비전을 수립하고 이를 추진하기 위한 조직을 구성함으로써 완성된다.

2. 호텔관광기업의 서비스 전략

호텔관광기업은 물리적 제품과 서비스의 수준, 물리적 요소와 인적요소의 믹스, 고객참여 등과 관련된 전략 수립이 필요하다. 아울러 바람직한 조직을 7S차원에서 제시하였다.

3. 서비스 조사

서비스기업이 전략을 수립하기 위해서는 의사결정이 필요하며 의사결정에는 정보가 있어야 한다. 서비스 조사는 서비스기업이 제공하는 서비스를 고객이 어떻게 받아들이고 있는가에 대한 내용이다.

키워드

고객참여, 공유가치, 리서치, 미스테리 쇼퍼, 비전, 서비스조사, 서비스 전략, 손자, 시스템, 원가주도, 전략, 조직, 집중화, 차별화, 코멘트카드, 환경, 7S, VUCA

도입사례

미쉐린 '별잡기' 나선 호텔들, 식음료장 내세워 품격 높이기

다음 달 레스토랑 평가 · 안내서 '미쉐린(미슐랭) 가이드 서울판' 발표를 앞두고 호텔업계가 긴장하고 있다.

최근 식음료업장이 호텔 평가의 주요 기준이 되면서 호텔 레스토랑들이 너도나도 세계 최고 권위의 미쉐린 가이드 '스타'(별)를 받기 위해 심혈을 기울이고 있다.

23일 요식 · 호텔업계에 따르면 미쉐린 코리아는 다음 달 '미쉐린 가이드 서울 2020'에 선정된 레스토랑 명단을 발표할 계획이다. 미쉐린 가이드 서울판은 2016년 시작돼 올해로 4년째를 맞는다. 미쉐린 가이드 스타를 거머쥔 레스토랑은 세계적인 명성을 얻으며 미식가들의 방문을 받는다. 지난해 서울판에선 26곳이 스타를 받았다.

식음료업장의 미쉐린 스타 획득이 특급 호텔 여부를 판가름하는 기준이 되면서 호텔들도 올해 발표에 촉각을 곤두세우고 있다.

미쉐린 스타 선정은 조사관이 손님을 가장해 음식을 맛보는 '미스터리 쇼퍼'(mystery shopper) 방식으로 실시되기 때문에 호텔들은 발표가 임박해서까지 긴장을 늦추지 못하는 모습이다.

지난해까지 스타를 받은 호텔 레스토랑은 신라호텔서울의 한식당 라연, 시그니엘서울의 프렌치 음식점 스테이와 한정식당 비채나, 포시즌스 호텔의 중식당 유유안, 더플라자의 모던 한식당 주옥 등이다.

호텔업계 관계자는 "식음료장이 호텔을 찾는 이유가 되면서 미쉐린 가이드에도 관심이 쏠리고 있다"면서 "미쉐린 가이드에 한식이 많이 선정되면서 특급 호텔에 한식당이 늘고 있다는 말도 나온다"라고 밝혔다.

출처: 연합뉴스 (2019.09.23).

학습목표

01 전략과 조직은 어떠한 관계가 있는지 알 수 있다.

02 7S를 통해서 최근 방문한 서비스기업을 초보적 단계에서 분석해 본다.

03 서비스기업을 방문하여 본인이 미스테리 쇼퍼의 역할을 해보고 서비스의 개선점을 찾아본다.

1 서비스 전략의 개념과 의의

1) 전략의 개념과 기업경영

(1) 전략의 단어적 의미

전략(戰略)은 전쟁을 뜻하는 전(戰)과 전체에서 일부를 줄이거나 빼는, 간략히 한다는 략(略)이 합쳐진 말이다. 따라서 전쟁을 이끌어 내는 방법을 일목요연하게 정리한 것으로 풀이할 수 있다. 영어 표현은 스트래티지(strategy)로, 원래 그리스어인 stratos(군중, 군대)와 agein(행하다, 움직이다)이 결합한 단어이다.

이에 대비하여 전술(戰術)은 전쟁을 뜻하는 전(戰)에 방법, 꾀를 뜻하는 술(術)이 합쳐진 말이다. 따라서 전쟁을 이끌어 내는 방법을 일목요연하게 정리한 것으로 풀이할 수 있다. 전술의 영어 표현은 택틱스(tactics)이다. 그리스어와 라틴어의 어근 tag(손대다, 배열하다)라는 뜻을 가지고 있고 전투에 대처하기 위한 기술과 방법을 의미한다.

전략은 전술보다 상위개념으로 다양한 전술들이 모여 전략을 이룬다. 전략은 보다 미래지향적이고 장기적인 반면, 전술은 현재지향적이고 단기적이다.

(2) 동서양 전략의 대가의 전략론

클라우제비츠(Karl Clausewitz)는 독일의 군인이자 군사평론가로서 전략연구의 고전으로 평가받는 『전쟁론(Von Kriege)』을 집필하였다. 방대한 저술 속에 담긴 몇 가지 핵심 주장은 다음과 같다. 전쟁은 의지를 구현하기 위해 행하는 폭력 행동이다. 기업경영 역시 수익과 이윤을 창출하기 위한 행동으로서, 생존을 위한 수단의 정당화로 해석할 수 있다. 또한 전쟁은 가능성, 확률, 운의 상호작용이 존재한다. 즉 전쟁의 승패에 대한 불확실성은 기업경영 성과의 불확실성과 같고, 따라서 장군(기업의 CEO)의 리더십이 절대적이다. 전쟁은 정치적 도구로서 정치에 종속되어 있다. 기업경영 역시 관리수준의 합리성에서 설명하기 어려운 CEO의 정치적 의사결정이 이루어진다.

제(齊)나라 태생의 손무(孫武) 혹은 손자(孫子)는 고대에 처음으로 전략사상을 수립한 위대한 인물로 평가받고 있다. 그가 저술한 『손자병법』은 최고의 군사고전으로 1.시계에서 13.용간까지 총 13편으로 구성되었다. 본 책으로 중국 춘추시대 약소국이었던 오나라가 군사력을 통해 강국으로 군림하는 계기가 된다. 손자가 생각하는 최상의 승리란 싸우지 않고 이기는 것, 미리 이기고 싸우는 것이다. 미리 전략적으로 유리한 상황을 만들어서 승리가 확정된 상황을 만들고 싸우는 것이다. 기업경영에 적용하면 경쟁자와의 소모적인 경쟁을 피하고 경영성과를 위해서 용의주도한 계획을 세워야 하는 것이다. 또한 그는 전쟁이란 국가의 큰일이며 살고 죽는 것이 정해지고, 흥하고 망하는 방법이니 상세히 살피지 않을 수 없다고 하였다. 신사업을 추진할 때 기업의 자원 투입이 필요한데 면밀한 타당성 분석이 필요하다는 뜻이다. 전쟁이 시작되면 수단과 방법을 가리지 말고 이겨야 한다. 즉 전쟁(혹은 용병)이란 '속임수'라고 하였다. 기업경영도 마찬가지다.

(3) 기업경영 전략

전략과 전술은 전쟁에서 유래하였는데 오늘날 경영에서도 활용되고 있다. 전쟁을 통하여 상대방의 영토를 빼앗고 사람들을 포로로 잡는 것과 경영을 통하여 상대 기업이 점유하고 있는 시장을 빼앗고 고객을 확보하는 것은 다르지 않다.

전략은 상대방의 전략을 전제로 하기 때문에 상대적이다. 따라서 항상 수정 가능성을 열어두고 있다. 또한 승리를 목표로 한다. 기업에는 미래전략실, 전략기획실 등의 조직이 있다.

2) 서비스 전략의 개념과 의의

(1) 서비스 전략의 개념

서비스 전략이란 특정 기업의 서비스 정의, 생산, 전달과 관련된 장기적이고 미래지향적인 방법이다. 따라서 다음과 같은 질문에 대한 답이라고 할 수 있다.

① 서비스의 정의: 기업의 서비스는 과연 무엇인가, 왜 이 서비스를 하는가
② 서비스의 생산: 우리 기업의 서비스를 언제, 어디서, 어떠한 서비스를, 어떻게, 얼마만큼 생산할 것인가
③ 서비스의 전달: 우리 기업의 서비스를 언제, 어디서, 어떠한 서비스를, 어떻게, 얼마만큼 전달할 것인가

서비스 전략은 두 개의 차원에서 이루어질 수 있다.

첫 번째로 서비스기업이 전사(기업 전체) 차원에서 서비스의 정의, 생산, 전달 전략을 구사하는 것이다. 두 번째로 제품생산기업과 서비스기업이 관리수준 활

동의 일환으로 서비스의 정의, 생산, 전달 전략을 구사하는 것이다. 기업의 관리 활동은 연구개발, 생산, 판매, 경영지원 그리고 서비스 등으로 진행된다. 따라서 전자보다는 후자가 오히려 하위개념인 전술에 해당된다고 볼 수 있다.

(2) 서비스 전략의 단계

서비스 전략은 서비스기업이 바라는 지향점(비전, vision)을 향해 단계(stage)적으로 진행된다. 서비스란 무형의 서비스(인적 서비스)를 바탕으로 유형의 제품과의 믹스를 통해서 가치를 만들어 낸다. 호텔의 서비스는 건물, 객실, 침대 등 유형의 제품에 의존도가 높고 여행사의 서비스는 브로슈어, 예약을 할 수 있는 PC, 메모장 등 유형의 제품 의존도가 낮다.

따라서 서비스 전략의 단계는 무형적 요소와 유형적 요소 간의 결합을 통해서 기반 구축, 서비스 강화, 기반 강화 단계를 거쳐 궁극적으로 서비스화를 이룬다. 이에 따라 기업은 서비스 제공이 가능한 단계, 서비스 제공이 숙련된 단계, 서비스 경쟁력을 확보한 단계를 거쳐 세계적인 수준의 서비스 단계에 도달하게 된다.

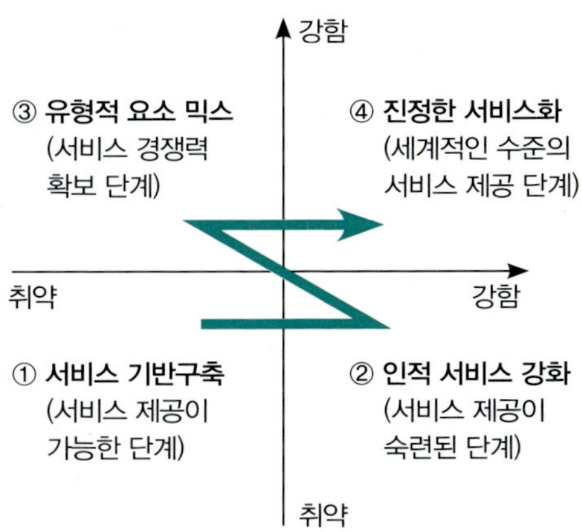

그림 5-1 서비스 전략의 단계

(3) 서비스 전략의 구성요소

기업은 변화된 환경에 대한 적응(수동적)과 환경에 대한 적극적인 변화를 꾀하는데 이러한 예상되는 결과에 대한 상(像)을 비전이라고 할 수 있다. 비전이 설정되면 전략을 수립하게 되고 전략을 추진하려면 조직이 필요하다. 서비스 전략의 구사를 위해서는 정보수집, 즉 서비스 조사가 요구된다.

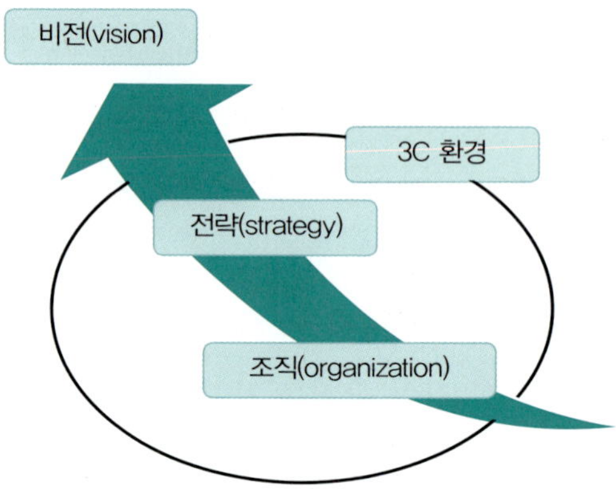

그림 5-2 전략의 위계

① 환경

기업은 진공관 속에 있는 존재가 아니므로 기업을 둘러싼 모든 것, 즉 환경(environment)이라는 것을 감안해야 한다. 특히 기업과 기업의 경영활동에 영향을 미치는 환경을 3C라고 하며 고객(customer)과 경쟁사(competitor) 그리고 자사(company)가 포함된다.

② 비전(vision)

기업이 앞으로 달성할 그림, 이미지, 상이다. 영문의 vision을 飛展으로 표시하기도 하는데 이해관계자에게 그 전에 알지 못하던 새로운 길을 발견하여 알려준다는 것이다. 따라서 비전은 사업을 통해서 달성하고자 하는 것이 무엇인가를 아는 것이다(know what). 호텔신라는 비전을 'Premium life style leading company', 즉 최고의 품격과 신뢰를 바탕으로 고객이 꿈꾸는 라이프스타일을 제공하는 글로벌 선도기업으로 설정하고 있다(신라호텔&리조트 홈페이지, 2020).

비전은 기업의 사명과도 밀접한 관계가 있다. 왜 이 기업을 만들었는지 존재의 이유, 즉 왜 존재하는지(know why)에 대한 대답이다. 기업은 사명선언서(mission statement)를 통해서 사명을 구체화한다. 호텔신라는 미션으로 "우리는 최고의 라이프스타일 전문가로서 더 많은 인류에게 품격과 자부심을 경험케 한다"라고 하였다(신라호텔&리조트 홈페이지, 2020).

③ 전략

전략은 주어진 환경 속에서 설정된 비전을 달성하고 사명을 완수하기 위해서 싸워 나가는 방법으로 어떻게 할지 아는 것(know how)과 관련된다. 환경은 매우 불확실하고 동태적이기 때문에 기업은 상황에 적합하게 전략을 구사해야 한다.

전략을 구사하기 위해서는 전술이 필요하다. 기간별로는 단기계획, 이동계획, 중장기계획 등이 있고 조직 기능별로 제품개발계획, 연구개발계획, 생산계획, 마케팅계획 등이 있다.

④ 조직

전략을 수행하려면 조직이 필요하고 조직에는 사람이 필요하다. 역으로 사람 한 명 한 명의 행동이 조직의 성과를 만들고 조직의 성과는 전략의 결과가 되며 승리한 전략이 쌓여 비전을 달성하게 된다.

3) 마이클 포터의 경쟁 전략

마이클 포터(M. Porter)는 현대 전략경영의 아버지라고 불린다. 그의 경쟁우위 전략의 3가지 핵심은 다음과 같이 원가주도 전략, 차별화 전략 그리고 집중화 전략으로 요약된다. 세 가지 중에 하나라도 확실한 우위를 점하면 경쟁에서 이기고 생존할 수 있다고 한다.

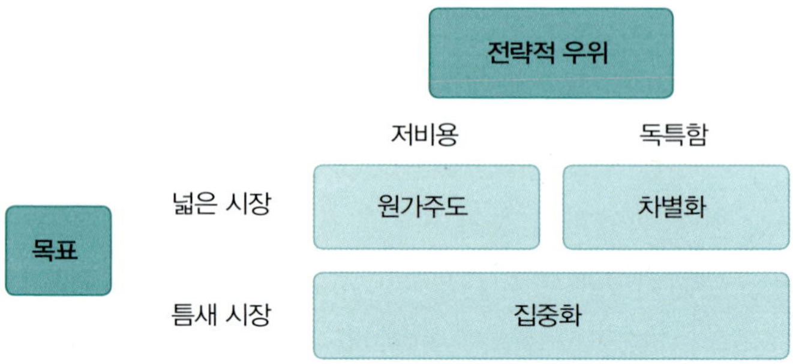

그림 5-3 경쟁우위 전략

(1) 원가주도(cost leadership)

낮은 원가를 통한 낮은 가격을 실현하여 시장에서 우위를 확보하는 전략이다. 원가를 줄이면 가격을 낮추더라도 이윤을 유지할 수 있다. 따라서 어떻게 하면 자사의 제품과 서비스의 생산에 들어가는 원가를 줄이는가가 관건이다. 낭비 요소를 줄여가면서 운영의 효율성을 확보하여 단위당 생산비용을 줄인다. 원자재 대량구매를 통해서 매입단가를 낮추거나 대량생산을 통한 반복작업 증대 그리고 노동 숙련도를 높이면 인건비를 줄일 수 있다.

맥도날드 레스토랑의 탁월한 원가주도 전략은 레스토랑 산업의 새로운 패러다임을 제시하였다. 제조업 공장 운영관리를 식당 운영관리에 적용하였는데 직원 동선의 최적화, 단출한 메뉴 운영, 반 제조된 햄버거 등이 그 예이다. 또한 고객에 대한 서비스와 관련해서 개인적인 전달요소를 최소화하여 서비스의 표준화를 지향하였다.

(2) 차별화(differentiation)

제품과 서비스에 독특한 기능이나 특징을 부여함으로써 경쟁사의 상품과 구분하려는 전략이다. 원가는 상승하지만 독특한 가치를 인식한 고객은 기꺼이 가격을 더 주고라도 구매를 한다. 즉 가격 프리미엄 효과를 누릴 수 있다.

호텔은 무형의 요소를 유형화하는 차별화 전략을 활용한다. 객실 어메니티(세안 및 화장 도구)에 호텔 브랜드 로고를 각인하거나 프리미엄 화장품 브랜드와의 제휴를 통해서 동반 이미지 상승을 누리기도 한다. 한때 레스토랑에서는 퍼피독 서비스라고 해서 직원이 손님에게 주문을 받을 때 무릎을 꿇고 눈을 맞추는 것이 유행하기도 하였다. 맥도날드는 햄버거대학, 디즈니는 디즈니대학을 운영하면서 직원 교육훈련의 차별화를 시도하고 있다. 인앤아웃버거는 6가지 메뉴만을 고집하면서 메뉴의 차별화를 구현한다.

(3) 집중화(focusing)

특정 구매자 집단 혹은 시장을 집중적으로 공략하는 전략이다. 특정한 고객의 특별한 요구를 발견하거나 만들어낸다. 따라서 자원의 투입은 선택과 집중(choose and focus)의 원칙에 의거하여 진행된다. 원가우위를 기초로 저비용시장에서 경쟁력을 차별화를 통해서 고급시장에서 경쟁력을 확보한다.

온라인 유통기업 마켓컬리는 내일의 샛별배송을 모토로 새벽배송이라는 새로운 패러다임으로 새로운 라이프스타일의 장을 만들었다. 리츠칼튼 호텔은 18세기 베르사유 궁전 생활양식을 응용하여 고풍스럽고 고급진 내부장식 분위기를 연출하였으며 소수의 럭셔리시장을 집중 공략하였다. 사우스웨스트 항공사는 국내 단거리 노선에 집중함으로써 원가절감, 차별화 그리고 집중화를 동시에 달성하였다. 호텔신라는 프리미엄에 포지셔닝하여 집중화된 럭셔리 마켓을 타깃으로 최고의 환대기업으로서 서비스를 강조하고 투숙객의 라이프스타일을 차별화 포인트로 하여 품격과 자부심을 자극하였다.

2 호텔관광기업의 서비스 전략

1) 호텔관광기업의 경영 환경

(1) 경영 환경의 특징

경영 환경의 특징을 VUCA라고 하는데 volatile(변덕이 심하고), uncertain(불확실하고), complex(복잡하고), ambiguity(모호한)이라는 뜻이다. 기업은 환경에 적응하는 데 어려움을 경험하고 있을 뿐 아니라 적응 후에도 끊임없는 변화를 모색해야 한다.

(2) 경영 환경의 범위

코틀러(P. Kotler)는 호텔관광기업의 환경을 경제, 자연, 기술, 정치, 문화적 환경으로 구분하였다. 이들은 거시환경으로서 기업활동에 간접적으로 영향을 주는 것들이다. 가스퍼와 쿤트(Kasper & Kunt)는 일반환경에 부가하여 직원, 공급자, 자본주, 경쟁업체, 관광객, 기타 유관기관을 포함하였다. 이들은 미시환경으로서 기업활동에 직접적으로 영향을 주는 것이다.

(3) 호텔관광경영 환경이 서비스에 주는 의미

경영 환경은 생산물로서 서비스(기업 입장)와 소비대상으로서 서비스(고객 입장)에 영향을 준다. 경영 환경의 변화를 감지하지 못하는 서비스는 시장의 선택을 받지 못할 것이다. 기술 환경의 변화는 인적 서비스를 급격히 기계로 대체할 것이다. 역으로 기술 환경의 변화가 가져오는 인간의 감성 지향성은 인적 서비스에 대한 고객의 강렬한 욕구를 불러일으킬 수도 있다.

2) 호텔관광기업의 서비스 전략

(1) 물리적 제품과 서비스의 수준의 결정

호텔관광기업이 고객에게 제공할 서비스의 수준을 어느 정도로 가져갈 것인지 결정하는 것은 매우 중요하다. 이때 서비스와 함께 제공되는 제품의 수준도 고려해야 한다. 서비스의 수준은 제품 수준과 매우 높은 상관관계가 있다. 유의해야 할 것은 '상품과 서비스 수준이 제한적'이라고 해서(limited) 서비스가 나빠도(poor 혹은 bad) 괜찮다는 말이 아니다. 서비스 수준에 따라서 특정 서비스를 넣거나 뺄 수는 있어도 넣는 서비스가 고객에게 나쁘게 평가되어서는 안 된다. 서비스가 제한적이라고 해서 아무렇게나 서비스를 해서는 안 된다. 반대로 상품과 서비스의 수준이 최고라 할지라도 상품과 서비스의 수행결과가 좋지 않을 때도 있다.

자동판매기는 사람의 서비스가 없기 때문에 인적 요소가 거의 제한적, 즉 제로(0)이지만 동전을 제대로 거슬러 주고 고객이 요청한 캔음료를 전달하는 서비스는 반드시 수행한다. 저비용항공사가 가격 정책상 기내식 서비스를 제공하지 않을 수는 있어도 고객에게 미소와 인사를 생략하거나 이동 중에 고객과 부딪혀서 고객의 편안한 잠을 깨워도 된다는 것은 아니다.

그림 5-4 자동화된 덮밥류 레스토랑

그림 5-5 숙면을 방해하지 말라는 표시

(2) 물리적 제품과 서비스의 믹스 결정

제품과 서비스를 어느 정도 비율로 배분할 것인가를 결정해야 한다. 같은 식당이라도 파인다이닝 레스토랑보다 패스트푸드 레스토랑은 서비스보다는 음식(제품)에 더 비중을 두어야 한다. 서비스는 매우 제한적으로 제공되며 고객의 서비스 참여비율이 높다. 언젠가 모 패스트푸드 레스토랑에서 주문한 음식을 종업원이 테이블로 직접 가져다주는 것을 본 적이 있다. 준비가 늦어져 미안함을 대신한 직원의 행동은 기특했으나 패스트푸드 레스토랑 운영의 본질에서 벗어났기에 직원 교육훈련이 미흡하지 않았는지 생각했다. 깜짝 놀랄 서비스는 일시적으로 특정 고객을 감동시킬 수는 있어도 이러한 관행이 계속된다면 패스트푸드 레스토랑은 포지셔닝이 애매해진다. 곧바로 손님의 주문을 받는 카운터에 직원이 없어 다른 손님이 두리번거리며 직원을 찾는 것을 목격하였다.

[그림 5-6]에는 식음료를 제공하는 업장들에 따라서 음식(제품)이 판매의 포인트인지 서비스가 판매의 포인트인지를 보여주고 있다. 대체적으로 식당 이용 금액이 적으면 서비스의 비중이 낮아지는 것을 볼 수 있다. 카페테리아는 일반 레스토랑에 비해서 서비스의 비중이 낮다. 그러나 이것은 제품과 서비스의 믹스를 나타낸 것이지 제품과 서비스의 개별적인 절대수준을 의미하는 것은 아니다. 레스토랑에서 음식의 비중이 적다고 해서 카페테리아의 음식보다 품질이 떨어져도 좋다는 것은 아니다.

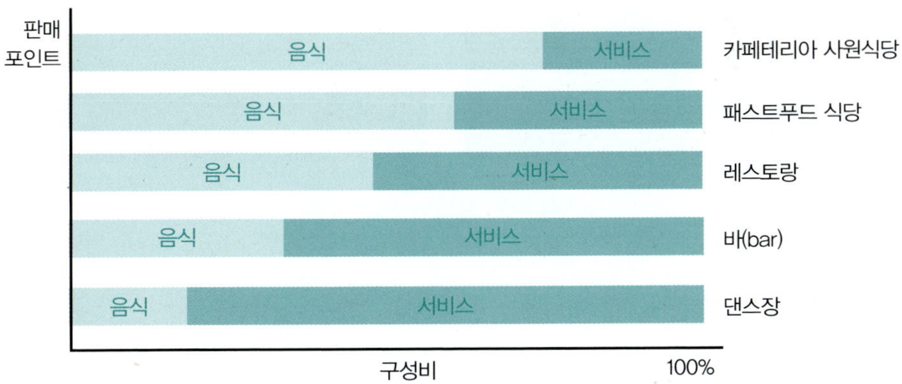

그림 5-6 상품과 서비스의 배분

출처: 미야 에이지 (1992).

대체적으로 상품과 서비스는 같이 연동한다. 그냥 지나칠 수 있는 것부터 세세하게 주의를 기울이면 최고의 서비스가 나올 수 있다. 럭셔리호텔 리츠칼튼은 전등갓이 기울었거나 데스크 패드가 비뚤어져 있다거나 탁자 위의 잡지들이 똑바로 놓여 있지 않다면 객실청소로는 불합격이라고 하였다. 일본의 모 호텔 최고 스위트룸에서는 하우스키핑의 업무 중 하나인 거실 책장 정리를 하는데 디자이너의 미적 감각을 빌린다. 호텔의 등급 심사에는 서비스만 보는 것이 아니라 제반시설까지 포함되는데 호텔은 다른 환대산업과는 달리 인적 서비스도 중요하지만 물리적인 요소로서의(좁은 의미의) 제품 비중이 크다는 것을 증명해 주고 있다.

그림 5-7 호텔의 등급 비교

(3) 고객의 참여 수준을 결정

서비스는 고객과 서비스 제공자 간의 대면 속에서 생산과정과 소비과정이 동시에 일어나는 특성을 가진다. 따라서 고객의 참석 여부와 참여 수준에 따른 서비스 산출물의 변화가 일어날 수 있다. 김태희, 윤지영, 서선희(2017)는 다음과 같이 세 가지의 고객 참여 수준을 제시한다.

① 낮은 수준의 고객 참여: 서비스가 제공되는 동안에만 고객이 참석. 예를 들면 항공 탑승 시 자리를 찾는데 승무원이 입구에서 안내하는 것이다. 고객은 존재만 하지 서비스의 품질에 미치는 영향은 미미하다.

② 중간 수준의 고객 참여: 서비스 생산에 고객이 자원을 투입. 예를 들어 식당에서 스테이크의 굽기 정도를 고객이 결정한다든지 미용실에서 머리 손질을 하면서 본인의 머리 스타일을 주문하는 것 등이 있다. 고객이 서비스의 품질에 영향을 미친다.

③ 높은 수준의 고객 참여: 서비스 생산에서 고객과 서비스 제공자가 같이 서비스를 창조한다. ②번과의 차이점은 고객의 참여가 없으면 서비스 자체가 만들어지지 않는다는 데 있다. 예를 들면 결혼컨설팅업체가 연회를 기획할 때 예비 신랑신부의 의견을 적극 받아들이고 또 결혼식 당일에는 신랑신부 없이는 이루어지지 않는다.

서비스가 고객을 중심으로 가치를 창출하기 위해서는 적극적인 고객의 참여가 필요하다. 고객이 서비스에 대한 반응을 보여주는 수동적 위치에서 적극적으로 서비스에 대한 의견을 개진하고 서비스에 협력함으로써 탁월한 서비스를 같이 창조해 내는 것이다. 샌드위치 전문업체 서브웨이는 빵의 종류부터 시작하여 고객에게 다양한 선택지를 제공함으로써 고객화(customization)를 시도하고 있다.

3) 호텔관광기업의 조직

(1) 호텔관광기업 조직의 개념과 의의

호텔관광기업의 조직은 비전을 달성하기 위해서 구사하고자 하는 전략을 실행하는 주체가 된다. 조직은 목적을 달성하기 위해서 사람들이 모여서 각자의 위치에서 책임과 권한을 바탕으로 맡은 일을 수행한다. 인간이 조직을 만들어 일하는 것은 혼자 일하는 것보다 큰 성과를 낼 수 있기 때문이다. 조직은 단순한 사람의 합이 아니며, 3명이 같이 일한다고 해서 조직이 세 사람 몫의 성과를 내는 것이 아니라 그 이상 혹은 그 이하의 성과를 낼 수도 있다.

호텔관광기업에는 서비스를 생산하고 판매를 직접적으로 담당하는 라인(line) 부서가 있고 생산과 판매를 지원하는 스텝(staff) 부서가 있다. 라인부서에는 객실부서, 식음료부서 등이 포함되고 지원부서는 인사부서, 마케팅 부서 등이 있다.

『맹자(孟子)』에 '天時不如地理 地理不如人和'(하늘이 내려준 유리한 조건은 유리한 지리적 조건보다 못하고 지리적 조건은 사람들에 의한 인화단결보다 못하다)라는 말이 있다. 천시는 환경이 만들어준 사업 기회이고 지리는 기업의 전략과 전술인데 결국 일을 성사시키는 것은 사람(조직)이라는 뜻이다. 사람이 체력을 보강하여 다시 도전하듯이 조직의 구조조정과 시스템 정비를 통해서 경쟁기업에 반격을 가하는 것이다.

(2) 조직분석의 툴로서 7S

맥킨지는 조직의 역량을 분석하는 툴로 7S를 제시하였다. 7S는 공유가치(shared value), 전략(strategy), 조직구조(structure), 시스템(system), 구성원(staff), 스킬(skill), 스타일(style)이라는 영문자 S로 시작하는 7개 요소로 구성된다. 로버트 워터맨(R. Waterman) 등은 조직을 변화시킨다는 것은 단순하게 전략과 조직구조의 문제는 아니며 조직을 만드는 7개의 세분화된 요소에 의해서 이루어진다고 하였다. 앤서니 에이토스(A. Athos)와 리처드 파스칼(R. Pascale)은 7S를 하드S와 소프트S로 나누어 후자가 중요하다고 강조하였다. 하드S는 전략, 조직구조, 시스템이고 소프트S는 공유가치, 구성원, 스킬, 스타일이다. 각 S는

[그림 5-8]에서 보는 바와 같이 상호독립적인 것은 아니며 서로 역동적인 교호관계에 있다.

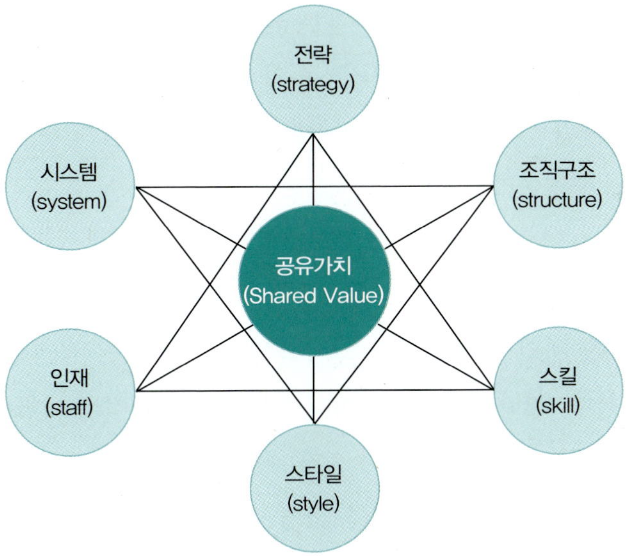

그림 5-8 7S의 구성요소

(3) 호텔관광기업의 7S로 본 조직

① 공유가치(shared value)

조직 구성원이 공유하는 가치로서 기업의 비전, 기업의 미션 등에 해당된다. 따라서 조직 구성원은 기업이 어느 방향으로 나가고 있는가를 명확히 알고 이를 받아들여야 한다. 공유가치가 내면화되면 직원들은 열정을 모아서 동참하게 된다. 기업의 최고 경영자는 오래 기업에 몸담고 기업을 좌지우지하다 보면 본인이 기업 자체라는 착각에 빠진다. 이러한 풍토에서 공유가치는 만들어질 수 없다.

스타벅스는 원두 구매에 공정무역적 접근을 하여 착한 기업이라는 점을 직원에게 심는다. 롯데는 기업의 지향점을 '쉐어드 하츠 크리에이트 밸류(shared hearts create value)'로, 구성원들의 다양한 삶에 대한 존중과 서로간의 신뢰와 협력을 바탕으로 더 큰 가치를 창조하자는 의미로 설정하였다. 힐튼호텔의 창업주 콘래드 힐튼(C. Hilton)은 큰 일을 성취하기 위해서는 먼저 큰 꿈을 꾸어야 한다고 하였다. 만다린오리엔탈호텔은 완전하게 손님을 즐겁게 하고 만족하게 하는 것이 본인들의 사명이라고 하였다.

② 전략(strategy)

앞에서 살펴본 바와 같이 전략은 장기적 계획 및 목표를 달성하기 위한 수단이나 방법을 말한다. 전략이란 미래지향적이지만 과거 실적에 대한 철저한 반성 속에 수립되어야 한다. 건전한 토대에 씨가 뿌려져야 새로운 결실을 맺을 수 있다.

같은 기업이라도 지향하는 시장(손님)에 따라서 차별적인 제품과 서비스를 내놓는 전략을 구사한다. 메리어트 호텔그룹은 최고의 럭셔리 프리미엄 브랜드인 JW메리어트도 있지만 MOXY라는 생소한 브랜드로 유럽의 저가시장을 공략하고 있다. 멕시칸 그릴 레스토랑인 치폴레(Chipole)는 식자재를 유기농, 친환경으로 구매하는 전략을 쓰고 있다.

③ 조직구조(structure)

전략을 실행해 나가는 틀로서 조직도에 해당한다. 조직구조는 환경과 전략적 방향성에 유연하게 변화하여야 한다(strategic fit). 아울러 조직구조 내에는 조직도 이외에 비공식적인 조직이 존재한다는 것을 염두에 두어야 이를 역량화할 수 있다.

럭셔리가 사회적 화두가 되고 급성장하게 되자 특급호텔들은 앞다투어 관련 조직을 보강하였다. 고객에게 제공하는 서비스를 의도적으로 구분하고 고객에게 받는 만큼 되돌려주겠다는 의미이다. 호텔을 방문하는 고객을 '차별'하겠다는 것이 아니라 원하는 고객에게 '차별화'된 서비스를 의도적으로 제공하겠다는 의지의 표현이다. 일반 손님에게 서비스를 덜하고 같은 매장을 방문한 유명 여배우에게만 특별한 서비스를 제공하겠다는 의미가 아니다. 객실부(front office)의 EFL(executive floor lounge)와 컨시어지(concierge)가 좋은 예이다.

④ 시스템(system)

조직의 관리체계, 운영절차, 제도 등을 말한다. 사람의 인체로 보면 혈관에 비유할 수 있는데 원활한 피의 흐름은 의사결정의 흐름, 정보의 흐름에 해당한다. 서비스의 원활한 흐름을 위해서는 동선관리가 필요하며 서비스에 사용되는 기물이 손에 쉽게 닿을 수 있도록 설계되어야 한다. 통제하는 사장이 없어도 자동적으로 돌아가는 오토매장은 좋은 시스템이다. 서비스 실패를 감지하고 이를 미연에 방지하며 고객 서비스 불만이 시스템적으로 해결되어야 한다.

맥도날드는 새로운 가맹점의 입지 선정을 위해 퀸틸리온(quintillion)이라는 신기술 소프트웨어 시스템을 활용하여 경쟁업체보다 높은 판매실적을 확보하였다. 리츠칼튼호텔도 미스틱 시스템으로 고객만족 관리를 실현해 나가고 있다.

⑤ 직원(staff)

조직을 구성하는 인력이다. 여기서 인력은 자연인으로서 사람이 아니라 조직인으로서 사람을 말한다. 따라서 직무와 관련한 스킬을 가지고 성과를 내는 주체이다. 최근 경비절감 등을 이유로 직원을 최소화하고 주문 키오스크 시스템, 셀프체크인 시스템 등을 도입하고 있다. 다만 잊지 말아야 할 것은 서비스를 실행하는 구성원이야 말로 진정한 가치를 창출하는 주체라는 점이다.

탁월한 CEO는 조직을 이끌어 나가는 데 매우 중요한 역할을 한다. 메리어트호텔의 빌 메리어트(B. Marriott), 맥도날드의 레이 크록(R. Kroc), 스타벅스의 하워드 슐츠(H. Shultz) 등이 대표적이다. 힐튼은 직원에 대한 평가를 위해 핵심성과지표를 마련했는데 그중의 하나가 고객충성도 점수와 고객만족도 점수이다.

⑥ 스킬(skill)

전략을 실행하는 데 필요한 구체적인 능력이다. 스킬은 직원이 가진 지식, 태도와 함께 서비스 생산을 만들어 낸다. 고객에게 전달하는 서비스를 표준화할 것인가 아니면 개개의 고객에게 맞춤(tailored) 서비스를 할 것인가에 대한 의사결정은 직원의 스킬 수준과 밀접하게 연관된다. 전자는 낮은 스킬을 가진 신입 직원도 가능하지만 후자는 비교적 높은 스킬에 수많은 업무 경험을 통해서 쌓아올린 임기응변 능력과 관련이 있다. 따라서 서비스 맨은 몸에 배어 있는 서비스를 어느 상황에서도 연출하는 능력이 요구된다. 고객에게 편안함을 주는 것이 최고의 스킬이다.

한밤중에 훈련되지 않은 룸서비스 웨이터가 손님으로부터 아이리시 커피를 주문받아 제대로 된 서비스를 생산하는 데 실패했다면 이는 교육훈련의 문제이다. 특히 고급 서비스를 기대하게 하는 고급호텔에서는 더욱 그러하다.

⑦ 스타일(style)

조직을 이끌어나가는 관리자 혹은 경영자의 리더십 스타일, 조직 내부에 잠재해 있는 조직문화 등을 말한다. 스타일은 겉으로 드러나지 않기 때문에 기업은 직원들이 스타일을 학습하고 스타일의 존재를 내재화하는 것이 중요하다. 서비스와 관련하여 고객지향적인 문화, 즉 서비스를 소중히 생각하고 외부고객과 내부고객에게 좋은 서비스를 제공하는 것이 구성원의 중요한 규범이라고 여겨지고 자연스러운 직장 내 생활방식이 되는 것이 좋은 서비스를 만들어 내는 데 도움이 된다.

'직원을 잘 보살펴라. 그러면 그들이 당신의 고객을 잘 보살필 것이다.' 이 문장은 메리어트의 직원을 최우선시하는 조직문화를 알 수 있게 해준다. 사우스웨스트항공은 사무직으로 근무할 때 캐주얼 복장으로 출근하는 것이 당연하게 받아들여지고 있으며 지위와 관계없이 서로 이름을 부른다.

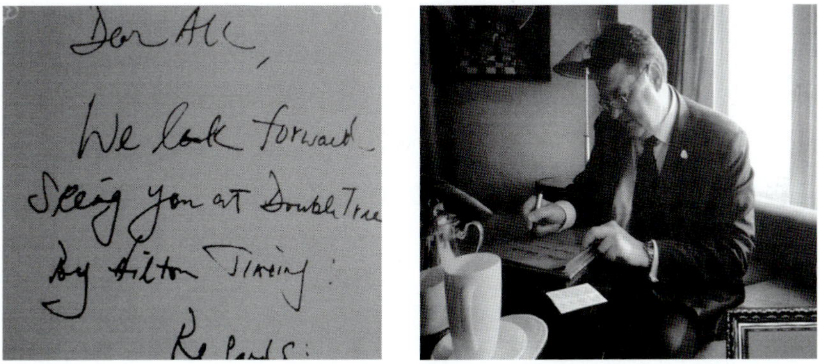

그림 5-9 최고경영층의 고객 대응

3 서비스 조사

1) 서비스 조사의 필요성

(1) 새로운 서비스를 제공하기 위한 테스트마켓

전략을 수립하고 실행을 해나가기 위해서는 의사결정을 해야 한다. 다만 현재의 자료나 정보가 부족하거나 오래되어서 갱신할 필요가 있을 때는 조사(research)가 필요하다. 조사는 말 그대로 re-serarch(반복해서 찾는 행위)이다. 조사 대상은 먼저 고객이 된다. 조사는 앙케이트라고도 한다.

(2) 기존의 진행된 서비스를 가지고 반응을 보는 것

개발한 서비스를 체험한 고객들의 반응을 조사할 필요가 있다. 호텔을 예로 들면 다음과 같은 것들이 포함된다.

① 호텔 이미지에 대한 기존 고객들의 반응

② 호텔 이미지에 대한 사회의 반응

③ 호텔 연회서비스의 품질에 대한 고객의 반응

④ 호텔 객실서비스에 대한 전반적인 고객의 만족도

⑤ 호텔 식음료 판매에 대한 전반적인 고객의 만족도

⑥ 호텔에 대한 고객의 태도

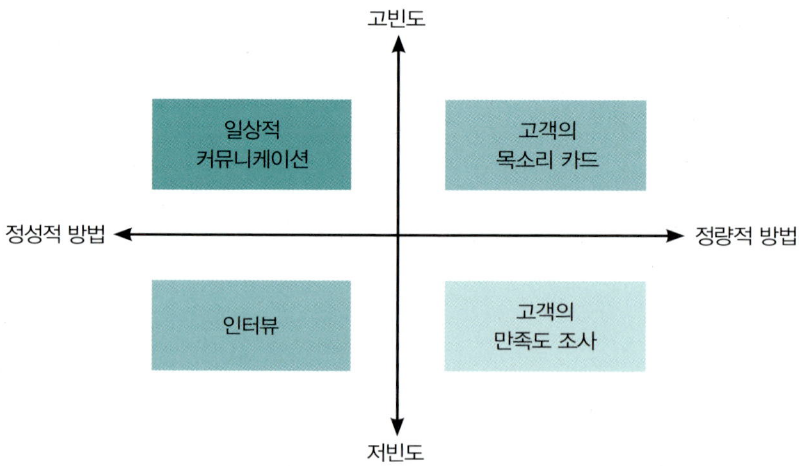

그림 5-10 서비스 조사의 다양한 방법

출처: 강도원 외 (2008).

(3) 서비스 조사의 전체상

서비스 조사는 고객이 서비스를 받고 출발(서비스의 산출)한 후에 이를 모니터링한 다음 향후 제공될 보다 나은 서비스를 만들기 위해서 개선점을 파악하는 행위이다.

서비스 관리자는 고객이 도착하여 출발할 때까지 고객과 서비스 수행인력이 만들어내는 수요와 공급을 조절하고 통제하는 역할을 하는데, 그 활동의 근거가 바로 서비스 조사이다.

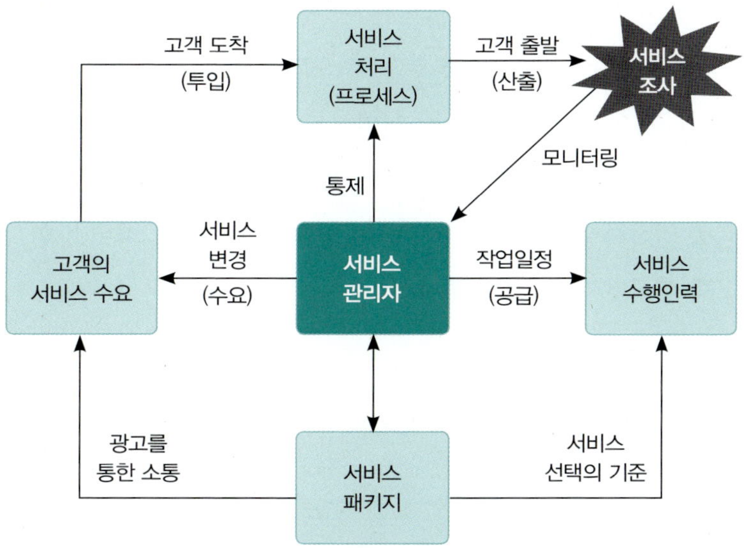

그림 5-11 서비스 조사의 위치

서비스 관리자는 고객의 서비스 수요에 따라 서비스의 제공량을 결정하며 이를 위해서 서비스 수행인력의 작업일정을 작성한다. 서비스 관리자는 약속된 서비스로서 서비스 패키지를 고객에게 다양하게 알리며 동시에 서비스 수행인력으로 하여금 어떠한 패키지를 서비스 선택의 기준으로 할 것인가를 인식시킨다. 고객이 도착 시에 서비스 관리자는 서비스 처리 프로세스에 대한 관리와 통제를 하며 이는 고객이 서비스를 받고 업장을 나갈 때까지 지속되어야 한다. 서비스 관리자는 서비스 전반, 즉 고객과 서비스 수행인력, 그리고 서비스 패키지와 서비스 처리 프로세스 전반이 적절한지에 대한 서비스 조사를 실시하고 그 결과는 개선으로 이어지게 해야 한다.

2) 고객 코멘트 카드

(1) 코멘트 카드의 개념

서비스를 조사하는 데 흔히 쓰이는 방법은 직접 물어보는 것이다. 고객의 코멘트 카드(guest commentary survey)는 서면화된 질문지에 스스로 작성하게 되어 있다. 가장 만족한 것에서 가장 불만족한 것까지 5~7가지 정도를 물어본다. 마지막에는 고객의 인적사항을 적도록 유도하여 인적사항에 대한 서비스 인식 차이를 알아보고 고객 데이터베이스로도 활용한다.

(2) 코멘트 카드 예시

Dear Guest,
In our ongoing efforts to maintain the highest possible standards of food and service, we would be grateful if you could spare a moment to give us a few comments:
How could we have improve your breakfast experience?

친애하는 고객님께
가능한 최고 수준의 음식과 서비스를 제공하려는 노력을 하고 있으며 (중략)
잠시 시간을 내시어 몇 가지 코멘트를 해주시면 감사하겠습니다. (중략)
아침식사 경험을 개선시켜 드리려면 어떻게 하면 좋을까요? (이하 중략)

그림 5-12 샹그릴라호텔 마닐라 조식뷔페 코멘트 카드

출처: 샹그릴라호텔 마닐라

위더스 리조트앤카지노 필리핀에서는 최고(excellent), 좋음(good), 보통(average), 노력필요(need approvement) 등으로 나누고 있다. 여기서 눈여겨볼 것은 노력필요라고 하고, 형편없음(poor), 나쁨(bad) 등의 부정적인 언어를 쓰지 않는 것이다. 불필요하게 부정적인 인상을 설문지를 통해 고객에게 줄 필요는 없다.

캔싱턴리조트호텔은 다음과 같이 인사와 함께 고객의 객실 이용에 대한 각 항목별 만족도를 측정하고 있다.

캔싱턴호텔&리조트를 찾아주신 고객 여러분께 감사의 말씀을 드립니다.
머무르시는 동안 불편하셨던 점이나 제안사항이 있을 경우 편하게 알려주십시오.

① 예약: 예약의 편리성, 직원의 태도, 정확한 정보제공
② 도착: 도착 시 응대, 정확한 정보제공
③ 체크인: 업무처리능력, 직원의 태도, 예약정보 일치, 신속성
④ 객실: 냉난방, 객실 및 주방, 욕실의 청결도, 침구상태, 객실, 주방, 욕실의 비품
⑤ 식당: 음식만족도, 메뉴구성, 신속성, 직원의 태도
⑥ 연회행사: 시설, 직원의 태도, 메뉴구성, 음식만족도
⑦ 재방문의사, 추천의사 등

고객님의 고견을 바탕으로 더 좋은 캔싱턴호텔&리조트가 되도록 최선의 노력을 다하겠습니다.

(3) 코멘트 카드의 한계와 극복방안

첫 번째로 서비스 조사의 결과를 100% 받아들일 수 없다. 왜냐하면 제공된 서비스와 무관하게 주변 환경, 간접 서비스 제공자의 환경, 다른 고객과의 관계 등 다양한 원인이 영향을 미치기 때문이다.

두 번째는 서비스에 대한 평가를 받아내는 데에도 어려움이 있다. 때로는 설문지를 통해서 제대로 된 답을 구하기가 어렵기 때문이다. 고객의 노코멘트(No comment)에는 여러 가지 이유가 있다.

① 고객이 대답할 필요성을 못 느낀다(must not): 설문을 통해 개선될 수 있다는 기대감이 없다.

② 고객이 대답할 수 없다(can not): 문맹 혹은 외국어로 된 설문이라 내용을 이해할 수 없다.

③ 고객이 대답하지 않는다(will not): 바쁘거나 다른 이유가 있다.

세 번째는 고객 코멘트 평가의 관대화 경향인데 좋은 것이 좋다는 것이며 이로 인해 기업이 스스로 문제가 없고 잘하고 있다고 착각에 빠진다. 고객만족이 5단계 척도일 때 상위 2위까지, 즉 만족한 고객과 매우 만족한 고객을 집중해서 끌어올린다는 자세는 좋지 못하다. 중앙의 평균보다는 최빈값과 극단치의 불만족 특이성에도 유의해야 할 것이다.

설문지를 실시할 때 중요한 것은 설문(說問)이 아니라 달랠 세(說), 들을 문(聞)이 되어야 함을 명심해야 한다. 고객이 답하지 못하는 부분을 답하도록 유도하고 표정과 보디랭귀지를 통해서 단서를 잡아내야 한다.

설문지의 한계를 극복하는 방법은 관찰(observation)이다. 관찰(觀察)은 볼 관(觀)과 살필 찰(察)의 결합으로 사물의 현상이나 움직임 따위를 주의해서 잘 살펴본다는 것이다. 즉 황새처럼 예민하게 보는 것이다. 관찰을 통해서 고객의 결핍, 고통, 불안, 변화를 보면 개선점을 찾을 수 있다. 손님이 음식에 만족했는지를 알아보는 방법은 식사 후에 얼마나 음식이 많이 남았는지, 먹고 난 후에 손님이 가게를 나설 때의 표정, 쓰레기 더미에 남은 음식물 등을 보면 알 수 있다.

3) 미스테리 쇼퍼

(1) 미스테리 쇼퍼의 개념과 한계

미스테리 쇼퍼(mystery shopper)란 자신의 신분을 감추고 일반 고객인 것처럼 매장을 방문하여 매장의 전반을 평가하는 사람을 지칭한다. 또한 이러한 관찰 행위를 암행평가(mysterious shopping)라고 한다.

방문 목적을 달성하기 위해서는 개선점을 찾아내야 하며 이를 위해 의도적 연출을 할 수도 있다. 현장에서 일어나는 대 고객서비스를 객관적으로 파악할 수 있다는 장점에도 불구하고 암행평가는 종업원들에게 부담스러운 부분이며 감시당하고 있다는 느낌, 이를 과도하게 인식함으로써 현장에서 부자연스러운 서비스가 이루어지는 등 부정적 영향도 있다.

(2) 미스테리 쇼퍼의 관찰 포인트

레스토랑을 방문하여 특히 직원의 서비스를 평가할 때에는 영접에서부터 환송까지 일련의 행동을 관찰한다. 다음은 레스토랑 미스테리 쇼퍼의 방문업장 서비스 관련 체크리스트이다.

표 5-1 레스토랑 미스테리 쇼퍼 체크리스트

단계	내용	점수
영접	• 손님을 인지하고 먼저 인사를 실시하였는가? • 미소와 눈 맞춤으로 인사를 하는가? • 예약사항을 확인 후 좌석으로 안내하는가? • 좌석 안내 시 착석 보조를 실시하였는가? • 착석 보조 후 손님의 물품을 관리하는가?	

주문	• 본인의 소개를 하는가? • 기호 혹은 이벤트 상품을 추천하여 식전음료를 제안하는가? • 기호 혹은 이벤트 상품을 추천하여 식사메뉴를 제안하는가? • 손님이 메뉴를 선택할 시간을 여유 있게 제공하는가? • 주문 완료 후 주문 내용을 재확인하는가? • 주문 완료 후 더 필요한 사항이 없는지 여부를 묻는가?	
서비스	• 음식이 제공되기 전에 냅킨 서비스를 제공하는가? • 주문한 음식은 15분 내에 제공되었는가? • 지연 시 사전 안내를 하였는가? • 음식과 음료를 해당 손님에게 정확하게 제공하는가? • 음식 제공 시 손님에게 음식에 대한 소개를 하는가? • 음식 제공 후 '맛있게 드십시오'라고 인사를 하는가?	
서비스	• 물 리필은 손님이 요청하기 전에 자연스럽게 실시되는가? • 와인, 음료가 떨어지기 전 추가적으로 제안하는가? • 주문한 음식의 간격은 적절한가?	
서비스	• 직원은 손님이 찾기 쉬우며 신속하게 응대하는가? • 지배인, 담당자가 다가와 손님 만족도를 확인하였는가? • 고객의 문의에 대한 응대는 알 수 있는가? • 직원은 밝은 톤으로 이야기하는가? • 직원은 밝게 미소를 짓는가? • 직원은 손님과 눈을 맞추는가?	
계산	• 손님 만족도는 확인하는가? • 멤버십 또는 할인카드 소지 여부를 확인하는가? • 손님께 계산서를 드리면서 품목, 금액, 할인액을 확인하는가? • 계산이 진행되는 동안 회원가입을 제안하는가? • 계산은 신속하게 진행되는가? • 두 손으로 현금, 카드, 영수증을 주고받는가?	
환송	• 직원은 고객과 눈을 맞추면서 감사인사를 실시하였는가? • 재방문 유도 멘트는 실시하였는가?	
용모	• 배지를 바르게 달았는가? • 용모(헤어, 손톱, 액세서리)가 단정한가?	

기물 관리	• 기물은 닳거나 흠이 나지 않고 깨끗한가? • 메뉴판은 흠이 나지 않고 깨끗한가? • 실내는 청결한가? • 업장에서 심각한 소음이나 냄새가 나오지 않는가? • 레스토랑의 온도는 쾌적한가? • 선곡된 음악이 영업장의 분위기와 잘 어울리는가?	
상품	• 음식의 양은 적당한가? • 음식의 맛은 좋은가? • 음식의 프레젠테이션(색깔 및 구성)은 좋은가? • 음식의 온도는 적당한가?	
고객 경험	• 직원으로부터 환영받았다고 느끼는가? • 직원은 나를 진심으로 이해하고 케어하려고 노력했는가? • 컴플레인 또는 요청에 대해 적절한 조치를 취하였는가? • 지인에게 이곳을 추천할 수 있는가? • 직원의 서비스 스킬은 전문가다운가?	

자료: S호텔 식음료서비스 미스테리 쇼퍼 체크리스트

(3) 미슐랭가이드와 미스테리 쇼퍼

타이어제조회사가 음식을 평가하고 미식가이드 책을 낸다는 것은 매우 이례적인 일이다. 세계 각국의 구르메들에게 식재료의 질, 요리기술의 수준, 독창성, 가치에 맞는 가격, 요리전체의 일관성 등 심사기준을 가지고 엄격한 평가 및 신뢰도를 확보하여 정보를 제공하고 있다. 레스토랑의 수준을 다음과 같이 나눈다. 미스테리 쇼퍼는 평범한 고객으로 가장하여 수차례 방문 후에 상기 항목을 기준으로 평가하며 아울러 위원회 심사를 통해 최종 결정한다.

★★★ 별 셋: 맛보기 위해 여행을 떠나도 아깝지 않은 집

★★ 별 둘: 맛보기 위해 멀리 찾아갈 집

★ 별 하나: 특별히 훌륭한 집

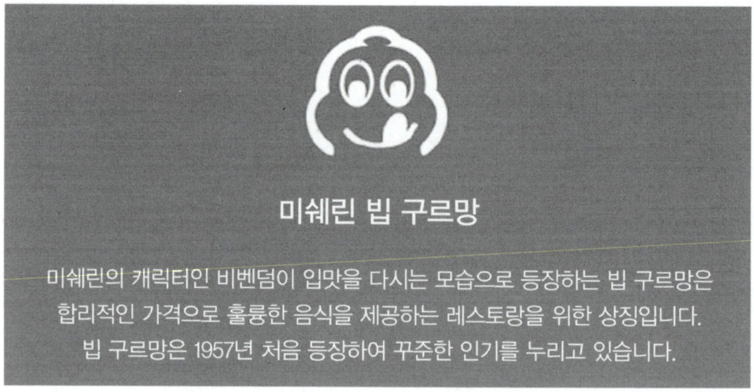

그림 5-13 미쉐린 구르망

표 5-2 2021년 한국 미슐랭가이드 리스트

구분	업체명
3스타	가온, 라연
2스타	권숙수, 모수, 밍글스, 알라 프라마, 정식당, 코지마
1스타	떼레노, 라망 시크레, 라미띠에, 묘미, 미토우, 보트르 메종, 비채나, 스와니예, 스테이, 세븐스도어, 에빗, 오프레, 온지음, 유 유안, 익스퀴진, 제로 콤플렉스, 주옥, 테이블포포, 품, 피에르 가니에르, 한식공간

서비스 열전

힐튼(Conrad N. Hilton, 1887-1979)

힐튼은 경영합리화 전략 통한 근대 호텔의 전형을 제시하였다. 미니맥스(minimax)란 신조어를 경영 슬로건화했는데 “A Minimum charge for maximum service”의 줄임말이다. 최대한의 서비스가 경영의 존립과 직결된다(심기성, 1992).

힐튼호텔은 화려함, 안락함, 자동화 등으로 심려깊게 조화를 이룬다. 시사주간지 TIME은 힐튼의 삶은 사람들의 기호나 바람은 동등하다는 믿음에 뿌리를 두고 있으며 그는 중류계층의 안락함에 주안점을 두고 있다고 평가하였다(오정환, 1995). 서비스와 관련해서도 항상 친절하게 1일 24시간 중단 없는 친절한 분위기를 연출하였다. 직원들이 모닝콜을 할 때도 “good morning, sun is shining and brightly”라는 인사를 하게 하였다(심기성, 1992).

힐튼 보도기사

TIME(1963. 7)

최초의 호텔을 텍사스에서 시작하여 경영계약(management contract)을 통해서 확대를 해나가고 또한 스타틀러가 코넬대학교에서 그러했던 것처럼 휴스턴대학교 호텔경영대학에 투자를 함으로써 후학을 양성하였다. 또한 “신뢰를 잃는 것은 신앙을 버리고 희망을 잃는 것과 같다. 만약 그것을 잃는다면 죽은 것이나 마찬가지다”라는 메시지를 통해 서비스의 기본은 신앙과 같은 신뢰에 있다는 것을 저서 『Be my guest』에 명시하고 있다.

엔터테인먼트로 배우는 서비스

파운더 존 리 행콕 감독 (2016)

1954년 미국. 52세의 한물 간 세일즈맨 레이(마이클 키튼)는 밀크셰이크 믹서기를 팔며 전국을 돌아다니던 중 캘리포니아에서 '맥도날드'라는 식당을 발견한다. 주문한 지 30초 만에 햄버거가 나오는 혁신적인 빠른 시스템과 식당으로 몰려드는 엄청난 인파, 그리고 강렬한 '황금아치'에 매료된 '레이'는 며칠 뒤 '맥도날드' 형제를 찾아가 그들의 이름을 건 프랜차이즈를 제안한다.

오랜 설득 끝에 계약을 체결하지만 공격적인 사업가 '레이'와 원칙주의자 '맥도날드' 형제는 사사건건 갈등을 빚는다. 답답함을 느낀 '레이'는 '맥도날드' 형제의 의견을 무시한 채 사업을 확장하기 시작한다.

출처: 네이버 영화 (movie.naver.com)

"필요하다면, 반드시 손에 넣어라!"

불타는 야망으로 모든 것을 집어삼킨 남자, 레이 크록

- 이전의 레스트랑을 운영하던 사람들과 비교해서 레이 크록은 신인류라고 할 수 있다. 이는 그의 오랜 세월 동안 세일즈맨 경력과도 무관하지 않다.

"맥도날드의 출발은 가족이지, 돈이 아니야!"

순박한 열정으로 오직 햄버거만을 생각한 '맥도날드' 형제

- 레이 크록의 비즈니스 수완에 밀린 추억과 낭만의 레스토랑 비즈니스 세대. 사업 능력이 없는 레스토랑 사업가로 비칠지도 모르지만 고객을 가족과 같이 생각하는 마음, 돈뿐만이 아니라 따스한 가치를 추구한다. 또한 무엇보다 중요한 것은 오늘날의 맥도날드는 그들 형제로부터 시작되었다는 점이다.

출처: 필름네이션 엔터테인먼트 등

CHAPTER 06 서비스 품질

측정할 수 없으면 개선할 수 없다.
What is not measured is not managed.
– 피터 드러커

Chapter

06 서비스 익스프레스

측정할 수 없으면 개선할 수 없다(What is not measured is not managed). (피터 드러커)

→ 서비스 품질은 보이지 않는 대상을 보이지 않는 도구로 측정하는 매우 어려운 작업이다. 그럼에도 불구하고 서비스 품질은 측정되고 관리되어야 한다.

1. 서비스 품질의 개념과 의의

서비스 품질은 측정하기 어려운 서비스에 서비스의 품질을 둘러싼 고객과 서비스 직원의 인식 차이를 극복하기 위한 노력이다. 서비스 품질은 고객만족과 직결되므로 매우 중요하다.

2. 서비스 품질 이론

PZB의 기대성과이론에 따라 서브퀄(SERVQUAL)을 소개하였으며 서비스 전달 과정의 갭을 통해 서비스 품질관리 포인트, 서비스의 5가지 품질차원을 다루었다.

3. 서비스 품질관리

서비스 품질관리는 사람, 방법, 일을 단계적으로 밟아 나가야 함을 명시하였으며 서비스 보증 및 대기행렬 관리를 포함하여 논의하였다.

키워드

공감성, 기대, 대기행렬, 대응성, 서브퀄, 서비스 보증, 서비스 품질, 서비스 품질의 갭, 성과, 신뢰성, 유형성, 품질, 확신성, SERVPERF, SERVQUAL, PZB

도입사례

이젠 설성반점 짜장면 못 먹는다니…
30년 넘게 캠퍼스 후문 지켰지만 사고 · 경영난에 폐업

"이미 주문한 짜장면을 짬뽕으로 바꿀 수 없는 가게였어요. 가게 이름처럼 '번개'같이 배달됐거든요. 전화번호가 아직도 저장돼 있는데 이젠 다신 전화 걸 수 없다니."

서울 성북구 고려대 안암캠퍼스 정경대학 후문 옆을 30년 넘게 지켜온 중국집 '설성 번개반점(설성)'이 지난 1일 문을 닫았다는 소식에 졸업생 김동영(32) 씨는 짙은 아쉬움을 전했다.

그의 얘기처럼 1987년 개업한 설성은 고대생 상당수에게 '짜장면집 이상'의 추억을 남긴 전설 같은 가게였다. '이 가게의 모든 음식은 만들어져 있다'는 소문이 돌 정도로 빠른 조리, 타의 추종을 불허하는 빠른 배달에 웬만한 고대 졸업생 휴대폰엔 설성 전화번호가 저장돼 있었다고 한다.

가게 주인 김태영(84) 씨의 소소한 인심도 학생들에겐 큰 울림이었다. 졸업생 정모(32) 씨는 "배고픈 청춘들을 위해 '곱빼기 같은 보통'을 내주거나, 짜장 그릇에 군만두를 하나씩 떨어뜨려 주는 등 인심이 좋았다"며 "배도 채우고 영혼까지 달랬던 식당이었다"고 했다. 짬뽕에 소주를 들이키며 어려운 가정형편을 걱정하던 학생들에겐 '오늘은 그냥 가고, 나중에 잘 돼서 비싼 거 사먹으라'며 돈을 안 받은 날도 있었다고 한다. 1980년대 후반 학생운동 당시엔 경찰을 피해 도망가던 운동권 학생들의 도피처가 되기도 했다.

30여 년 간 고대생들의 사랑을 받던 설성이 문을 닫는 이유는 김 씨의 교통사고와 경영악화다. 김 씨는 "매일 오전 6시 경동시장에서 식자재를 직접 실어 나르며 운영비를 절약해 왔는데, 몇 달 전 어깨를 크게 다쳐 운전이 어려워졌다"고 말했다. 임대료와 인건비 상승도 말 못할 고충이었다고 한다. 폐업 3일째, 김 씨 마음은 여전히 소외된 곳에 향해 있다. 그는 "매년 고향인 충북 음성군 시각장애인단체 나들이 행사를 해왔다"며 "몸이 회복되는 대로 노인들이 저렴한 가격에 즐길 수 있는 칼국수집을 차리고, 소소한 수익이라도 생기면 음성에서 해온 후원 사업도 계속하며 여생을 보내고 싶다"고 밝혔다.

출처: 연합뉴스 (2018.06.03).

학습목표

01 서비스 품질은 왜 측정하기 어려운지 제조업 품질과 비교하여 말할 수 있다.

02 본인이 최근 받은 서비스를 회상해 보고 PZB의 5가지 품질차원이 어떻게 구현되었는지를 알아본다.

03 본인이 서비스를 받기 위해 최근 줄을 서 본 경험을 회상해 보고 당시의 심정을 공유한다.

1 서비스 품질의 개념과 의의

1) 서비스 품질이란 무엇인가

(1) 품질의 개념

품질(品質, quality)은 제품이나 서비스가 가지고 있는 고유의 성질과 성능이며 사용목적 혹은 사용자의 요구를 만족시키는지 여부를 결정짓는 기준이 된다. 상품의 우수성과 탁월성을 강조하는 것이 제조업에서 보는 품질의 관점이라면, 사용자의 인식과 평가를 강조하는 것이 서비스업에서 보는 품질의 관점이다. 미국표준협회 및 미국품질관리협회에서는 품질이란 '주어진 욕구를 충족시키는 능력과 관계있는 제품 내지 서비스의 특징 및 그 특성 전체'라고 하였다.

제조업에서 품질은 등급(grade), 사용적합성(fitness for use), 일관성(consistency) 등으로 구성된다. 공장에서는 제품이 대량생산을 거쳐 시장으로 나가기 전에 신뢰성 테스트를 하는데 극한 조건을 부여하여 이를 얼마만큼 견뎌내는지를 측정하고 이에 따라 품질을 확보한다. 냉장고 문을 얼마만큼 개폐해야 고장 나는가, 온도가 얼마나 내려가야 자동차 시동이 걸리지 않는가 등이다.

제조업은 1980년대 말부터 고객만족 경영기법으로서 품질경영(QM: Quality management) 기법을 도입하였다(함봉수, 1999). 그리고 품질관리 부서 중심에서 전사(全社)로, 그리고 외부 고객으로 확장하였다. 이른바 생산된 물건에 대한 품질관리를 서비스 상품에 도입한 것이다. 생산자 중심에서 소비자 중심의 품질이라는 등 새로운 과제가 대두된 것에 대한 전략적 변화였다. 원래 서비스는 제품과 같이 품질 구현이 어렵다는 시각이 있었고, 서비스 고유의 특성으로 인해 상대적으로 서비스 품질에 대한 관심이 저조하였다.

(2) 서비스 품질

서비스 품질(service quality)이란 서비스의 전달과정에서 고객이 서비스의 고유한 성질과 사용목적은 무엇이며 그것이 나의 욕구를 만족시켰는가를 종합적으로 판단을 내린 등급, 사용적합성, 일관성이다. 고객의 기대(expectation)에 비해 상대적으로 훌륭하고 우월한 서비스를 제공하는 것이 서비스 품질을 확보해 나가는 방법이다. 서비스 품질은 서비스를 받는 사람의 인식에 의해 결정된다. 소문이 좋게 나면 서비스에 대한 기대도 올라간다. 즉 가격이 제시된 서비스에 대하여 흔쾌히 대가를 지불할 때 서비스 품질이 확보되었다고 한다. 그론루스(C. Gronroos)는 '인식된 서비스의 질'이라고 하였다. 따라서 서비스에 대한 인식이 곤란하거나 상호 기대가 어긋날 경우 품질의 문제가 발생한다.

제조업에서 제품품질은 표준화를 통해서 확보되었다. 따라서 제조업적 패러다임에서의 품질을 서비스에 적용하여 서비스 품질의 표준화가 시도되었다. 서비스의 표준화는 모든 서비스를 구성하는 사물과 활동을 동일화, 단순화한다. 따라서 제공자와 수혜자 모두가 품질수준에 대해 예측할 수 있고, 직원 역시 서비스 수행 시 편안함을 느낀다(조선배, 2001). 다수의 고객이 기대한 햄버거와 실제 제공된 햄버거의 크기와 맛이 동일하다면 제품품질이 확보된 것이다. 다수의 고객에게 동일한 인사말과 미소를 짓는 것이 서비스 품질의 표준화 노력이다.

(3) 제조업과 서비스업의 품질

서비스 품질은 만족(satisfaction)과 차이가 있다. 그럼에도 불구하고 현장에서 혼용해서 쓰인다. 대체적으로 품질이 좋으면 만족에 영향을 준다.

품질은 장기적이고 전반적인 평가이지만 만족은 일시적이고 특정 상황에 따른 판단이라는 차이가 있다. 품질은 대체적으로 기업의 의지로서 목표로 수립되며 수량화를 통해서 관리되어 나가는 반면, 만족은 기업의 목표로 관리대상도 되지만 고객 입장에서 주관적인 기대치의 충족이 강조된다. '품질에는 타협이 없다'는 것이 기업의 의지라면 "기대한 만큼을 얻었어요"는 고객이 만족했을 때 코멘트라고 할 수 있다.

서비스 품질은 선행요소로서 고객만족의 원인이 되고 따라서 품질은 만족에 영향을 준다. 고객의 만족은 고객의 재구매와 타인추천 의도, 즉 충성도에 영향을 준다. 더 나아가 충성도가 높은 고객을 확보하는 것은 기업의 생산성과 수익 및 성장에 좋은 영향을 준다. 매일 아침마다 들려서 늘 같은 메뉴를 주문하는 고객이 많다면 식당 주인은 식자재 소요량을 쉽게 예측할 수 있고 재고가 쌓이는 두려움에서 벗어나며 늘 같은 음식을 생산함으로써 학습능력 제고로 음식의 맛을 좋게 할 수 있다. 맛좋은 음식은 새로운 고객을 끌어들인다. 다만 중요한 것은 서비스에는 마음이 담겨야 하므로 단골에게 비록 같은 서비스를 제공하여 육체적 노고는 덜 수 있겠지만 단골고객에게 감사하는 마음의 무게는 유지해야 한다.

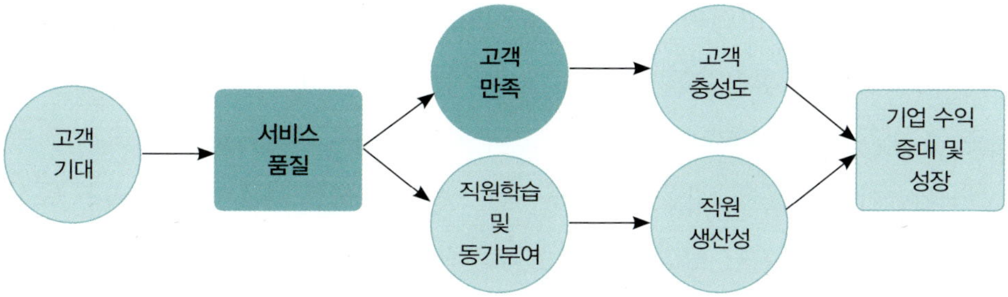

그림 6-1 서비스 품질 및 고객만족의 선순환 구조

2) 서비스 품질의 의의

(1) 서비스 품질이 필요한 이유

서비스 품질은 기업의 수익 및 성장을 가져온다. 기업의 생존은 이해관계자의 절대절명의 바람이기 때문이다. 이해관계자로는 고객, 주주 그리고 직원이 있다. 서비스 품질이 좋다는 것은 직원이 높은 역량(서비스 전달 실력)을 보여주고 있다는 의미이다. 직원은 직접 고객과 대하기 때문에 높은 역량은 서비스 만족도를 높여준다. 서비스에 만족한 고객은 또 서비스를 찾게 된다.

사람들은 대부분 조금이라도 자신과 연관이 있는 매장에 가기를 원한다. 아는 사람의 소개로 "잘 알고 계시지요. 누구 소개로 왔어요"라는 말을 듣는다면 점장은 잘 기억이 안 난다 할지라도 아는 척하고 흔쾌히 할인을 해주는 연기가 필요하다. 고객은 저렴함에 감사하고 지인에게 감사할 것이다(김지노, 2008). 충성도가 높은 고객은 기업의 입장에서 영원히 기억한다. 예를 들어, 한 팀에서 오래 뛴 야구선수에게 해줄 수 있는 구단으로서 최고의 보답은 영구결번이다. 이와 같이 그 사람의 자리를 남겨 놓는 것이다. 고객이 살아서 가질 수 있는 평생가치(life time value)를 존중해야 한다.

높은 충성도를 보이는 고객에 대한 서비스는 그리 어렵지 않다. 이미 서비스를 제공해왔기 때문에 고객의 기호도 등은 파악된 상태이고, 또 서비스 절차에 대하여 시간을 들여 설명할 없이 바로 서비스로 들어갈 수 있기 때문이다. 식당을 방문하는 고객과 웨이터가 친밀해지면 고객 확인 소요시간이 줄어들고 고객도 예상이 가능하기 때문에 해당 고객에게 서비스를 제공하는 비용이 감소된다. 충성스러운 고객은 개선된 생산성에 만족하고 또 개인적인 서비스에 보다 가치를 둔다(생산성 제고). 생산성이 높다는 것은 투입대비 산출이 크다는 것이다. 따라서 들어가는 요소(원가) 대비 나오는 요소(매출액)가 크면 기업은 성장할 수밖에 없다.

(2) 서비스 품질은 측정이 어려움

서비스 품질을 규정하고 정의하는 것은 매우 어렵다. 그 이유는 측정대상, 측정도구, 측정 주체에 문제가 있기 때문이다. 즉 보이지 않는 대상을 보이지 않는 측정도구로 주관적인 사람이 측정하는 데 근원적인 문제가 있다.

① 측정 대상의 고유한 특성

무형적이고 동시적인 서비스 고유의 특성은 객관적인 품질을 측정하기 어렵게 한다. 바로 사라지는 서비스를 측정하기는 어렵다. 휴대폰의 통화품질, 자동차 앞을 비추는 전조등은 시각적 · 청각적으로 확인이 쉽기 때문에 쉽게 품질을 측정할 수 있다. 그러나 문앞에 들어설 때 보이는 직원의 미소는 측정하기 어렵다.

② 측정도구의 모호성

서비스의 품질을 측정하는 데에는 측정도구의 척도(scale)가 필요한데 정확한 측정이 무엇인지에 대하여 합의를 이루기 어렵다. 신장을 재거나 체중을 재는 데는 정확한 도량형에 의해서 만들어진 측정도구인 자나 저울이 있지만 서비스를 구성하는 요소에 대해서는 많은 학자들이 서로 다른 측정척도를 제시하고 있다. 오히려 서비스 품질은 개별적 요소가 아니라 종합적이기 때문에 서비스를 생산하는 입장에서 전체의 그림을 그리는 것이 중요하다.

③ 측정을 둘러싼 이해관계자의 주관성

서비스의 제공자와 서비스의 수혜자가 서로 생산하고 소비한 서비스에 대한 품질을 다르게 바라본다. 서비스를 하는 입장에서는 제대로 된 서비스를 했는데 받아들이는 입장에서는 불충분하다고 느낄 수 있다. 따라서 서비스를 제공하는 사람은 고객이 오해할 수 있는 쓸데없는 군더더기를 제거함으로써 실수의 가능성을 최소화한다. 움직이는 것같이 또 움직이지 않는 것, 알 듯 말 듯 하면서 모르게 하는 것이 최고의 서비스이다.

(3) 서비스 품질의 구체화 방안

일반상품의 서비스 품질 수준은 제시하기가 매우 쉽다. 눈에 보이기 때문이다. 볼펜은 잉크가 새서 손을 더럽히면 품질이 좋지 않다고 한다. 두루마리 화장지는 엠보싱일 때 피부에 접촉면이 넓어져 훨씬 잘 닦인다. 이를 수치화하는 것은 매우 쉽다.

이와는 반대로 서비스 품질은 측정과 관리가 매우 어렵기 때문에 구체적인 수준을 제시하는 것이 좋다. 서비스를 주고받는 사람들이 서로 인정할 수 있고 누가 보더라도 명백하고 정확한 것은 숫자이다. 계량적인 수치는 새로운 품질수준을 고객과 종업원에게 쉽게 제시할 수 있다. 현대카드는 고객을 상담할 때 고객중심의 어구, 쉬운 말 표기, 불필요한 수식어 삭제, 사물 존칭 삭제, 핵심 어구는 도입부에 배치할 것을 강조하고 있다. 그리고 언제 어떻게 하겠는지 약속해야 한다. 품질관리를 내 · 외부적으로 용이하게 하기 위함이다.

추상적인 서비스 품질의 구체화, 즉 고객이 기대하는 바를 명확하게 구체적인 행동과 만족으로 전환시키는 것이 필요하다. 개별기업의 특성을 반영해서 누구나 이해할 수 있도록 계량화가 요구된다.

예시: 고객만족 → 신뢰성 → 약속이행 → 신속한 배달 → 시간

맥도날드는 서비스를 다음과 같이 측정하고 있다. 즉 품질목표의 달성을 고객만족기회(customer satisfaction opportunity: CSO)로 본다.

표 6-1 맥도날드 서비스 품질 항목별 점수분포

구분	항목	점수
서비스	친절도	22
	신속성	18
	정확성	17
품질	품질	26
청결	청결도	17
계		100

출처: 맥도날드 (2005).

맥도날드는 고객이 도착하면 다음과 같이 초단위로 얼마만에 서비스를 제공해야 하는지를 정하고 있다. 이를 서비스 타임 기준이라고 한다(맥도날드, 2005).

① 프런트 카운터: 60초

② 드라이브 스루 FTF(face to face): 60초

③ 드라이브 스루 COD(customer order display): 45초

④ 총 경험시간 TET(total experience time): 300초

3) 서비스 품질의 종류

(1) 탐색–체험–신뢰품질

자이다믈과 비트너(Zeithaml & Bitner)는 서비스를 측정 및 평가하기가 쉬운 것부터 측정 및 평가가 어려운 것으로 나열하면서 탐색품질, 체험품질, 신뢰품질을 제시하였다. 이에 따라 대부분의 의류, 보석 등 제품은 탐색품질에 의존하고 자동차수리, 의료진단 등 대부분의 서비스는 신뢰품질에 의존한다.

① 탐색품질(search quality)은 소비자가 제품을 구매하기 전에 파악할 수 있는 색상, 스타일, 가격, 적합성, 딱딱함 등이다. 여행사에서 크루즈 모형을 책상 위에 올려놓는 것은 고객으로 하여금 초기단계에 품질의 탁월성을 각인시키려는 노력이다.

② 체험품질(experience quality)은 고객이 구매하여 사용하거나 이용하면서 체험하는 품질이다. 구매 전에는 어떠한 분위기인지를 몰랐다가 크루즈에 직접 탑승하여 미리 준비한 이브닝드레스를 입고 영화 〈타이타닉〉의 주인공 흉내를 내보면 체험품질이 좋은지를 알 수 있다.

③ 신뢰품질(credence quality)은 서비스 자체의 품질이 좋았는지에 대하여 고객이 판단하기 어려운 품질이다. 제공된 것이 너무 전문적이고 판단하려면 제공자에 준하는 지식을 구비하기 어렵기 때문이다. 대다수의 고객은 소믈리에 만큼이나 와인에 대한 해박한 지식을 가지기 어렵다. 따라서 소믈리에의 와인 추천 서비스는 신뢰를 바탕으로 할 수밖에 없다. 이러한 신뢰품질을 강화시키는 것이 자격증이나 교육이수 증거 등이다.

(2) 환경–과정–결과품질

브래디와 크로닌(Bradi & Cronin)은 서비스의 세 가지 차원으로 다음을 제시하였다.

① 환경품질: 서비스 환경 및 물리적 환경, 즉 서비스를 제공받는데 환경이 어떠하였는가?(when, where, by whom의 차원)

② 과정품질: 전달과정의 상호작용, 즉 서비스를 제공받는 과정이 어떠하였는가? (how의 차원)

③ 결과품질: 핵심상품의 결과 품질, 즉 어떤 품질의 서비스를 결과적으로 획득하였는가? (what의 차원)

그림 6-2 명동 하동관의 품질 표시

2 서비스 품질 이론

1) PZB의 기대성과이론

(1) 서브퀄

서비스 품질은 서비스를 제공받는 고객이 서비스에 대해 품었던 기대와 성과 간의 차이이다. 서브퀄(SERVQUAL)은 서비스(service)+품질(quality)의 약자로 서비스의 품질 차원을 설명하는 대표적인 개념이라고 할 수 있다.

파라슈라만(Parasuraman)과 자이다믈(Zeithaml), 베리(Berry)는 소비자행동을 서비스 품질의 개념과 통합하여 논의하였으며 서비스 품질을 측정할 수 있는 도구를 개발했다. 그들은 97개 문항을 추출 및 정제한 후에 유형성, 신뢰성, 대응성, 확신성, 공감성의 5가지 차원과 이하 22개의 문항을 확정지었다. 5개의 품질 차원(요인)은 머리글자를 따서 'RATER'라고 한다.

고객의 기대수준은 남에게 들은 구전(口傳), 개인적인 욕구 그리고 과거에 비슷한 서비스를 받았던 경험 등에 의해 형성된다. 그러나 이러한 기대수준을 세세하게 구분해 보면 유형성, 신뢰성, 반응성, 공감성, 유형성 등으로 나누어진다. 고객의 입장에서는 기대하는 서비스 품질이 포괄적, 종합적 그리고 비교적 막연하게 떠오르지만 사실은 이러한 5가지 요소의 합(合)이다.

고객은 서비스를 받고 난 후에 서비스 결과에 대한 인지(PS: perceived service)와 최초에 했던 서비스에 대한 기대(ES: expected service)를 비교한다. 쉽게 이야기하면 전후관계(before & after)이다. 기대보다 인지가 크면 품질이 매우 좋다고 생각하며 감동을 한다. 만족 이상이라는 것이다. 기대와 인지가 같으면 품질이 좋다고 생각하며 만족을 한다. 즉 기대한 만큼 서비스를 받았다는 것이다. 기대보다 인지가 작으면 품질이 안 좋다고 생각하며 불만족이 일어날 것이다.

이 이론의 한계점이 있는데 수준의 형성, 즉 이상적인 기준과의 비교와 예견된 서비스와 차이를 어떻게 극복할 것인가, 그리고 기대와 지각서비스를 함께 측정하기 때문에 응답자 측정대상자에게 정보과잉의 부담 등에 대한 문제가 있다.

ES < PS : 만족
ES = PS : 차이 없음
ES > PS : 불만족

고객에 기대는 마치 체내에 있는 비만세포와 같이 급격하게 팽창한다. 사전기대가 비대해지는 이유는 다음과 같다.

① 영업을 위해서라면 어떠한 서비스라도 하겠다는 마음가짐
② 고객과의 계약조건을 초과하는 서비스가 당연하다는 생각
③ 경쟁기업과의 게임의 규칙(rule)을 어기는 소모적 서비스 경쟁

비록 앞의 세 가지와 같이 무리수를 두어 고객의 기대에 맞추었다고 하나 실제 평가는 그리 좋지 못하다.

① 고객의 기대를 맞추어도 기뻐하지 않는다.
② 고객의 기대를 맞추어도 강한 인상을 남기지 못한다.
③ 고객의 기대를 맞추었는지 고객이 알지 못한다.

(2) 서비스 품질의 격차

서비스 전달체계 전반에 발생하는 격차(gap)를 이용하여 서비스 품질 평가, 기업 내부의 요인에서 고객과의 접촉까지 품질상의 문제를 보다 체계적으로 접근할 수 있다.

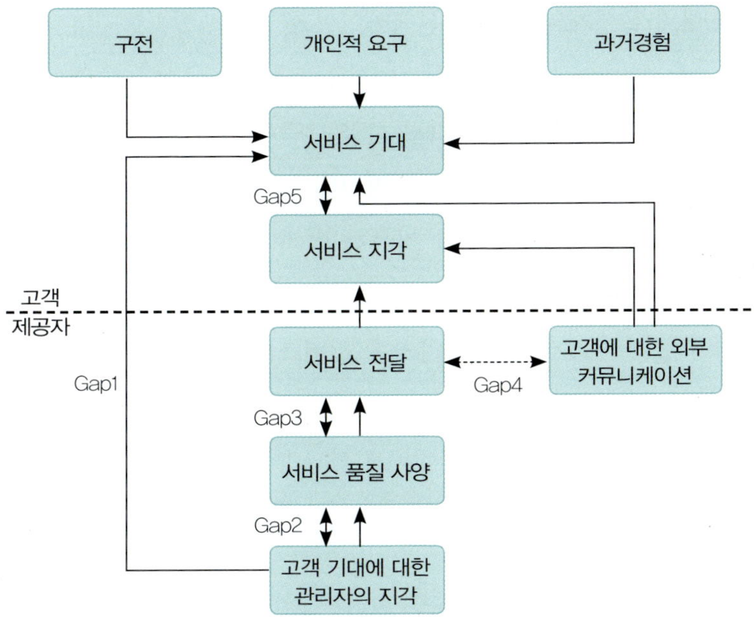

그림 6-3 GAP모델

출처: PZB 이론을 바탕으로 저자 재작성

① GAP 1: 고객의 서비스 기대와 고객기대에 대한 관리자의 지각과의 격차

고객과의 소통이 활발하지 않을 때, 고객이 기대하는 서비스가 무엇인지 의지가 없는 경우, 고객기대에 응대할 준비가 되어 있지 못한 경우 발생한다.

→ 과제: 고객에 대한 이해가 필요, 경청을 통해 기대를 제대로 파악

② GAP 2: 고객기대에 대한 관리자의 지각과 서비스 품질사양 격차

고객이 어떠한 기대를 가지고 있을 것이라는 관리자의 지각을 서비스 품질 사향으로 전환하는 데 실패하여 생기는 격차이다. 서비스는 무형적이기 때문에 알고는 있는데도 불구하고 이를 표현하지 못하는 경우가 종종 발생한다.

→ 과제: 서비스 디자인, 서비스 설계와 표준의 갭, 고객의 기대수준에 맞는 적

합한 서비스 설계와 표준을 선택하여야 함

③ GAP3: 서비스 품질 사양과 서비스 전달 간의 격차

어떠한 서비스를 제공해야 한다고 명시해 놓은 것과 실제 서비스가 이루어진 것과의 격차가 발생한다. 연극에 비유하면 각본과 연출이 서로 따로 노는 것이다. 종업원으로 하여금 서비스 품질 사양에 맞도록 교육훈련을 할 필요도 있고 또 현장에서 실제 이루어지는 서비스를 서비스 사양과 동떨어지게 만들어 놓은 것도 있다.

→ 과제: 적합성 관리가 필요, 서비스 성과 갭, 즉 서비스 표준을 현장에서 제대로 제공하지 못함

④ GAP4: 서비스 전달과 고객과 외부 커뮤니케이션 간의 격차

제공되는 서비스가 고객이나 외부적으로 잘못 알려진 경우이다. 역으로 마케팅 등을 통해 고객에게 약속한 서비스를 현장에서 제대로 이행하지 못하는 것도 마찬가지이다.

→ 과제: 의사소통 갭이 있어 커뮤니케이션 필요, 약속한 서비스와의 차이 최소화

⑤ GAP 5: 서비스 지각과 서비스 기대의 차이

제공되는 서비스가 고객이 기대하는 것과 다를 때 발생한다. 전 과정에서 발생하는 갭(gap)이 원인이다.

→ 과제: 고객만족 관리, 일관성 있는 서비스 품질 관리

(3) 서비스 품질차원

① 유형성(tangibles)

서비스 제공을 위해 사용하는 물적인 시설이나 장비 혹은 서비스 제공자의 외모 등을 나타내는 서비스 품질의 속성을 말한다. 예를 들어, 최신식 장비와 컴퓨터 시설을 갖추고 호텔과 같이 아늑하고 고급스러운 분위기를 연출하는 진료실에서 외모가 단정한 간호사의 안내를 받는다면 그 자체로 환자는 높은 수준의 서비스 품질을 지각하게 된다는 것이다. 이를 위해서 직원은 항상 자신의 일터와 자신의 모습을 깔끔하고 쾌적하게 만들어야 한다. 또 반짝거리는 보틀(bottle)은 깔끔한 서비스를 연상케 하고, 즉 언제나 찾을 수 있게 대응성을 갖춘다. 크루즈의 오피서 하얀 제복은 해상이라는 독특한 분위기와 함께 높은 지위에 있어 보이는 사람으로부터 서비스를 받는다는 특별함의 대우를 만끽할 수 있다. 빨간 옷을 입은 웨이트리스는 다른 색깔의 옷보다 더 많은 팁을 받는다는 연구는 서비스의 유형성이 경영성과와 깊은 관계가 있음을 보여준다.

② 신뢰성(reliability)

고객에게 약속한 서비스를 믿을 수 있고 정확하게 수행해 줄 수 있는 능력을 나타내는 서비스 품질의 속성을 말한다. 고장이 난 승용차를 가지고 온 고객에게 적극적으로 문제의 원인과 수리방법을 설명해 주며, 고객과 약속한 시간에 정확하게 정비를 마칠 수 있도록 준비하고, 고객의 정비기록을 정확하게 관리하는 회사라면 서비스 신뢰성이 높은 정비회사가 될 수 있을 것이다. 그리고 고장 수리가 완료된 상품은 항상 시간에 맞추어 전달한다. 항상 손님의 주문을 복창한다. 복창을 많이 한 서비스맨이 팁을 받을 확률이 높다. 실수를 하지 않기 때문이다. 항공사의 정시 출발은 신뢰성의 대표적인 척도가 된다.

③ 대응성(responsiveness)

고객을 적극적으로 도우려는 자세를 가지고 있으며, 신속하게 서비스를 제공할 수 있는지를 나타내는 서비스 품질의 속성을 말한다. 수리를 요청하는 고객에게 정확한 출장수리 방문시간을 알려주거나, 고객의 수리요청에 대해 보다 신속하게 대응하고, 사용하는 제품의 상태에 대하여 정기적인 점검서비스를 제공해주는 서비스 센터는 대응성 품질수준이 높은 조직이라고 할 수 있다. 어떤 상품에 대하여 궁금해 할 때 즉시 정보를 제공해야 한다. 벨이 세 번 울리기 전에 전화를 받고 "많이 기다리셨습니다"라는 멘트를 반드시 해야 한다. 대응성을 높이려면 종업원의 서비스 동작의 최소화하고 같은 동작의 반복을 최대한 금지해야 한다. 누구나 천천히 하면 좋은 서비스를 할 수 있다. 문제는 제한된 시간에 빨리 해내야 한다는 것이다. 판매와 연관지어 보면 제한된 예산, 시간, 그리고 사람이라는 자원의 압박과도 밀접하다. 웨이터는 'do not go empty hand'라는 말을 항상 명심해야 한다. 즉 끊임없이 홀과 주방을 오갈 때 뭔가 손에 들고 다녀야 한다는 것이다. 일본계 비즈니스 호텔체인 토요코인의 아침식사 및 체크인 서비스는 긴급도가 높은 손님을 '대응'하는 매우 '대응성' 높은 운영방식이다. 손님이 "저기요 ○○ 좀 더 주세요" 할 때 비로소 서비스를 제공하면 그 서비스의 가치가 반으로 줄어든다. 중간 서비스, 즉 고객에게 눈을 떼지 않는 것이 중요하다.

④ 확신성(assurance)

종업원들이 서비스 제공에 필요한 지식과 정중함을 갖추고 있으며, 고객에게 믿음과 확신을 심어줄 수 있는 능력을 가지고 있는지를 나타내는 서비스 품질의 속성을 말한다. 고객에게 항상 공손하고, 신뢰감을 심어주며, 고객서비스를 위해 필요한 교육과 훈련을 잘 받은 종업원을 가진 기업이라면 확신성 측면에서 품질수준이 높은 회사가 될 수 있을 것이다. 이러한 회사에서 근무하는 고객응대 직원은 걸음을 걸을 때 등을 펴고 상냥한 미소로 주의를 살피며 몸을 흔들지 않고 신체를 바르게 유지하고 불필요한 발소리는 내지 않으며 무릎을 구부리지 않고 흐트러짐 없이 똑바로 걷는다.

항공사 기장의 무사고 비행기록은 서비스 품질에 대한 확신성을 높여준다. 중요한 계약에는 고객 앞에서 고급 만년필을 쓰면서 본인이 고품질 서비스를 할 수 있다는 것을 간접적으로 어필해야 한다. 고객이 피자를 주문하려고 하는데 직원이 자다 깬 목소리로 전화를 받으면 피자의 위생상태가 의심된다. 첨단장비를 구하려는 손님과 대화하는데 어린아이와 같은 언어를 쓰면 안 된다(김지노, 2008).

⑤ 공감성(empathy)

고객을 배려하고 개별적인 관심을 보여줄 수 있는 능력을 나타내는 서비스 품질의 속성을 말한다. 고객의 민감한 욕구를 알아서 이해를 할 수 있는 능력이다. 정기적으로 검진이 필요한 시기를 알려주고, 환자의 개인적인 사정을 고려하여 진료시간을 예약하며, 직장인들을 위한 야간진료시간을 운영하고, 환자의 재정적 형편을 고려하여 다양한 진료비 납부제도를 시행하는 병원은 공감성 측면의 서비스 품질을 높게 평가받을 수 있을 것이다. 예전에 모 코미디프로에서 전화 피싱을 소재로 다루었는데 "고객님 많이 당황하셨어요?"라는 말이 유행된 적이 있다. 물론 가짜 공감성이다. 앞선 비행기가 늦게 도착하여 턴어라운드할 동안 미안하다는 코멘트는 감정을 살려야 한다. 무미건조하게 미안한 감정이 전혀 실리지 않은 미안은 오히려 고객이 분노를 자아낼 수 있다.

"Ladies and gentlemen, we are very sorry, but Flight 235 service from SEOUL to New York has been delayed due to the foggy weather. We will make another announcement in an hour to update you about the weather condition. If the weather condition improves, we will begin boarding the flight."

공감은 다음과 같은 효과를 가져온다.

① 사회적 관계의 매력도 증진(social attractiveness)하게 해서 직원을 고객과 친밀하게 만들고 서로 호감을 갖게 한다.

② 상호간의 적절한 행동양식 조율(model for attunement)하게 해서 어떻게 하면 서로 마음을 통하게 하고 신뢰를 이룰 수 있을지를 경험하게 한다.

③ 기쁨과 라포(pleasure and rapport)를 형성하게 하여 고객을 대하는 것이 즐거워지고 서비스가 즐거워진다.

표 6-2 서비스 품질 속성 측정 문항

차원	품질 속성
유형성	1. 최신시설, 설비 보유 2. 시설의 시각적 매력 3. 직원의 복장 및 외모 4. 업무에 적합한 시설과 분위기
신뢰성	5. 약속한 시간에 업무처리 6. 고객의 문제에 관심과 해결 7. 정확한 업무 수행 8. 약속한 시간 내의 서비스 제공 9. 업무기록의 정확한 유지
반응성	10. 서비스 제공시간의 알림 11. 즉각적인 서비스를 제공 12. 고객을 도와주려는 자발적 태도 13. 고객의 요구에 신속한 반응
확신성	14. 정확하고 믿을 수 있는 직원 15. 종업원과의 거래에 대한 안전 확보 16. 종업원들이 친절하고 예의바름 17. 업무수행을 위한 직원들의 전문지식
공감성	18. 기업의 고객 개인에 대한 관심 19. 고객들에게 편리한 영업시간 20. 직원들의 고객에 대한 개인적 관심 21. 진심으로 고객의 이익 배려 22. 직원들의 고객 필요 이해

2) 기타 품질이론

(1) 그론루스(Gronnos)의 서비스 품질

기업이 제공하는 서비스의 종류와 그것을 어떻게 제공하는가에 의해 기업의 이미지가 집약되며 이를 통해 고객은 서비스 품질을 지각한다는 것이다. 기술적 품질이란 고객이 서비스 제공 주체로부터 받은 결과물에 대한 품질로서 객관적으로 측정한다. 반면 기능적 품질은 서비스를 제공받는 방법의 품질로서 고객에 의해 매우 주관적인 방법으로 인식된다.

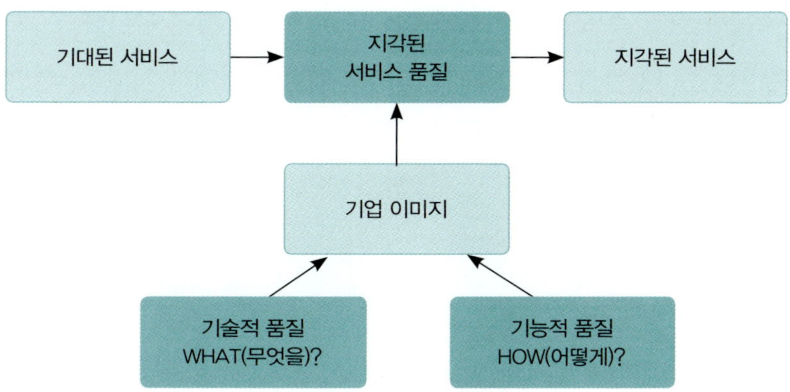

그림 6-4 서비스 품질

출처: Gronnos (1984).

(2) 크로닌과 테일러(Cronin & Taylor)의 SERVPERF

크로닌과 테일러는 PZB 모델의 근간을 두고 있는 기대와 지각된 서비스 품질 간의 차이를 조사하는 측정방법을 비판하고 소비자의 지각된 성과만으로 서비스 품질을 측정하는 것이 최적이라고 하였다.

소비자의 서비스에 대한 기대가 이전의 경험을 토대로 이루어지는 것이기 때문에 서비스에 대한 인지된 성과만이 서비스 품질에 대한 소비자의 지각을 가장 잘 반영하는 것이다. 즉 서비스 품질은 성과만의 척도가 되어야 한다는 입장이다. 이를 Performance-only 척도/SERVPERF라고 한다.

(3) 카노(Kano)의 품질모형

고객의 만족도에 영향을 미치는 요인을 분류하고 순위를 정하기 위해 만들어 낸 품질모형이다. 기존의 논의들을 보면 고객의 품질은 대개 일원적 품질이라는 전제하에 고객의 요구가 충족되면 만족을 느낀다고 하였다. 그러나 서비스가 제공된다고 해서 높은 품질을 보장하는 것이 아니라는 점, 즉 서비스 품질의 비대칭성을 주목하였다. 즉 모든 서비스가 만족을 가져오는 것은 아니다.

상품을 기획할 때 각각의 구성요소에 대해 고객이 기대하는 만족, 불만족이라

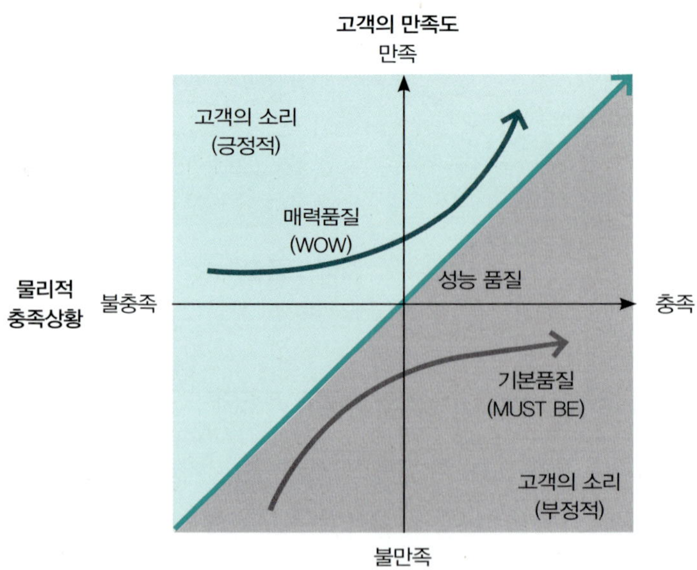

그림 6-5 카노모델

출처: 카노 (1993).

는 주관적 차원과 고객 요구사항에 제품, 서비스에 대한 물리적 충족, 불충족의 객관적 차원을 함께 고려하는 품질의 이원적 인식방법을 제시하였다. 따라서 일부는 제공이 되어도 만족도에 영향을 미치지 않지만 또 다른 속성은 제공이 되지 않으면 불만족의 원인이 될 수 있다. 다양한 고객의 요구상황을 인식하고 문제해결을 제시하지만 모든 고객이 똑같은 만족을 느끼는 것은 아니다.

Service Break

카페에서 느끼는 품질

- 달팽이관 friendly: 카페에 BGM이 빠질쏘냐, 우리의 달팽이관이 얼마나 행복하게 하는지 표현해 보았다.
- 노트북 friendly: 우리 같은 부랑자들에게 와이파이와 콘센트가 필수다.
- 위 friendly: 지금 필요한 것은 오래도록 제대로 쓰지 않아 녹슬고 잘 가동되지 않는 기계에 칠할 기름이다. 우리의 뇌를 넣은 항목, 절대 우리가 식신이라 넣은 것은 아니다.
- 벼락 friendly: 난 워낙 성실해서 밤샐 이유가 없지... 않고 매 시험기간마다 밤을 샌다. 24시간 하지 않는 카페는 벼락치기들에게 옳지 못한 선택, 그리고 일찍 문을 닫는 곳은 더욱.
- 조명 friendly: 조명 중요하다. 공부할 때도, 공부하다 인증 셀카 찍을 때도 중요하다.
- 척추 friendly: 오래 앉아 있을 때 우리의 인체에 해로우면 안 된다. 얼마나 편한지 알아보았다.
- 지갑 friendly: 그러하다. 우리 모두 돈이 없다. 같은 처지 아닌가? 그래서 각종 혜택이 있는지 알아보았다. 멤버십은 날 호갱으로 만들지.
- 카페인 friendly: 커피인심테스트를 한번 해보자. 저기... 리필 되나요?
- 고갱님 friendly: 고갱님~들을 위해 각종 서비스를 제공하는지 여부를 체크했다.
- 미뢰 friendly: 커피맛 항목이다. 다년간 카페브러리에서 서식하여 터득한 감각으로 냉철하게 그리고 조금은 촌스럽게(내 입맛을 무시하지 말 것) 평가하였다.

3 서비스 품질관리

1) 서비스 품질의 사다리

(1) 서비스 품질 사다리의 구성

서비스 품질은 잘 보이지 않고 예측이 어려우므로 전달하는 직원이나 이를 받아들이는 고객 모두에게 어렵다. 따라서 품질은 계단을 오르듯이 차근차근 순서를 밟아 진행하여야 한다. 이에 따라 품질의 사람 차원, 품질의 방법 차원, 품질의 일의 차원으로 나누어 개선할 필요가 있다.

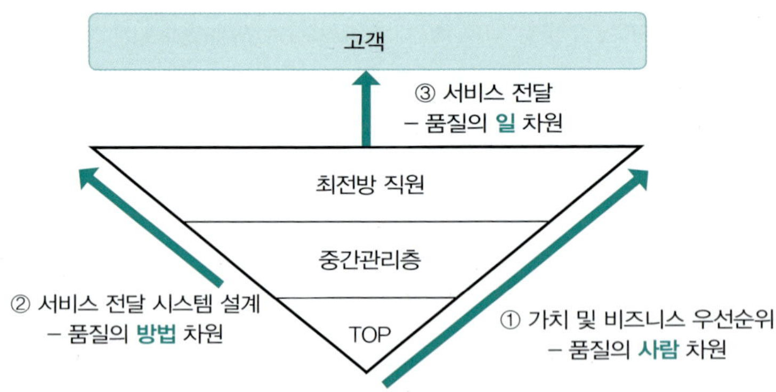

그림 6-6 서비스 품질의 사다리

(2) 품질의 사람 차원

서비스는 사람에 의해 이루어지기 때문에 사람의 품질을 어떻게 확보하느냐가 매우 중요하고 또한 제일 우선적으로 실시하여야 한다. 품질의 사람 차원이란 서비스맨이 가지고 있는 태도, 지식 그리고 스킬의 품질을 의미한다. 따라서 추구하는 가치 및 우선순위를 품질에 놓고 이에 대한 태도, 지식, 스킬을 집중하는 바람직한 인재상을 만든다.

태도는 품질의 중요함을 인식하고 이를 적극 지키려는 마음가짐이다. 맥도날드의 창업자 레이 크록은 프랜차이즈를 내준 레스토랑에서 치즈조각 개수까지 점검하면서 느슨한 품질에 대해 타협하지 않았다. 지식은 서비스를 수행하면서 필요한 일련의 체계이다. 바텐더는 바를 찾아준 손님에게 맛깔스러운 서비스를 하기 위해 음료를 내면서 그 유래를 이야기해 주면 좋다. 승무원은 고객과의 대화를 계속해서 이어나갈 수 있는 지식을 갖추어야 한다. 스킬은 서비스 그 자체로 볼 수 있다. 솜씨 있는 룸서비스 직원은 카트를 끌면서 결코 음식을 흘리는 법이 없다. 눈 앞에 있는 일을 열심히 하지 않는 자는 미래의 위대한 꿈을 꿀 자격이 없다.

(3) 품질의 방법차원

사람의 성장이 조직의 성장을 가져오듯이 사람의 품질은 조직의 품질에 영향을 미친다. 조직은 사람과 사람이 이어진 것이기 때문에 품질로 무장된 서비스맨이 역량을 발휘할 수 있도록 서비스 전달체계를 갖추어야 한다. 제대로 된 서비스 전달체계는 올바른 기능을 한다. 무질서한 상태(최저의 레벨)에서 프로세스를 만들어 나가고 하나의 표준으로 자리 잡아 구석구석 관리되어 최적화(최고의 레벨)가 이루어진 상태를 말한다. 개인플레이가 아니가 공동의 팀플레이가 되어 시스템으로 돌아가게 만드는 것이다. 단조로운 일, 중노동, 낮은 봉급, 근무시간 불규칙 등이 만연한 조직에서 항공승무원의 수면부족은 서비스 품질의 저하뿐만 아니라 개인으로서도 피부노화 및 스트레스 등 심각한 문제를 유발한다.

(4) 품질의 일의 차원

조직을 만드는 이유는 일을 하기 위함이고 일이란 눈에 보이는 성과(hard

result)이다. 조직의 일은 고객의 이익을 위해서 고객의 서비스에 대한 기대치를 이해하고 확인하며 올바른 방법에 의해 산출된 일, 즉 서비스를 고객에게 제대로 전달하는 것이다. 그럼에도 불구하고 아무리 사람의 품질이 좋고 올바른 시스템과 프로세스를 갖추었다 할지라도 산출물에 대한 최종 판단은 고객이 한다는 점을 잊지 말아야 한다.

2) 서비스 보증

(1) 서비스 보증의 개념과 의의

서비스 보증(service guarantee)이란 기업이 제공하기로 한 서비스를 약속대로 제공하겠다는 서약 혹은 확신이다. 서비스가 전달된 결과 사전에 정한 기준을 충족시키지 못할 때에는, 즉 보증이 지켜지지 않을 때에는 배상 혹은 보상을 해야 한다. 서비스 보증은 내부적으로는 관리의 수단이며 외부적으로 고객의 만족을 유도하고 안심시키는 효과가 있다.

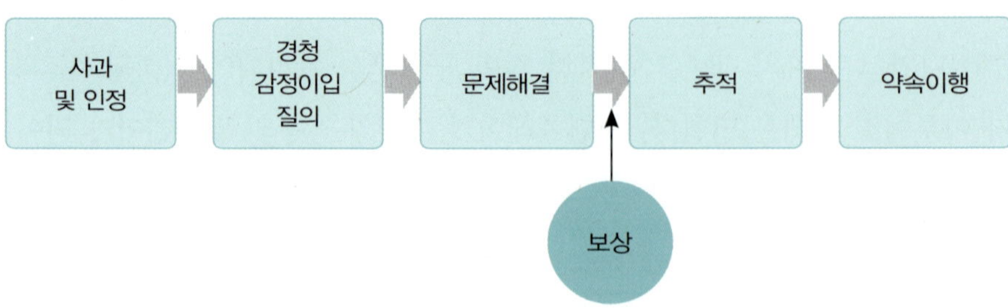

그림 6-7 보상의 위치

출처: Zemke, Bacon & Bell (2000).

(2) 서비스 보증의 방법

① 보증에 대한 약속은 이해하기 쉽고 설명이 쉬워야 한다. 도미노피자는 30분 내에 배달이 되지 않으면 할인을 약속한다.

② 무조건적이어야 한다. 부수되는 조건이 많아질수록 효과가 감소한다. 항공사의 연결편 무료항공권은 제약조건이 많으면 효과가 없다.

③ 이용하기 쉬워야 한다. 서울에 사는 사람에게 제공하는 제주도의 모 호텔 숙박 시 스파 이용권은 별 의미가 없다

④ 고객에게 중요하고 적정해야 한다. 베니건스가 15분 이내 서비스를 약속하는 것은 점심이지 저녁은 아니다.

⑤ 신뢰성이 있고 지급이 용이하게 이루어져야 한다. 아메리칸에어라인은 승객의 수화물 피해 시 현장에서 보상금을 지불한다(라이싱어, 2006).

(3) 기업의 서비스 보증 사례

MK택시는 다음과 같이 고객에게 본인이 받을 서비스를 명확히 제시하고 있다. 이러한 서비스가 이행이 안 될 때는 기꺼이 요금을 받지 않겠다고 하였다.

> 저의 택시 요금에 다음과 같은 서비스가 포함되어 있다고 생각합니다.
> "고맙습니다"라고 인사합니다. "MK의 909입니다"라고 이름을 밝힙니다.
> "어디까지 가십니까?"라고 행선지를 확인합니다.
> "고맙습니다. 잊으신 것은 없습니까?"라고 인사를 합니다.
> 그리고 이상을 실천하지 않았을 때 요금을 받지 않습니다.

힐튼가든인(Hilton Garden Inn)은 고객에 대한 서비스 약속을 다음과 같이 제시하면서 고객이 원하는 만큼(Just the way you like it) 서비스가 보증될 수 있음을(guaranteed) 명시한다.

Just the way you like it
Our goal is to make your stay better and brighter. If something isn't just the way you like it, simply net any hotel team member know, and we will make it right. Guaranteed.

3) 대기행렬 관리

(1) 대기행렬의 개념

서비스를 받기 위해서 특정 공간에 입장해야 하고 특정시간이 되어야 한다. 호텔에 입장하여 체크인을 하려고 할 때 앞에서 줄을 서서 기다리는 사람이 많으면 대기해야 할 것이다. 식당에서 막상 자리에 앉아도 메뉴가 제 때에 나오지 않으면 또 대기를 해야 한다.

대기시간(waiting time)은 서비스를 받기 위해서 기다리는 시간이고 대기행렬(waiting queue)은 서비스를 받기 위해서 줄을 형성하는 것이다.

그림 6-8 기다리는 사람들

대기시간 혹은 대기행렬은 제품에 있어서 재고와 같다. 서비스는 재고가 불가능하기 때문에 대기행렬이 일어난다. 재고가 자본의 기회비용이라면 대기시간은 시간의 기회비용(opportunity cost)이다. 기회비용이란 어떤 선택으로 인해 포기된 기회들 가운데 가장 큰 가치를 갖는 기회 자체 또는 그러한 기회가 갖는 가치를 말한다. 따라서 고객입장에서 그 시간 그 공간에 줄을 서지 않았으면 가치를 창출할 수 있는 다른 일을 할 수 있었을 텐데 그럼에도 불구하고 줄을 서 있었기 때문에 낭비요소가 발생한 것이다. 사람은 돈을 낭비하는 것보다 비생산적인 일에 시간을 낭비하는 것을 싫어한다. 시간의 공백에 대한 증오라고도 할 수 있다. 엘리베이터 안에 거울이 있는 것은 오르고 내리는 데 걸리는 불필요한 시간을 없애주기 때문이다. 예능프로그램을 통해서 큰 성공을 거둔 식당을 이용하기 위해 번호표를 교부받는다든가 전날부터 텐트를 치고 기다리는 것이 보도되기도 했다.

대기시간(waiting time)은 서비스 제공 절차 중 첫 번째 단계이다. 서비스를 받기 위해 줄을 서는 것, 즉 대기만큼 고객의 만족을 저하시키는 것은 없다. 고객이 기다린다는 것은 고객의 입장에서 무의미한 시간(wasting time)이고 그로 인해 고객은 지치게 된다.

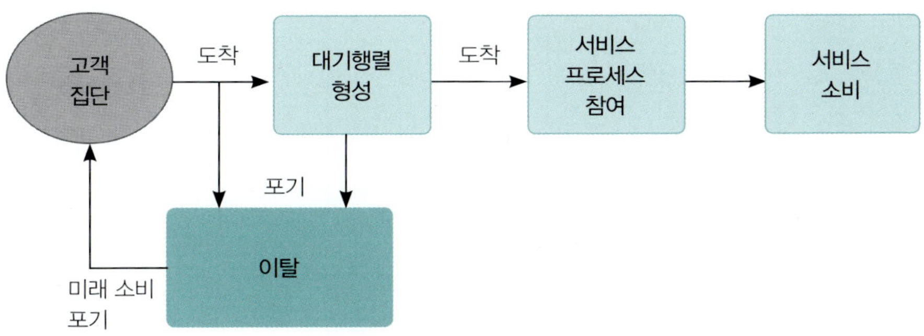

그림 6-9 대기의 발생과 고객행동

출처: 서비스경영연구회 (2011).

고객집단이 도착했는데 바로 서비스 프로세스에 참여하지 못하면 대기행렬을 형성한다. 보통 대기열의 원칙은 선착순(first-in, first-out: FIFO), 즉 도착순서대로 서비스를 받는다. 이때 줄 서는 것을 그만두고 업장을 나가거나 일단 대기행렬에 들어갔다가 기다릴 수 없을 때 포기를 하기도 하는데, 서비스 업장에서 이탈한 고객은 미래 소비를 포기한다.

(2) 대기행렬의 발생 이유

대기행렬이 생기는 이유는 다음과 같다.

① 서비스 프로세스에 고객이 직접 참여하기 때문에 일어난다.

② 생산과 소비의 동시성으로 인해 수요변동을 대비할 수 있는 재고 개념이 없다.

③ 서비스 능력은 시간 소멸적이다(서비스경영연구회, 2011).

그림 6-10 서비스의 수요와 공급 균형

출처: 피시몬

서비스에는 수요가 존재하고 서비스의 수요가 적절한 공급을 통해서 균형을 이룰 때 고객만족을 달성할 수 있다. 수요가 늘어나면 최대 가용능력을 발휘하여 대처할 수 있으나 고객불만족이 야기된다. 반면 수요가 줄어들면 가용능력을 줄여나가면서 효율성을 기해야 한다. 극단적으로 과잉수요와 과잉공급은 각각 사업기회 상실과 경영악화를 가져올 수 있다.

(3) 대기시간의 관리 필요성

고객은 다음과 같은 상황에서 대기행렬에 서는 것을 힘들어 한다.

① 아무 일도 안 할 때 대기가 더 길게 느껴진다.

② 구매 전 대기가 더 길게 느껴진다.

③ 근심은 대기를 더 길게 느껴지게 한다.

④ 언제 서비스를 받을지 모르는 채 무턱대고 기다리면 대기기간이 더 길게 느껴진다.

⑤ 원인을 모르는 대기는 더 길게 느껴진다.

⑥ 불공정한 대기는 더 길게 느껴진다.

⑦ 대기를 통해 얻을 수 있는 가치가 적을수록 더 길게 느껴진다.

⑧ 대기는 혼자 기다리면 더 길게 느껴진다.

그럼에도 불구하고 고객을 줄 세우지 않는 것은 오히려 문제가 있을 수도 있다. 레스토랑에서 가장 비싼 것은 빈 의자이며 호텔에서 가장 비싼 것은 빈 객실이다(로버트 & 설리번, 1999).

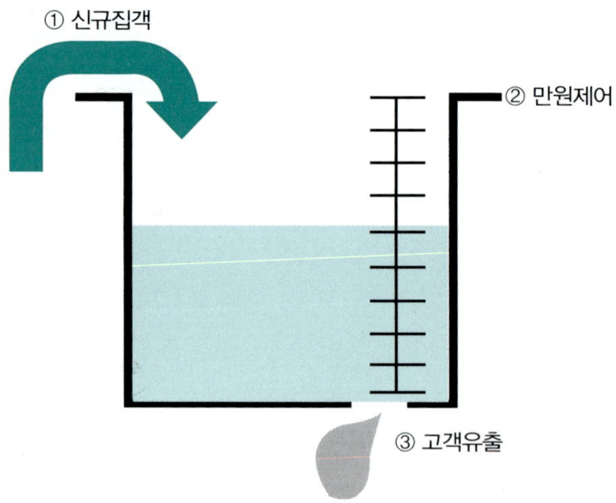

그림 6-11 대기행렬의 비유

출처: 望月まもる (2013).

줄서기는 부정적인 것만은 아니다. 기다리는 동안 구매욕구를 상승시켜 매출을 올릴 수 있는 긍정적 기회가 된다. 나를 기준으로 앞에 있는 사람은 내가 해야 할 노력이고, 뒤에 있는 사람과 비교하여 그동안의 성취이다. 앞을 생각하면서 서비스의 가치를 높게 평가하고 기대가치가 높아지면 결국 지출을 크게 한다(동아비즈니스리뷰, 2012). 테마파크는 줄서기 때문에 발생하는 고객의 불만족에 고심하고 있다. 비록 줄을 서더라도 고객이 불만이 발생하지 않는 경우는 대기를 통해 얻을 수 있는 공급자원이 희소하거나 줄을 서고 나서 얻는 가치가 줄을 서서 잃는 가치보다 클 때에만 가능하다.

(4) 대기행렬 관리방법

대기행렬의 선착순의 규칙을 파괴하여 고객을 분리하거나 기다림에 대한 심리적 완화를 시도한다.

① 볼거리 만들기(animate)

고객이 기다리는 동안 서비스를 제공한다. 고객이 여기 있다는 것을 우리 업장이 잘 알고 있음을 알려준다. 식당에서는 기다리는 손님을 위해 맛보기 웨이팅 푸드(waiting food)를 제공하거나, 테마파크에서는 기다리는 손님을 위해서 탈것(ride)과 관계 있는 영상을 제공한다.

② 구별하기(discriminate)

고객 중에서 누구를 줄 바깥으로 보낼 것인가를 결정한다. 항공기 탑승 시 일등석 손님을 먼저 입장시킨다든지 테마파크에서 줄을 서지 않고 바로 서비스를 받을 수 있는 익스프레스티켓을 별도로 판매하는 것 등이다.

③ 자동화(automate)

업장이 이미 알고 있는 내용은 생략하고 서비스가 신속하게 이루어질 수 있도록 한다. 전자제품 서비스 문의 및 예약 시 콜센터 등에서 이미 등록된 고객은 기본적인 확인 절차 및 기본정보 제공 없이 바로 상담원과 연결하게 한다.

④ 판단 흐리게 하기(obfuscate)

시각적으로 창구에서 자신이 서 있는 거리가 직선이면 멀다고 느껴질 수 있다. 따라서 뱀처럼 구불거리는 줄을 만들면 고객은 줄의 길이보다는 얼마나 줄이 빨리 움직이는가에 따라 서비스를 받게 될 시간이 다가온다고 생각한다. 공항 출입국 관리소는 고객의 줄을 지그재그로 만들어 고객의 불안한 마음을 달래고 있다.

서비스 열전

맥도날드의 서비스 품질: QSC & V

고객이 원하는 것 맛의 균일화하여 제공한다는 사업방침을 목표로 이를 KISS로 요약한다. Keep it Simple Stupid, 즉 우직할 정도로 간단함을 유지하라는 뜻인데 메뉴의 단순함에서 패스트푸드레스토랑 운영과 프랜차이즈 사업 전략을 포괄하는 원칙이다. QSC & V에는 서비스 품질에 대한 의지가 담겨 있다.

① 품질(Quality): 철저한 품질기준에 의해 선정된 최상의 원재료로 모든 제품의 맛과 크기, 색깔, 모양, 함유량 등을 수시로 규정하여 생산 시마다 체크하여 정확히 조리한다.

② 서비스(Service): 빠르고 정확하며 친절한 서비스를 목표로, 고유의 맛을 일정하게 유지하기 위해 제품을 관리하며 음식을 제공하는 것뿐만 아니라 고객의 작은 즐거움과 행복이 되도록 노력한다.

③ 청결(Cleanness): 철저한 청결에 대한 교육실시, 종업원의 철저한 위생수칙 준수와 조리기자재에 대한 철저한 세척작업을 실시한다.

④ 가치(Value): 끊임없는 원가절감 노력으로 지속적인 가격인하 단행, 전문적인 매장관리와 효율적인 경영관리로 비용 최소화, 가장 좋은 음식을 가장 좋은 가격에 가격 그 이상의 가치를 제공한다.

출처: 한국맥도날드 (www.macdonalds.co.kr)

엔터테인먼트로 배우는 서비스

Jerry Maguire

카메론 크로우 감독 (1996)

뛰어난 능력과 매력적인 외모까지 모든 것을 겸비한 스포츠 에이전시 매니저 '제리'(톰 크루즈)는 어느 날, 회사의 이익에 반하는 내용의 제안서를 작성했다는 이유로 하루아침에 해고 통보를 받는다. 냉담한 동료들 사이에서 유일하게 자신의 편이 돼준 '도로시'(르네 젤위거)와 새로운 에이전시를 꾸려나가며 다시 한 번 도약을 꿈꾸는 '제리'. 그는 늘 채워지지 않던 자신의 부족한 2%를 그녀에게서 발견하고, 점차 빠져들게 된다. 하지만, 행복도 잠시! 모든 것을 걸었던 스타 선수와의 계약은 결국 물거품이 되고, '도로시'와의 관계 역시 어딘가 불안하기만 한데… 일과 사랑 모두 뜻대로 풀리지 않는 최악에 상황에 놓인 '제리'. 과연, 그는 다시 달콤한 로맨틱 라이프를 완성할 수 있을까?

출처: 네이버 영화 (movie.naver.com).

- "You complete me (네가 나를 채워주었어)" : 제리가 진정한 삶을 도로시에게서 발견하면서 한 말. 남녀 간의 사랑도 마찬가지고 고객과 나 역시 서로 채워주는 관계가 되어야 한다.
- "Show me the money (돈 좀 벌게 해줘)" : 친구이자 고객인 로드가 제리에게 좋은 계약을 따 달라고 재촉하는 말. 고객은 나에게 돈을 벌어다 주는 존재이다. 따라서 고객은 매우 고마운 존재이다. 또한 서비스는 결국 매출과 수익을 올리는 수단이 되어야 한다.
- "Anybody come with me? (나와 함께 할 사람?)" : 제리가 해고되고 직장을 떠나면서 같이 일할 사람을 구하는 말. 서비스업에 종사하면서 서로 마음을 같이 하는 평생 동료(soul mate)를 찾기란 매우 어렵다.

출처: Gracie films, Vinyl films

PART 03

실행편

Chapter 07 서비스 디자인

Chapter 08 고객 컴플레인 관리

Chapter 09 서비스 교육훈련

CHAPTER 07

서비스 디자인

"나는 몇 십년간 다른 사람들을 위해서 문을 열고 닫았어.
그 사람도 직접 문을 열 수가 있는데…"

Chapter 07

서비스 익스프레스

"나는 몇 십년간 다른 사람들을 위해서 문을 열고 닫았어. 그 사람도 직접 문을 열 수가 있는데…"

→ 본인이 조직에서 하고 있는 일은 전체 조직이 돌아가기 위해 필요한 일부이며 따라서 하찮다고 생각해서는 안 된다. 나사 하나가 빠지면 우주선도 움직이지 않는다.

1. 서비스 청사진

서비스 청사진은 특정 시공간에서 일어나는 서비스 전달과정을 일목요연하게 그림으로 나타낸 것이다. 따라서 물적 증거, 직원 및 고객의 상호행동은 무대와 무대 뒷면이라는 연극적 메타포어를 가지고 있다.

2. 서비스스케이프

서비스스케이프는 서비스 현장에서의 물적 증거에 해당된다. 따라서 현장 직원의 행위와 같이 어울려서 전달된 서비스 전체에 대한 인지와 함께 감정의 변화 그리고 행동으로 이어지게 한다.

3. 서비스 접점

서비스 접점은 고객과 현장서비스 직원 그리고 기업이 만나는 점이다. 서비스 접점에는 삼자간의 팽팽한 균형관계가 발생하며 기대와 성과가 교차된다. 스칸디나비아항공사 얀 칼슨은 이를 MOT로 기업경영현장에서 구체화하였다.

키워드

물적 증거, 서비스스케이프, 서비스 접점, 서비스 접점의 삼각구조, 서비스 청사진, 접근과 회피, MOT, S-O-R

도입사례

대한항공, 英 서비스 품질 평가서 '5성급' 최고 인증 획득

대한항공은 영국 '스카이트랙스'(Skytrax)의 '월드 에어라인 스타 레이팅'(World Airline Star Rating)에서 최고 등급인 '5성 항공사'로 선정됐다고 10일 밝혔다.

영국 런던에 소재한 '스카이트랙스'는 세계에서 가장 권위 있는 항공사 평가 및 컨설팅 기관 중 하나로 지난 1999년부터 전 세계 유수의 항공사를 대상으로 서비스 품질을 평가, '1성'에서부터 세계 최고의 항공 서비스 품질을 뜻하는 '5성'까지 별을 부여한다.

이번 인증은 평가 요원이 '미스터리 쇼퍼'(Mystery Shopper) 형식으로 약 3주에 걸쳐 대한항공 항공편에 직접 탑승해 탑승수속, 라운지 등 공항서비스에서부터 좌석, 기내식, 주문형 오디오비디오(AVOD), 객실승무원 서비스, 기내용품까지 고객 접점에 있는 모든 부문의 서비스 품질을 평가하는 방식으로 이뤄졌다.

대한항공 측은 이번 '5성' 획득이 최고의 서비스 제공을 위한 교육 프로그램 운영, 일등석 코스모 스위트 2.0 등 편안한 좌석, 풍부한 콘텐츠를 제공하는 AVOD 서비스, 계절에 따라 제철 식재를 사용한 다양한 메뉴의 기내식과 엄선된 와인, 수하물 탑재 알림 서비스 등 고객 편의를 위해 신규 도입된 서비스 등을 인정받은 결과라고 설명했다.

대한항공은 현장의 목소리를 경영에 반영해 고객 접점 전 부문에 걸친 서비스 개선 노력을 지속하고 있다.

출처: 뉴스1 (2020.12.10).

학습목표

01 본인이 방문한 카페의 서비스 청사진이 어떻게 그려져 있는지 교재에 제시된 그림과 함께 비교해 본다.

02 본인이 방문한 서비스기업에서 서비스 직원을 제외하고 물리적 환경에서 가장 인상이 남았던 기억이 무엇인지 공유해 본다.

03 본인이 방문한 서비스기업에서 가장 기억이 남았던 순간은 언제인지 회상해 본다.

1 서비스 청사진

1) 서비스 청사진의 개념과 의의

(1) 서비스 청사진의 개념

서비스 청사진(service blueprint)이란 서비스 영업과정, 즉 서비스가 어떻게 전달되는가를 상세하게 명시한 그림이다. 서비스 청사진이란 말 그대로 설계도이므로 본격적인 서비스 실행 전에 미리 만든다. 서비스의 바람직한 모습을 도면에 나타내었으므로 미래를 지향하고, 실행 후 오류가 나면 수정이 가능하다는 특징을 가진다. 서비스 청사진이란 서비스의 흐름 중에서 누가 어떠한 역할을 하여야 한다는 것을 명시해 주기 때문에 서비스와 관련된 이해관계자는 누구이며 본인의 역할은 무엇인지를 쉽게 알 수 있다.

서비스 청사진은 쇼스택(Shostack)에 의해 처음 제안되어 연구개발이 진행되었다. 또한 킹만 브런디지(J. Kingman-Brundage)는 서비스 청사진이란 서비스 과정에 대한 해부라고 하면서 이를 시각화하고 전자의 단계적 개념보다는 과업 자체의 개념에 초점을 맞추어 새롭게 구축하였다.

(2) 서비스 청사진이 왜 필요한가

서비스 청사진을 만들면 다음과 같이 좋은 점이 있으며 궁극적으로 서비스 접점 관리를 통해 서비스 품질을 확보하는 데 목적이 있다.

① 보이지 않던 서비스 프로세스가 유형화된다.

② 서비스 접점의 직원을 위한 서비스 교육을 제공한다.

③ 서비스 기능 프로세스 간의 상호연계를 볼 수 있다.

④ 서비스 프로세스상의 문제점을 찾을 수 있다(백지연, 2017).

따라서 서빙하는 종업원의 마음이 고객에게 쉽게 다가갈 수 있도록 하고 종업원은 마음의 여유를 가지고 일할 수 있는 토대가 된다.

(3) 서비스 청사진에 대한 아이디어

서비스 청사진은 환경의 변화 혹은 서비스 조직 내부의 사정 등을 통해서 끊임없이 보완된다.

① 새로운 아이디어를 통한 보완

② 시범 운영 후 결함 발견과 이를 수정

③ 기업의 전략 및 운영의 변화 후 이를 수정

④ 고객행동 변화 후 이를 수정

서비스는 고객과 주고받는 일련의 과정이다. 고객은 서비스를 통해 얻고 있는 것을 얻을 수 없을 때까지 원하며, 얻고 있어도 얻었는지를 모른다. 직원은 서비스를 통해 고객에게 끊임없이 주고자 하며 충분히 주었어도 얼마나 주었는지 모른다. 없음은 없는 것이 아니며 무한을 지향하기에 없는 것이다(김현수, 2019). 서로의 관계는 나선형을 그리며 무한히 퍼져나간다.

그림 7-1 레스토랑 외부 전경을 서비스 청사진에 포함

2) 서비스 청사진의 구성요소와 예시

(1) 서비스 청사진의 구성요소

서비스 청사진은 사물(물적 증거)과 사람으로 구성되며 사람은 고객과 직원으로 나누어진다. 종업원은 현장에서 직접 고객과 접하는 직원과 이러한 직원을 지원하는 직원으로 나눈다. 고객행동의 시간적 흐름에 따라서 물적 증거와 이에 대응하는 직원의 서비스 행동이 나열되어 있다.

① 물적 증거

손님의 눈에 보이는 것이다. 손님이 하루일과를 마치고 피곤을 달래기 위해 바(bar)에 들린다면, 서비스의 물적 증거는 아늑한 조명과 함께 제공되는 달콤한 리큐르에 각설탕일 것이다. 인생의 쓰라림이 끝나면서 찾아오는 달콤함이 고객을 자연스럽게 바로 유도하며, 이를 위해 바는 다양한 물적 증거들을 구비하여 고객에게 색다른 서비스 체험을 준비한다.

② 고객행위

고객이 바로 앞의 직원과 나누는 상호작용이다. 연극에 비유하면 무대 위에 해당된다. 바(bar)의 레이아웃이 좋은 것은 방금 싸우고 나서 서운한 감정을 풀기 위해서 온 사람들이 처음 서먹서먹한 분위기를 조절할 수 있다는 것이다. 앞을 바라보는 동안 서로 불필요한 시선을 나누지 않기 때문이다. 각각 앞을 보며 바의 웨이터와 담소를 나누지만 점차 두 사람은 공통의 주제를 나누게 되고 서로 마주보며 화해하게 된다.

③ 직원의 행동

현장접점 직원은 고객과의 행위와 후방접점 직원 간의 행동을 수행한다. 연극으로 비유하면 후방접점 직원은 무대 뒤에서 연극이 이루어질 수 있도록 도와주는 사람이다.

④ 상호작용선

외부 상호작용선은 고객과 현장접점 직원 간에 상호작용이 발생되는 기준을 구분하는 선이며 내부 상호작용선은 현장접점 직원과 후방접점 직원의 상호작용이 발생되는 기준을 구분하는 선이다.

⑤ 수직 흐름선

상호작용선을 가로지르는 선으로 고객과 종업원 간의 행동을 나타내는 선이다.

⑥ 가시선

고객에게 업장의 상품과 서비스가 노출되는 부분과 노출되지 않는 부분을 나누는 선이다. 연극으로 보면 무대와 무대 뒤가 된다.

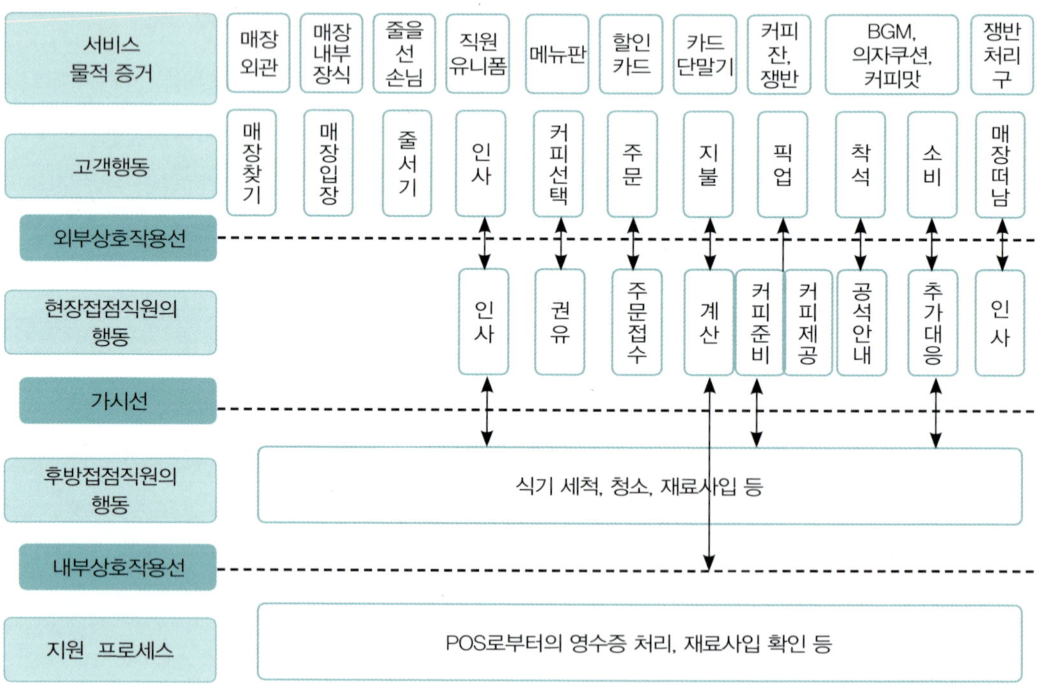

그림 7-2 서비스 청사진

(2) 서비스 청사진 작성 기초

서비스 청사진을 작성하기 위해서는 서비스 과정에 대한 검토가 필요하다. 식당의 서비스 응대 매뉴얼은 서비스 청사진 작성의 좋은 기초가 될 수 있고 역으로 서비스 청사진을 가지고 응대 매뉴얼을 내실 있게 구성할 수 있다. 대체적으로 고객 입장 시 환영, 테이블 초기 세팅, 테이블 관리, 식사, 환송 그리고 다시 테이블 리세팅을 통한 영업준비 등으로 진행된다. 이것을 기초로 서비스 청사진을 만들어 보는 연습을 해보자.

표 7-1 서비스 청사진 작성 연습 자료

구분	순서	요령(고객요청 전에 미리 제공)
환영	1. 고객님 환영의 인사	담당자 인사/고객인원 확인
세팅	2. 메뉴판 제공 3. 물제공 4. 남은 기물 수거 5. 고기 메뉴 6. 빌지 테이블 제공	메뉴판을 펼쳐 충분한 시간을 드린 후 주문 물 흘리지 않게 컵 용량 70% 이상 물컵 받침대에 남은 기물 수거 주문내용 복창, 포스 입력, 입력 확인 주문내용 재복창
테이블 관리	7. 고기상 세팅 8. 불판교체 9. 추가음식 제공 10. 추가고기 제공 11. 추가물 제공 12. 테이블관리 13. 고객불편사항 해결	세팅 요령에 맞추어 기름이 떨어지지 않도록 야채류, 소스류 제공/추가사항 문의 5, 6번과 동일/추가사항 문의 3번과 동일/추가사항 문의 숯불 상태, 연기 상태, 컵 및 수저 세팅 추가 2~12 이외 불편사항(가능한 팀장에게 해결 유도)
식사	14. 식사주문 15. 테이블 정리 16. 식사제공 17. 디저트 제공	5, 6번과 동일 식사 제공 전에 간단히 정리 7번과 동일 디저트 제공 전에 테이블 정리(김치 제거)
환송	18. 고객님 환송의 인사	감사의 인사, 불편한 점은 없었는지 확인, 재방문 유도
영업 준비	19. 테이블 리세팅	습득물 발견 시 카운터로 우선 보관 후 테이블 정리, 테이블 재세팅 및 주변 정리 후 고객님 받을 준비함

출처: ○○숯불갈비 서비스 매뉴얼 (2017).

3) 서비스 청사진의 작성절차를 위한 검토사항

(1) 고객행동 시 만족과 불만이 일어나는 부분 파악

① 외관이 두드러지지 않아 매장 위치를 쉽게 발견할 수 있다. / 없다.

② 매장에 들어서자 따스한 인사가 있다. / 없다.

③ 매장 분위기가 좋았다. / 나빴다.

④ 커피의 향과 배경음악이 좋았다. / 나빴다.

⑤ 주문받는 줄이 거의 없었다. / 지나치게 길었다.

⑥ 커피값이 적당하게 느껴졌다. / 비싸게 느껴졌다.

⑦ 커피의 종류가 다양했다. / 내가 찾는 커피가 매진되었다.

⑧ 종업원의 태도가 친절했다. / 불친절했다.

⑨ 신용카드로도 계산 가능했다. / 현금이 없는데 현금만을 요구한다.

⑩ 할인쿠폰으로 돈을 절약하였다. / 할인되는 것이 없었다.

⑪ 커피를 받을 때까지 종업원과 즐거운 대화를 한다. / 지루하게 한다.

⑫ 트레이로 커피를 받고 바로 자리에 앉았다. / 빈자리가 없었다.

⑬ 커피의 맛과 향이 좋았다. / 좋지 않았다.

⑭ 주변 손님들이 조용하게 이야기하고 있다. / 시끄럽게 떠들고 있다.

⑮ 인터넷 와이파이가 잘 접속되었다. / 인터넷이 느리다.

(2) 고객에게 감동을 줄 수 있는 포인트 발견

① 내 몸에 들어가는, 내가 먹는 음식이 무엇인지 생선 이름과 생선 모양을 알 수 있도록 생선회 접시에 생선 이름 카드를 꽂아 서비스한다.

② 한 잔의 물도 품위 있고 우아하게 생수 와인병을 세팅한다.

③ 주변 관광지, 쇼핑, 숙박, 카페, 고속버스 시간표, 생선 정보 등 각종 정보

를 대형 스크린을 통해 고객님께 보여드린다.

④ 와인을 가져오면 와인잔을, 양주를 가져오면 크리스탈 양주잔을, 얼음과 얼음통, 사케를 가져오면 사케잔을 서비스한다.

그림 7-3 고객감동 포인트

2 서비스스케이프

1) 서비스스케이프의 개념과 의의

(1) 서비스스케이프는 무엇인가

서비스스케이프(servicescape)는 서비스(service)와 경치, 풍경, 전망 등을 의미하는 스케이프(scape)의 합성어이다. 비슷한 말로 분위기(atmosphere), 물질적 증거(physical evidence), 서비스 환경(environment), 물리적 환경(physical environment) 등이 있다.

서비스스케이프는 서비스 제공을 위해 인위적으로 만들어진 공간이다. 예를 들어 레스토랑은 다음과 같이 공간을 연출한다.

- 음향 및 소리: 적절한 서비스 회전율을 일으킬 수 있는 볼륨, 빠르기
- 향기: 고객의 식욕을 자극하거나 머물러 있기 좋은 냄새
- 색상 및 디자인: 고객을 유인할 수 있는 매력적인 색상이나 디자인
- 조명: 좌석 회전율과 식사 분위기를 고려한 조도
- 가구: 너무 매력적이나 너무 편하지 않은 가구 배치(김태희 외, 2017)

치즈케이크팩토리 레스토랑을 방문하면 두껍고 빽빽하게 적혀 있는 메뉴판을 통해서 치즈케이크 전문점이라는걸 알 수 있고 그에 상응하는 서비스를 예상할 수 있다. 홍콩의 부티크 호텔 중 하나인 더 미라(the Mira) 호텔은 초입에 보라색 물결무늬의 외관이 야경과 더불어 매력을 발휘한다. 고급호텔의 주차장은 고급차는 앞으로 배치하여 고급이미지 창출한다.

(2) 환경심리학

서비스스케이프는 물리적 공간으로서 환경과 인간간의 관계를 규명하는 환경심리학(environmental psychology)에 기초하고 있다. 인간은 외부환경으로 부터의 자극을 받고 이에 대한 행동을 한다. 따라서 외부환경으로서 서비스스케이프는 매우 중요하다고 할 수 있다. 왜냐하면 자극의 결과 계속 해당 공간에 머물러 있을 것인가 아니면 떠날 것인가를 결정할 것이기 때문이다. 인간은 특정공간에 들어서면서 막연히 분위기라고 생각하지만 무의식중에 막대한 정보를 받는다. 환경과 인간의 관계는 다음과 같이 S–O–R(Stimulus, Organization, Response)로

표현한다.

- S: 인간에게 전달되는 환경으로부터의 일련의 자극들
- O: 유기체(자극의 수용). 신체기관에 의해 자극을 받을 준비를 함
- R: 유기체와 자극에 대한 반응

메라비안과 러셀(Mehrabian & Russel)은 물리적 환경이 자극이 되어 인간 행동의 접근(approach) 혹은 회피(avoidance)를 가져온다고 하였다. 자극의 결과 감정적 상태는 쾌락(pleasure), 환기(arousal), 지배(dominance)이다. 이를 접근-회피모델이라고 한다. 고객이 서비스를 받기 위해서 특정공간에 입장을 하면 서비스스케이프를 지각하고 직원과 상호작용을 하면서 감정의 변화를 일으키고 행동적 반응을 한다.

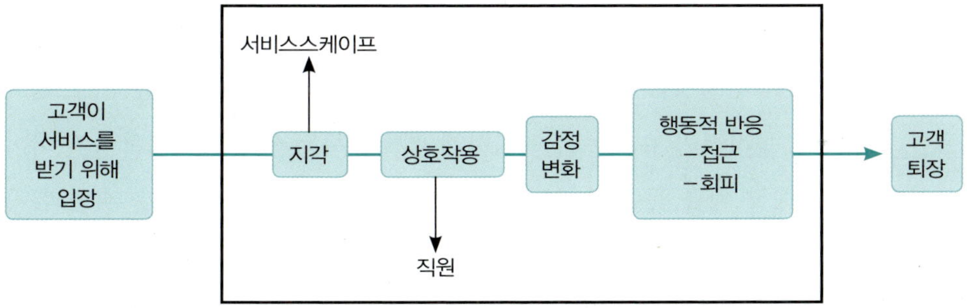

그림 7-4 서비스스케이프 속에서 고객행동

돈벌이가 잘 되지 않는다고 투덜거리는 식당 주인에게 유명 컨설턴트는 음식점에서 돈을 받는 카운터의 높이를 낮추라고 하였다. 따라서 고객에게 보다 낮은 위치에 서 있게 되고 고객은 우월감 속에서 위에서 아래로 돈을 건낼 것이다(이선희 · 김근종, 2003). 환경이 심리를 바꾸고 행동을 바꾼다.

(3) 서비스스케이프는 왜 중요한가

서비스스케이프는 본인이 앞으로 받을 서비스를 예상하는 단서가 된다. 호텔 시설물을 고객들이 어떻게 인식하느냐가 서비스에 대한 평가단서가 된다. 서비스는 눈에 보이지 않기 때문에 서비스를 받기 전에 눈에 보이는 시설물의 좋고 나쁨을 먼저 평가하고 서비스를 받을지 말지를 결정한다. 서비스스케이프는 다음과 같은 이유로 중요하다.

① 고객 구매결정에 영향을 준다.

② 서비스의 무형성을 극복하고 유형화한다.

③ 업장 전체에 대한 이미지 형성한다.

④ 직원 행동에 영향을 준다.

카지노에서 슬롯머신에 좋은 향기를 뿌리면 손님이 슬롯머신에 돈을 45% 정도 더 넣는다는 연구결과가 있다. 비즈니스호텔은 대체적으로 협소한데 싱글침대의 다리를 없앰으로써 천장을 높게 보이게 하고 밀폐감을 해소한다. 서비스스케이프를 구성하는 물리적인 요소는 무의미하게 배치해서는 안 된다. 맥락이 있어야 한다. 맥락에 대한 예를 들면 주인의 소중한 기억이 담겨 있고 그것을 손님과 공유하고 싶은 의지가 있어야 한다. 따라서 손님이 서비스를 받는 공간에서 영업시간이 아니라고 해서 혹은 손님이 없다고 해서 잠을 잔다든지 밥을 먹는 등 사적인 행동을 해서는 안 된다. 이러한 행동들이 익숙해지면, 고객이 있을 때도 무심코 나올 수가 있다. 서비스스케이프는 신성함이 있어야 한다. 이러한 점에서 볼 때 서비스스케이프는 공간을 파는 것이 아니라 머무는 시간을 파는 것이다.

Service Break

서비스스케이프의 중요성

조선시대 모씨가 문전성시를 상상하며 야심차게 주막을 개업했다. 그러나 안타깝게도 찾아오는 손님이 없었다. 맛있게 담근 술도 쉬어 버리고 강아지 한 마리만 쓸쓸히 문을 지키고 있었을 뿐이었다. 마침내 개점 1개월 만에 망하고 말았다. 시름에 잠겨 앉아 있다가 이상한 것을 발견하였다. 자신의 말을 잘 듣던 강아지가 사람이 지나가면 무섭게 물어뜯을 기세로 짖어대는 것이다. 그동안 주막을 찾는 사람들은 강아지가 무서워 주점에 못 들어왔다.

그림 7-5 엘리베이터 내 의자

2) 서비스스케이프의 요소

(1) 비트너의 서비스스케이프 요소

비트너(Mary Jo Bitner)는 외관, 내부 디자인, 주변 상태, 예를 들면 온도, 소음, 냄새뿐만 아니라 서비스의 유형적인 부분, 즉 명함, 유니폼, 브로슈어 등을 포함하는 서비스 조직의 물리적 환경을 서비스스케이프라고 지칭하였다(주기종 · 유상진, 2012). 베이커(Baker)는 공조환경, 디자인요소, 사회적 상호작용요소 등을 포함하였다.

서비스스케이프는 다음 세 가지 정도로 정리할 수 있다.

① 외부설비: 외부디자인, 간판, 주차장, 건물 등

② 내부설비: 내부디자인, 설비, 내부사인, 가구배치, BGM 등

③ 기타 요소: 명함, 문구, 종업원 유니폼, 브로슈어 등

(2) 종업원과 서비스스케이프 요소

서비스스케이프는 외부환경, 내부환경 물리적 요소, 즉 하드웨어(hardware) 요소가 강한 서비스스케이프, 직원이 만들어내는 휴먼웨어(humanware) 요소가 강한 서비스스케이프, 하드웨어와 휴먼웨어의 중간, 즉 물리적 요소와 직원의 교점에서 발생하는 소프트웨어(software)적인 서비스스케이프가 있다.

모항공사의 객실 승무원의 유니폼은 객실 내 조명이 꺼지면 마치 야광처럼 색깔이 달라진다. 따라서 어두운 환경에서도 승무원을 쉽게 찾을 수 있고 서비스에 만반의 준비가 되어 있다는 것을 은연중에 알려준다. 객실 내 조명이 하드웨어라면 종업원의 유니폼이 휴먼웨어이고 유니폼이 야광으로 변하여 독특한 분위기를 창출하는 것이 소프트웨어라고 할 수 있다. 휴먼웨어는 승무원의 미소와 손님을 배려하는 태도이다.

엘리베이터의 층 표시에 화살표를 집어넣어 로비층이라는 것을 알리는 것은 고객에 대한 배려를 경영 목표로 하는 호텔의 의지를 종업원들에게 다시 각인시키는 효과가 있다. 전자제품을 사용하는 코드에 미리 휴대폰 충전기를 따로 꽂아두면 고객의 불편함을 이해하고자 하는 호텔의 마음가짐을 전달할 수 있다.

(3) 고객과 서비스스케이프 요소

서비스스케이프는 고객 누구에게나 동일하게 인식되지 않는다. 듣기 좋은

BGM도 어느 누구에게는 소음이 될 수도 있다. 너무나 밝게 테이블을 비추는 조명은 식사하는 상대의 사람의 얼굴을 필요 이상으로 밝게 노출시켜 부담을 줄 수 있다. 따라서 은은한 조명은 분위기 연출뿐만 아니라 그 이상의 역할을 한다.

싱가포르걸은 싱가포르항공사(SIA)의 승무원이자 마스코트로 1972년 이후로 많은 사랑을 받아왔다. 바틱 문양이 새겨진 사롱 케바야 유니폼은 항공사의 슬로건인 'A great way to fly'와 함께 싱가포르의 국가 상징으로 자리잡았다. 최근의 신문광고를 보면 유니폼을 만드는 데 전문가의 손을 빌린다는 메시지를 전달하고 있으며 자연스럽게 한층 더 고급화된 이미지를 보여주고 있다. 전문가와 스튜어디스가 직접 유니폼 옷감을 만져보면서 촉각적인 부분까지 소구하며 같이 고민하고 만들어 간다는 광고 콘셉트이다.

서비스스케이프가 고객으로부터 좋은 인상을 주기 위해 서비스스케이프 속 직원들은 행동거지를 조심해야 한다. 직원은 환경에 걸맞는 행동을 한다. 종업원들이 허술하게 하고 있으면 손님들도 반말을 쓰면서 마구 대한다. 그러나 종업원들이 깔끔하게 옷맵시를 갖추고 있으면 손님들도 정중하게 종업원들을 대한다고 한다. 다음은 직원이 근무 중에 해서 안 되는 일들이다. 잘못하고 있으면 고객이 항상 그것을 본다.

① 홀, 주방, 화장실 내에서 담배를 피우는 행위
② 고객을 계속 쳐다보거나 손가락질을 하는 행위
③ 손뼉, 박수를 치는 행위
④ 고객의 질문에 무성의하게 안 들은 척 하는 행위
⑤ 고객의 서비스를 뒤로 한 채 종업원끼리 모여서 잡담하는 행위
⑥ 특정한 고객과 특별히 접하는 행위
⑦ 큰 소리로 노래를 부르거나 휘파람을 부르는 행위
⑧ 요리에 이물질(침, 땀)을 의도적 혹은 무의식적으로 묻히는 행위
⑨ 떨어진 물건을 재사용하는 행위

⑩ 머리로 손을 가져가거나 주머니에 손을 넣거나 팔짱을 끼는 행위(이영주, 2015)

3) 서비스스케이프의 확장

(1) 확장된 서비스스케이프 모형

마크 로젠바움(M. Rosenbaum) 등은 서비스스케이프를 확장하여 네 가지 차원에서 서비스스케이프를 제시하였다.

① 물리적 차원: 온도 등 주변환경, 레이아웃 등 공간, 사인물

② 사회적 차원: 종업원, 고객, 사회적 밀도, 타인의 감정

③ 사회문화적 차원: 문화적 사인, 상징물, 문화적 대상, 인공물

④ 자연적 차원: 일상에서 멀어짐, 매혹적임, 적합성(정용길, 2016)

사회문화적 환경의 구성은 방문객이 본인의 문화적 정서에 맞는 환경에서 편안함과 만족을 느낀다는 것에 주안점을 두어 구축한다. 자연환경은 도시 및 문명사회로부터 지친 방문객에게 휴식을 제공하는 데 초점을 맞추어 구성한다.

(2) 엔터테인먼트 공간으로서 서비스스케이프

서비스스케이프 공간은 시간의 흐름에 따르는 일련의 사건과 무관하면 매력을 상실한다. 그 공간이 그 시간에 왜 존재하는지에 대한 설명을 할 수 있는 맥락이 필요한 것이다.

테마파크와 어뮤즈먼트파크(위락공원)는 이러한 차이를 극명하게 나타낸다. 테마파크는 각종 공간에 배치되어 있는 물리적 장치와 서비스 직원들이 존재하는 이유가 있다. 즉 영화나 애니메이션 등을 통해서 전달된 이야기를 공간적으로 재

연출을 하는 것이다. 따라서 물리적 장치는 배경이고 직원은 등장인물이 된다. 방문객들은 이미 유사한 이미지를 소비하였기 때문에 이해를 쉽게 할 수 있고 본 것을 새롭게 체험하기 때문에 만족을 느낀다. 따라서 서비스 역시 이야기 속의 등장인물처럼 연출되어야 한다. 확장된 서비스스케이프이다.

그림 7-6 유니버설 스튜디오의 애니메이션 콘텐츠

출처: tripadvisor

Service Break

서비스 브레이크: 서울의 화심의 암술꽃, 서린호텔

쾌적한 잠자리를 생각한다.
눕기만 하면 잠이 드는 은근한 조명을 생각한다.
꿈의 나라 입구를 비추는
가볍게 열리는 도어를 생각한다.
또한 부드럽게 닫쳐지는

그 호텔의 장밋빛 새벽
아침은 언제나 신선한
꿈처럼 포근한 양탄자
소리 없이 오르내리는 엘리베이터
디너룸의 즐거운 오찬과
커피숍의 다정한 환담
바다처럼 시원한 스카이라운지에서
이마에 닿은 성좌를 바라보고
서울의 중심부를 한 눈에 내려다본다.
*서린호텔이여
서울의 꽃송이의 암꽃술
서린호텔이여
안정과 즐거움의 안식처

* 무교동에 위치했던 호텔로서, 1993년 사업을 종료하였다.

3 서비스 접점

1) 서비스 접점의 개념과 의의

(1) 점, 선, 면이 만드는 서비스

점(點)이 모여 선(線)이 되고 선이 모여 면(面)이 된다. 모든 시작은 점에서부터 시작된다. 접점(接點)이란 서로 만나는 점을 의미한다. 점 한 개는 고객과 직원의 한 번의 만남이지만 점들이 모여서 선이 되듯이 고객접점은 서로 연결이 된다. 그리고 선과 선이 만나면 면이 되고 면은 이미지(형성)로 구체화된다.

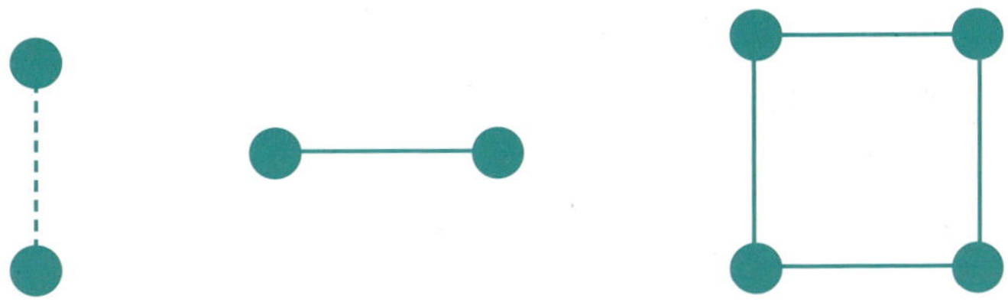

그림 7-7 점, 선 그리고 면

(2) 서비스 접점이란 무엇인가

서비스 접점(service encounter)은 서비스 전달과정에서 고객과 기업 간에 대면적 접촉이 일어나는 관계를 말한다. 인카운터(encounter), 즉 '맞닥뜨리다, 부딪히다'라는 뜻을 가지고 있다. 서비스는 고객과 직원간의 상호관계에서 발생하기 때문에 상당한 예측 불가능한 불확실성과 서로 주고받는 것이 얽히고설켜 복잡성을 지닌다.

서프리넌트(Surprenant)와 솔로몬(Solomon)은 서비스 접점이란 고객과 서비스 제공자 사이에 이원일위적(dyadic) 상호작용, 즉 서로 맡은 역할의 실행으로 정의 내렸다. 쇼스탁(Shostack)은 서비스 접점을 '일정기간 동안 소비자가 직접적으로 서비스와 상호작용하는 것'이라고 하였다(김승욱, 2017). 따라서 서비스 접점에서 중요한 것은 고객과 직원의 상호작용, 서비스 전달과정에서 고객의 참여 직원에 대한 평가 등이다(이선희 · 김근종, 2003).

관광서비스학회(2017)는 광의와 협의의 개념에서 서비스 접점의 개념을 제시하고 있다.

① 소비자와 서비스 제공자와의 상호작용뿐만 아니라 물리적 환경 및 기타 가시적인 것까지 포함(광의의 개념)한다.

② 소비자와 직접 대면하는 서비스 제공자와의 인적 교류, 대인적 접촉에 한정(협의의 개념)한다.

서울 장안에 유명한 고깃집에 들렀는데 주인장은 좋은 고기를 불에 태웠다고 손님을 나무란다. 손님으로서는 기분이 나쁘지 않는 접점이다. 고기에 대한 전문성과 최고의 음식을 대접하겠다는 주인의 의지의 표현을 읽을 수 있었다. 이어 주인의 능숙한 서비스로 구워진 두 번째 고기에서 다시 찾겠다는 마음을 먹는다.

(3) 서비스 접점이 왜 중요한가

고객과 직원이 만나는 접점이 그 이전의 좋지 않았던 접점으로 인해 영향을 받을 수 있다. 즉 고객과 직원이 좋은 서비스로 기분 좋게 상대할 수 있는 여지가 줄어들 수도 있다는 것이다.

서비스를 제공하는 사람은 고객과 만나서 서비스를 제공하려 하지만 뭔가 무엇인가 여기 오기 전에 벌어진 다른 일 때문에 화가 나 있을 수도 있다. 따라서 서비스 접점에 있는 직원은 앞에서 이미 벌어진 상황 때문에 어쩔 수 없는 상태에 봉착할 수도 있다.

바깥에는 화이트 크리스마스를 알리는 눈이 내리고 거리엔 삼삼오오 연인들이 종종걸음으로 꽃과 케이크를 들고 정다운 이야기를 나누고 있다. 크리스마스라서 말 그대로 사일런트 나이트(silent night)이다. 그런데 고객의 표정도 사일런트(침묵)이다. 표정은 만국의 공통어라고 한다. 애인이 없는 솔로라서 커플이 부러워 우울하고 또 크리스마스 선물을 못 받아서 그러할 수도 있다. 서비스 제공자의 서비스는 아직 개시도 되지 않았는데 고객은 이미 불만에 가득 차 있다. 말 그대로 핸디캡을 가지고 달리는 경주마의 심정일 것이다. 따라서 아무리 좋은 서비스를 제공해도 고객의 얼어붙은 마음을 돌려놓지 못할 수도 있다.

2) 서비스 접점의 구성

(1) 서비스 접점의 종류

① 대면접점

종업원과 고객과의 직접적인 접촉을 말한다. 잘나가는 식당은 얼굴만 보아도 기분이 좋은 호스트를 맨 앞에 세워 놓는다. 호텔식당에서 헤드웨이터(head waiter) 혹은 캡틴(captain)이 본인의 판단하에 고객이 껍질이 붙은 바다가재와 뼈를 바르지 않은 넙치요리를 가지고 어려워하고 있을 때 이를 직접 발라주는 순간 분명히 오늘밤 서비스 전체에서 생긴 불만을 눈녹이듯이 없애줄 수도 있다.

② 전화 및 온라인상의 접점

무선상의 대화, 보이지 않는 곳에서 고객과 만난다. 제국호텔의 전화 오퍼레이터는 출근하면 별실에 들어가서 발성연습을 한다. 출근 직후 아직 잠에서 깨어나지 않은 목소리로 전화를 건 고객에게 '제가 지금 막 출근했거든요'라고 변명을 하는 것 같은 투로 들리게 하지 않기 위해 노력하고 있는 것이다(무라카미, 2010).

③ 원격접점

직접적인 인적 접점 없이 이루어지는 만남, 예를 들면 항공 예약 시 자동화된 셀프체크인 등이다(권혁률, 2005). 택배회사인 페덱스가 빠르다는 것을 보여주기 위해 브랜드 로고에 EX를 강조하여 보라색과 대비되는 주황색을 사용한다거나, 면도기 회사인 질레트가 특유의 날렵함이나 정확성을 어필하기 위해 마치 면도날로 잘라낸 것 같은 글자체를 자랑하는 것 등이 예가 된다.

표 7-2 서비스 접점: 고객 루밍시 대화 내용

<table>
<tr><th>상황</th><th>구분</th><th>대화 내용</th></tr>
<tr><td colspan="2">환영인사</td><td>• H호텔에 오신 걸 환영합니다.
• 제가 객실까지 안내해 드리겠습니다.</td></tr>
<tr><td rowspan="2">엘리베이터 앞</td><td>짐 개수 확인
이름 확인</td><td>• 두 개의 짐을 가지고 계시지요?
• 존함이 ○○○이신지요?</td></tr>
<tr><td>개인적 인사</td><td>• 저희 호텔 방문이 처음이신가요?</td></tr>
<tr><td colspan="2">엘리베이터 안</td><td>• 우리는 두 개의 빌딩이 있습니다.
• 이곳은 본관입니다.
• 3층에 한일식당이 있고 4층에는 사우나가 있습니다.
• 여기 키 케이스에 관한 정보가 있습니다.</td></tr>
<tr><td>복도</td><td>비상구 위치</td><td>• 이 층에는 두 개의 비상구가 있습니다.
• 첫 번째 비상구는 이쪽에 있으며 다음 비상구는 저쪽에 있습니다.</td></tr>
<tr><td>객실 앞</td><td>키 사용법 및
이름 확인</td><td>• 여기가 고객님의 방입니다.
• 키를 이 방향으로 넣었다 빼시면 됩니다.</td></tr>
<tr><td colspan="2">객실 안</td><td>• 짐을 어디에 놓아 드릴까요?</td></tr>
<tr><td rowspan="5">객실 설명
필요 유무</td><td>객실 설명 여부</td><td>• 룸에 대한 설명을 드릴까요?</td></tr>
<tr><td>커튼 오픈</td><td>• 멋진 뷰가 있습니다. 커튼을 열어 드릴까요?</td></tr>
<tr><td>인터넷</td><td>• 이것은 무료 인터넷 사용을 위한 아이디와 패스워드입니다. 그리고 인터넷 케이블은 여기 있습니다.</td></tr>
<tr><td>금고</td><td>• 이것은 금고입니다.
• 덮개 위에 사용방법이 나와 있습니다.</td></tr>
<tr><td>마스터버튼 &
전화기</td><td>• 전등을 조절하는 마스터버튼이 있습니다.</td></tr>
<tr><td rowspan="3">객실 설명
필요 유무</td><td>룸 디렉토리와
룸서비스 메뉴</td><td>• 여기에 룸 디렉토리와 룸서비스 메뉴가 있습니다.</td></tr>
<tr><td>미니바</td><td>• 물 두 병과 몇 개의 티백은 무료로 제공되는 것입니다.</td></tr>
<tr><td>헤어드라이기,
세탁서비스</td><td>• 여기에 헤어드라이기와 세탁서비스 가방이 있습니다.</td></tr>
</table>

객실 설명 필요 유무	화장실 옆 벽면 온도조절	• 이것은 온도조절을 위한 것입니다. • 이 화면에서 이 숫자는 설정온도이고 이 숫자는 현재 객실 온도입니다. • 그리고 여기에 있는 온도 올림/내림 혹은 전원버튼을 사용하시면 됩니다. • 끝으로 이곳은 옷장입니다. 이 안에 가운과 슬리퍼가 준비되어 있습니다.
	추가질문의 필요	• 혹시 질문이 있으신지요?
객실 설명 필요 유무	끝인사	• 혹시 더 필요하신 사항이 있으면 서비스센터인 0번을 눌러 불러주시기 바랍니다. • ○○○ 고객님, 편한 시간 되시길 빕니다.
	본인의 이름	• 저는 벨데스크 담당 ○○○이라고 합니다.

출처: 파라다이스호텔 매뉴얼을 참조하여 재정리

(2) 서비스 접점의 삼각구조

서비스 접점의 삼각구조는 서비스 전달체계에서 기업, 직원 그리고 고객 간의 관계를 나타내 주고 있다. 삼각구조는 긴장 속의 균형이 있다. 따라서 서비스라는 산출물을 만들기 위해서 서로 각자의 역할을 만들어 내는데 서로 영향을 주고받음으로써 생기는 힘이다. 고객은 서비스 접점의 일부인데 소비자이자 생산자로서 참여하고 있으며 따라서 직원이 처한 위치를 어느 정도 가늠할 수 있다.

① 직원과 기업: 직원은 기업으로부터 고객 서비스를 하는데 현장에서의 어려움, 임기응변, 매뉴얼의 변경, 때로는 권한 이외의 행동 등 자율성을 원한다. 반면 기업은 직원을 예산, 규범, 효율성으로 통제하려 한다.

② 직원과 고객: 직원은 기술과 역량을 통해서 자신의 서비스를 리드하려고 한다. 고객은 서비스 과정에 참여하면서 관계의 주도권을 가지려고 하거나 때로는 이상의 것을 요구하기도 한다.

③ 기업과 고객: 기업은 고객에게 서비스에 대한 약속을 한다. 고객은 기업과 계속해서 관계를 맺을지 관계를 끊을지를 두고 줄다리기를 한다.

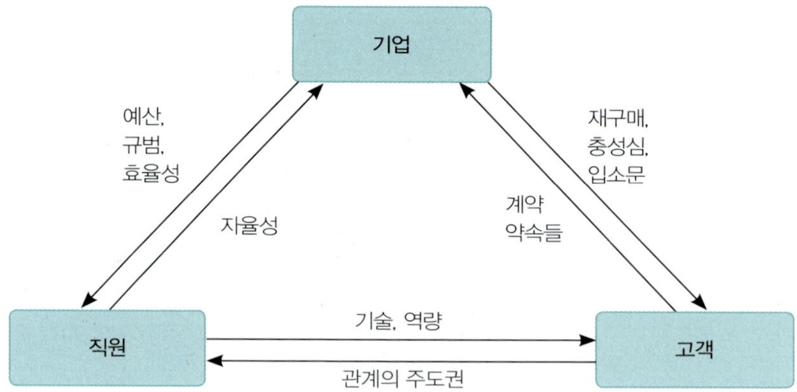

그림 7-8 서비스 접점에서의 삼각구조

(3) 서비스 접점에서의 직원의 역할

첫 번째는 문제를 일으키는 고객에 대해서는 유연하게 처리할 수 있는 운용의 묘를 구한다. 예를 들어 기내 손님이 만취한 상태에서 지속적으로 술을 요구하면 다른 논알코올 음료를 제공할 수 있다. 물론 술이 덜 취했을 때는 당연히 고객에게 술을 제공하여야 할 것이다.

두 번째는 고객의 특별한 요구에 대하여 본인의 능력이 허락하는 범위 내에서 서비스를 제공하여야 한다. 예를 들어 카지노에서 호스트는 하이롤러(높은 판돈을 걸어 게임을 하는 손님으로 카지노 경영에 큰 도움을 줌)를 붙잡아 놓기 위해서 업장 내 공연장에 유명 스타의 콘서트 티켓을 구해다 줄 수 있다.

세 번째는 서비스가 실패했을 때 즉각적인 대응과 함께 대안을 제시함으로써 고객을 만족시켜야 한다. 예를 들어 호텔에 투숙하고자 하는 손님이 프런트의 실수로 동명이인인 다른 사람에게 방이 이미 배정된 것을 알았다면 객실을 업그레이드해 드림으로써 실패를 만회해야 한다.

네 번째는 본인의 업무가 아니더라 하더라도 자발적으로 손님의 서비스 요구에 응대하는 것이 필요하다. 예를 들어 공항에서 이동 중에 우연히 타 항공사의 탑승구를 물어보는 손님의 질문에 대답을 하는 것이 바람직할 것이다. 나의 행동이 내가 소속해 있는 항공사의 이미지를 넘어 항공사 전체의 이미지를 향상시키기 때문이다. 또한 고객은 내가 항공사에서 어떤 일을 담당하는가를 판단하지 않는다. 특정 항공사 유니폼을 입고 있으면 모든 직무에 책임을 져야 한다고 판단할 것이다.

3) MOT

(1) MOT의 개념

진실의 순간(MOT: moment of truth)이란 투우사가 투우경기에서 마지막에 긴 창으로 소의 급소를 찌르는 순간을 말한다. 나의 목숨을 위협하는 소와 대치하여 있기 때문에 피하려 해도 피할 수 없는 상황이며 실패가 허용되지 않는, 즉 실패는 죽음을 의미하는 매우 중요한 상황이다. 따라서 결정적인 순간이라고도 한다.

유사한 단어로 스윗스팟(sweet spot)이라는 것이 있다. 골프, 야구, 테니스 등에서 공과 운동기구가 서로 맞는 공간이며, 이때 가장 이상적인 타구가 나온다. 스윗스팟을 건드려 주는 것이 결국 심금(心琴)을 울리는 것이며 서비스를 두고 고객과 직원이 공명(共鳴)을 일으킬 수 있다. 미국의 신발전문 온라인 쇼핑몰인 자포스는 콜센터가 핵심부서인데 콜센터 대신에 콘택트 센터라고 부른다.

요리사의 음식이 웨이터에 의해 테이블로 전달될 때 고객은 요리사의 실력을 마주한다. 결정적인 순간이다. 따라서 웨이터는 단순하게 음식을 배달하는 것을 넘어서 축구로 비유하면 결정적인 순간을 위한 어스시트 역할을 해야 한다. 요리사의 마음이 음식에 담기고, 이것을 다시 고객에게 전달시키는 데 일조해야 할 것이다. 웨이터는 요리사의 훌륭한 추천인이기도 하다.

MOT를 일본어로 표시하면 일기일회(一期一回)가 된다. 다음의 만남을 위해 고객의 심금을 울리는 마음을 표현하면 다음과 같을 것이다.

> 끝까지 모시고 싶었는데, 배웅하고 싶었는데 못하게 되어 죄송합니다. 오늘부터 담당할 분은 저보다 훨씬 능숙한 분이니 불편이 없을 것입니다. 고객님을 만나서 너무나 반갑고 좋았습니다. 얼마나 큰 인연인지 모르겠습니다. 어제 로비에서 우연히 마주쳤을 때 내일은 못 뵙는구나 생각하니 갑자기 쓸쓸해졌습니다. 부디 행복하시길 빕니다. 또 만나면 기쁘기 한량없겠지요. 즐거운 여행이 되시길 바랍니다.

(2) MOT와 스칸디나비아 항공사의 얀 칼슨

1970년대 말 석유파동으로 인해 세계 항공업계는 큰 시련을 맞는데 17년간 연속해서 흑자를 기록하였던 스칸디나비아항공(이하 SAS)도 예외는 아니었다. 1979년부터 1980년 사이의 2년 동안에 3,000만 달러의 적자가 누적되는 등 기업의 위기상황에서 39세의 얀 칼슨(Jan Carlzon)이 항공사의 사장으로 취임하였다. 고객이 직원들과 접하는 처음 약 15초 동안의 짧은 순간이 회사의 이미지, 나아가 사업의 성공을 좌우한다고 강조한 칼슨 사장은 1년 만에 적자를 흑자로 바꾸었다. 뿐만 아니라 SAS항공은 1983년도 최우수 항공사로, 1986년에는 고객서비스 최우수 항공사로 선정되었다.

얀 칼슨은 MOT(moments of truth)라는 새로운 개념을 소개하기 위해 불결한 트레이(접시 또는 쟁반)를 자주 예로 들곤 하였다. 만약 승객들이 기내에서 제공되는 자신의 음식 트레이가 지저분하다는 것을 발견하게 되면, 그들은 그 순간에 자신이 탑승하고 있는 비행기가 불결하다고 느끼게 된다고 말한다.

"지난해 1천만명의 고객이 5명의 우리 스칸디나비아 항공사의 직원과 접촉을 하였다. 이 접촉은 매번 평균 15초이지만 1년 동안 5천만번의 접점을 통해 우리는 고객의 마음에 SAS항공사의 이미지를 창조해 냈다. 궁극적으로 이러한 5천만번의 진실의 순간을 통해서 우리 회사가 성공할 것인지 실패할 것인지가 결정될 것이다. 이 접점은 고객에게 SAS항공사가 최상의 대안이라는 것을 입증하는 것이다"(김승욱, 2017).

스칸디나비아 항공사는 서비스(service)의 영어 머리글자를 따서 다음과 같이 정의하며 MOT의 중요성을 강조한다.

- S: 미소와 스피드(Smile and speed)
- E: 감정(Emotion)
- R: 존경(Respect)
- V: 가치(Value)
- I: 이미지(Image)
- C: 공손함(Courtesy)
- E: 탁월함(Excellence)

(3) MOT의 구성

서비스가 진행되는 동안 고객은 수차례에 걸쳐 복수의 서비스 현장요원과 만나게 된다. 이때 다음의 세 가지가 작동한다

고객 체험 변동 없음: 고객의 기대치가 충족 (0)
고객 체험을 강화: 기대하지 않은 훌륭한 서비스 (+)
고객 체험을 손상: 기대 이하의 좋지 않은 서비스 (–)

고객의 관점에 의하여 접점관리를 해나가야 한다. 첫 번째로 고객의 소리(VOC: voice of customer)는 고객이 접점에서 무엇을 원하는지를 파악할 수 있게 해준다. 즉 고객에게 직접 물어보는 방식이다. 두 번째는 고객과 직접 대면하는 종업원들의 관점에서 관리가 필요하다. 이를 위해서 종업원의 소리(VOE: voice of employee)를 들어야 한다. 현장의 최일선 종업원은 고객만족을 좌우하는 가장

중요한 위치에 있으므로 이들을 어떻게 만족시키고 동기를 부여함으로써 MOT를 성공으로 이끄느냐를 고민해야 한다. 따라서 신입직원인 경우 고객과의 접점에서 과도한 부담이 발생할 수 있는데 평소에 선임사원의 멘토링(mentoring)을 활용하거나 또는 현장에서 팀으로 활동을 하게 하는 것도 한 방법이다. 이상을 상황에서 익숙하고 자유롭게 대화를 구사하기 위해 본인이 직접 녹음을 한 후에 되풀이하여 들어보고 필요한 부분을 고치는 노력이 필요하다.

고객과의 MOT에서 어떠한 말과 행동을 할 것인가를 다음과 같이 예시로 들었다. 다만 첫 방문 고객인가 아니면 재방문 고객인가, 시간대로 오후인가 늦은 밤인가에 따라 추가와 생략을 함으로써 운용의 묘를 발휘하는 것이 좋다. 마치 배우가 무대에서 연극을 할 때 애드립을 구사하듯이 말이다. 또한 현재 당장 접점이 아니라도 대기를 하면서 다음에 해야 할 일을 미리 생각해 둔다.

그림 7-8 투우와 진실의 순간

그림 7-9 얀칼슨과 MOT

서비스 열전

도쿄 디즈니랜드

"저는 고베에 살고 있는 여성 직장인으로, 디즈니랜드의 어느 젊은 직원에게 받은 서비스를 평생 잊을 수 없습니다."

디즈니랜드를 매우 좋아해 도쿄 출장 때면 늘 디즈니랜드를 방문했다는 그녀는 회전목마를 제외한 대부분의 놀이기구를 타 봤다고 한다.

그러던 어느 날 출장 때문에 도쿄에서 맞은 아침, 창문을 열어 보니 비가 조금씩 내리고 있었다. '됐다, 비가 오니 오늘은 공원에 아무도 없겠지. 최고의 기회야!'라고 기뻐하며 그녀는 디즈니랜드로 급히 달려갔다. 하지만 다른 사람이 별로 없는 것을 확인하고 바로 목마에 올라타려던 순간 그녀는 비로소 깨달았다. 전날 회의가 있어 짧은 치마 정장을 입고 와 버린 것이다. 결국 꽤 높은 회전목마에 올라타기 위해서는 발판을 사용하지 않으면 불가능했다.

안타깝지만 체념하고 돌아가려고 하는데 누군가 다가와 물었다. "무슨 일이십니까?" 젊은 남성 직원이었다. 그녀가 그 직원에게 경위를 간단히 이야기하자, 그는 젖은 땅 위에 무릎을 꿇고 앉아 왼쪽 다리를 세우고, "자, 여기를 밟고 올라가세요."라고 웃는 얼굴로 밝게 말하더라는 것이다. 그녀는 놀라서 말했다. "바지가 더러워지는데, 그렇게까지 하지 않아도 괜찮습니다." "바지는 세탁하면 됩니다. 멀리서 일부러 여기까지 오셨고, 모처럼의 기회니까 신경 쓰지 말고 타세요." 그녀는 결국 그 동안의 염원을 이룰 수 있었다.

그녀는 그 직원이 "바지는 세탁하면 됩니다."라고 아무렇지 않게 말한 것에 대해 "평생 잊을 수 없는 감동을 간직하게 되었다."고 말했다. 그리고 '평생 도쿄 디즈니랜드의 팬이 되겠다'고 다짐했다. 이 직원이 취한 고객 대응방법은 매뉴얼에 기재되어 있지 않았다. 다만 고객만족을 위해서 상대의 입장이 되어 생각하고, 꿈과 희망을 체념하게 하는 것이 아니라 이뤄 주기 위해 디즈니랜드 스타일의 친절한 행동을 몸소 실천했던 것이다.

출처: 가미사와 노보루 (2009).

The moment of truth

Survivor (1984)

When you're alone, you ask yourself 혼자 있을 때 스스로에게 물어본다
what are you searching for? 무엇을 찾고 있는지
Deep in the night, a dream is born 깊은 밤, 꿈 하나가 태어나
one that you can't ignore 거부할 수 없는 운명으로 다가온다
It's the moment of truth you're giving it all 그것은 진실의 순간, 모든 것을 걸었지
standing alone willing to fall 기꺼이 쓰러지더라도 서서 버티려고 해
If you can do it, get up and prove it 할 수 있으면 마주서서 그것을 증명해봐
get up and show them who you are 일어나서 네가 누군지를 보여줘

1984년 개봉한 영화 〈베스트키드〉의 주제가로 영화 〈록키〉 시리즈의 주제가로 친숙한 서바이버(Survivor)가 불렀다. 전학 온 소심한 남학생이 사부로부터 가라데를 전수받아 평소에 그를 괴롭히던 스쿨 불리(School Bully)를 이기는 성장 드라마이다. 두려움을 피하지 않고 당당히 맞서 이겨내 진정으로 내가 누군지, 나의 진정한 모습이 어떤 것인지를 결판 짓는 순간을 진실의 순간이라고 했다.
서비스를 제공하는 사람 역시 고객과 마주하는 그때 진실의 순간을 경험하는데 서비스맨으로서의 자신감과 자존감을 확립하고 자신에게 주어진 소명(vocation)을 확인해야 한다. 인생이 불완전연소된 삶을 살아가고 있다면 고객을 대하는 순간만이라도 눈부시게 붉게 달아오르고 그 순간 최선을 다해 한줌의 재가 되는 순간이 되어야 한다.

출처: Columbia Pictures Corp.

CHAPTER 08

고객 컴플레인 관리

우물쭈물하다가 그럴 줄 알았다.

I knew if I stay around long enough, something like this would happen.

– 버나드 쇼가 본인의 묘비에 본인이 쓴 글

Chapter 08

서비스 익스프레스

우물쭈물하다가 그럴 줄 알았다.

"I knew if I stay around long enough, something like this would happen"

→ 고객의 컴플레인은 좋은 기회이다. 해결하지 않고 우물쭈물하다가는 더 큰 문제가 된다. 고객의 문제는 바로바로 해결해야 한다.

1. 고객과의 관계맺음

고객을 대하는 어려움의 근원은 서비스 전달에 문제가 있기 때문이며 고객의 불만뿐만 아니라 불안, 불편 등을 제거해 나갈 필요가 있다.

2. 고객불평 그리고 기대관리

고객의 불평(컴플레인)은 불만이 밖으로 표출된 것으로 고객이 기대한 내용이 충족되지 못하였기 때문에 발생한다. 따라서 적극적인 고객기대관리가 요구된다.

3. 서비스 실패와 회복

고객의 불평(컴플레인)은 서비스 실패이기 때문에 이를 회복하는 적극적인 방법을 실행하여야 하며 MTP기법, HEAT기법 등을 대표적으로 제시하였다.

키워드

고객, 기대관리, 불만, 불안, 불편, 불평, 서비스 실패, 서비스 회복, 컴플레인, 허용구간

도입사례

콜센터 상담원, 욕설, 성희롱 전화 끊을 권리 생긴다

콜센터 상담원의 '끊을 권리' 확산
"상사 이름도 모르냐. XXX(욕설)아!"

한 온라인 쇼핑몰의 고객상담센터 녹취파일에 담긴 내용입니다. 얼굴도 모르는 사람에게서 다짜고짜 욕을 듣는 게 일상인 콜센터 상담원들은 대표적인 감정노동자입니다. 상담직원 중 85%가 언어폭력을 경험했고 이 중 74%는 그냥 참고 넘겼다는 조사 결과가 보여주듯, 다수의 콜센터 상담원들이 언어폭력, 성희롱 등에 속절없이 당하곤 합니다(잡코리아, 알바몬). 지난 1월 한 콜센터에서 근무하던 특성화고 학생이 업무 스트레스에 스스로 목숨을 끊었습니다. 9월에는 욕설전화를 수 시간 계속하던 고객을 응대하다가 상담원이 졸도하는 사건도 있었죠.

콜센터 상담원들의 감정노동과 그 부작용이 사회문제로 부상하면서, 몇몇 기업이 대책을 내놓았습니다. '욕설이 계속되면 전화를 먼저 끊으라'는 지침을 상담원들에게 준 겁니다. 전화로 양껏 욕설을 할 수 없게 되었기 때문일까요? 이 조치로 악성민원 자체가 줄어들었습니다. 현대카드는 '끊을 권리' 도입 이후 월평균 300여 건이던 막말 전화가 60% 이상 줄었다고 합니다. 정부는 지난 7월, 직무 스트레스에 따른 근로자의 건강 장해 예방조치 의무화 · 피해자 치료와 상담 지원 등을 담은 감정노동자 보호 관련 법안을 올해 안에 마련하겠다고 밝혔습니다. 고용노동부는 법안 마련에 앞서 지난 5일, '감정노동 종사자 건강보호 핸드북'을 발간했습니다. 고객에 의한 폭력 등 발생 시 노동자에게 업무중단권 부여, 피해 노동자에게 심리상담 · 치료기회 제공, 민 · 형사상 조치에 필요한 법률적 지원 등 대응조치 등 지자체도 문제 해결에 나섰습니다. 서울시는 '감정노동자를 위한 심리상담센터' 5개소를 운영, 상담과 미술심리치료 등 치유 프로그램을 운영하고 관련 법률 서비스를 지원하기도 합니다. 상담업을 이렇게 사회 전체가 구제해야 할 극한직업으로 만든 건, 수화기에 대고 막말을 해 댄 우리 사회 구성원 일부죠. 만연한 '갑질' 문화를 돌아보는 것이 각종 대책 수립만큼이나 중요한 이유입니다.

출처: 연합뉴스 (2017.11.14).

학습목표

01 본인이 파트타임 시 고객의 컴플레인 경험을 공유한다.

02 고객의 기대에 충족하지 못하는 이유는 무엇인지 생각해 본다.

03 고객 컴플레인을 해결하는 것이 왜 중요한지 생각해 본다.

1 고객과의 관계맺음

1) 고객을 대하는 어려움

(1) 고객을 대하는 어려움의 세 가지 이유

서비스는 고객에게 기쁨과 행복을 주는 데 목적이 있지만 좋은 서비스는 오히려 사람에게 불만을 주기 쉬운 일이다. 다음과 같은 문제 때문에 고객을 대하는 데 어려움이 존재한다.

① 회사의 문제: 수준 이하 서비스, 제품결함, 이용불편, 프로세스 및 규정 부재 등

② 직원의 문제: 불친절, 업무지식 부족, 응대 미숙, 고객의 감정에 대한 배려 부족 등 의사소통 능력 부족 등

③ 고객의 문제: 지나친 고객 기대, 고객의 오해, 서비스나 제품에 대한 정보 부족, 고객의 부주의 등

(2) 고객의 문제

고객은 참으로 만족시키기 어렵다. 다음은 대하기 어려운 손님들의 행동 예시이다. 서비스 담당 직원은 대하기 힘든 고객이라도 서비스를 통해 기분 좋게 하여 판매 성과를 만들어야 한다.

① 물건을 사러 온 건지 싸우는 것인지 착각하는 손님

② 나를 투명인간으로 보는 손님

③ 물건에 대하여 제일 잘 아는 손님

④ 살 듯 말 듯 하면서 안 사는 손님

⑤ 다른 가게와 비교하는 손님

⑥ 가격을 어림없이 깎자는 손님

⑦ 얄궂게 사가는 손님

⑧ 자기가 왕이라고 하는 손님

⑨ 주문을 하고 나 몰라라 하는 손님

⑩ 물건에 대하여 비난하는 손님

서비스 종사자는 눈이 필요하다. 학자의 눈이 진실을 밝히는 눈이라면 기자(記者)의 눈은 사회에 잘못되는 점을 찾아내는 눈이고, 형사는 범죄자의 범죄를 미리 예견하는 눈이다. 서비스맨의 눈은 고객이 아니다(不), 안 된다(不), 불가능하다(不)라고 생각하는 것을 맞다, 된다, 가능하다로 만들어 준다.

(3) 직원의 문제

서비스 직원은 고객을 열성 팬(fan)으로 만들어야 한다. 서비스를 받기 위해 나를 지명하는 것, 즉 굳이 날 보러와 줄 손님이 있는가를 곰곰이 생각해야 한다. 그나마 우연하게 나를 찾아온 고객을 잘못 대하면 두 번 다시 만나지 못하게 된다. 고객의 마음이 떠나면 고객의 내점(來店) 간격이 자꾸 벌어진다.

직원의 서비스의 칠거지악(七去之惡)은 다음과 같다. 옛날 남편이 아내를 내칠 권리로 이용된 일곱 가지 나쁜 행동인데 고객에게 잘못하고 서비스를 제대로 하지 않는 직원을 내칠 수 있는 근거가 될 수 있다.

① 무관심: 고객은 나와 상관이 없다는 태도

② 무시: 마치 먼지를 털어내 듯 고객의 요구나 문제를 못 본 척하고 고객을 피하는 일

③ 생색: 고객을 위해 당연히 해드려야 할 일을 인심 써서 해드리고 있다는 식의 태도

④ 냉담: 고객에게 적대감, 퉁명스러움, 차가운 표정, 고객보다는 내 일이 먼저라는 태도

⑤ 로봇화: 직원의 기계적인 응대로 따뜻함이나 인간미를 전혀 느낄 수 없는 태도

⑥ 규정 핑계: 고객의 만족보다는 조직의 내부규정을 앞세워 예외를 인정할 수 없거나 상식이 통하지 않는 경우

⑦ 뺑뺑이 돌리기: 죄송합니다만 ○○○로 다시 거세요. 이쪽은 담당이 아닙니다라는 식으로 고객을 고생시키는 행동

2) 고객의 3불(不)

앞으로 받을 서비스가 충분히 구현되지 않을 것이라는 예상으로 생기는 부정적인 마음 중에서 주목하여야 할 것을 3불(不)이라고 한다. 불안, 불편, 불만이다. 반대로 서비스가 충분히 구현되었을 때 혹은 충분히 구현될 것이라고 확신될 때 안심, 편리, 만족이 생겨날 것이다. 이외에도 위생수준에 대한 기대가 높아지면

서 불결이 포함되기도 한다.

(1) 불안

불안(不安)이란 약속받은 서비스가 이루어지지 않을까에 대한 우려이다. 고객의 불안은 서비스 보증 등으로 해소할 수 있다. 하나투어는 맞춤여행 인증여행사를 추구하면서 세 가지 약속을 제시하였는데 그중의 하나가 안전이다.

① 약속: 여행일정과 계약사항에 대한 인증서 제공을 통한 명확한 약속이행

② 요금: 같은 일정이라면 최적화된 고객맞춤요금 제공

③ 안전: 전 세계 네트워크 구축 등

캐나다의 빅토리아 관광회사의 서비스는 대표적인 여행의 불안을 없애주는 서비스를 제공하고 있다, 즉 관광목적지에서 비가 내리면 여행을 망치지 않을까 하는 불안 때문에 선불리 여행 예약을 하지 못하는 관광객을 위해 우기인 4~5월에 비가 12.5mm 이상 내리면 2박 이상을 예약하는 고객에게 500달러를 보상해 주는 상품이었다. MK택시는 고객의 늦은 귀가 길에 손님을 바래다주고 대문으로 들어갈 때까지 택시 전조등을 켜주는 배려를 하고 있다.

보유한 것, 지킬 것이 많아질수록 불안감은 이에 비례해서 커진다. 따라서 이러한 불안을 감소시키기 위한 서비스 요구가 늘어나고 있다. 관광경찰은 경찰청과 문화체육관광부가 외국인을 대상으로 자행되는 불법행위로 인해 한국 방문 및 관광을 주저하는 것에 대비하여 도입한 제도이다. 타지에서의 여행 불안을 공권력 서비스로 경감해 주는 시도이다. 도쿄 디즈니랜드는 지진이 빈번한 일본의 지리적 특성에 따라 방문객을 대상으로 연 180회가 넘는 재난훈련을 실시한다. 아울러 공포에 떠는 어린이 입장객을 위해 캐릭터 봉제인형을 잊지 않는다. 코로나 바이러스로 인해 호텔 이용에 불안을 느끼는 투숙객을 위해 호텔은 방역 및

위생에 철저를 기한다는 문구를 게시하기도 한다.

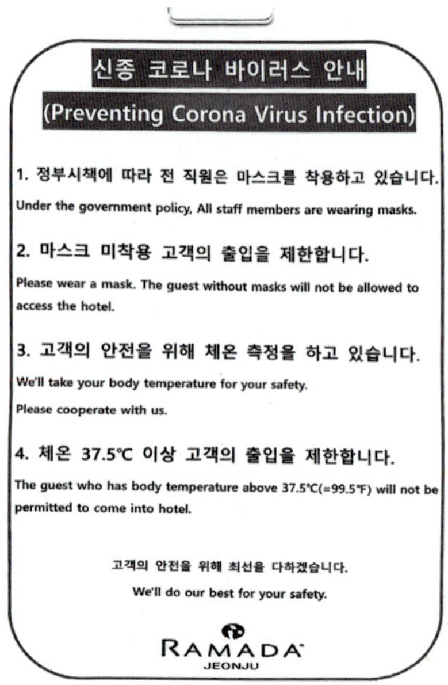

그림 8-1 호텔의 코로나 바이러스 방역 안내

(2) 불편

불편(不便)이라는 것은 서비스의 진행과정이 매끄럽지 못하여 당황하는 경우이다. 따라서 예상치 못한 일이 일어나 편안한 감정을 가지지 못해 생긴다. 식사를 마치고 웨이터에게 결제를 부탁했는데 카드에 문제가 생긴 경우, 이때 다른 손님이 있는데 카드가 결제가 되지 않는다고 말하면 당사자는 체면이 깎일 것이고 그 자리가 불편해질 것이다. 따라서 전화가 있으니 데스크에 와서 받아 보라고 권유하며 장소를 옮겨 카드의 문제를 이야기하여 고객의 불편함을 해소할 수 있다. 많은 식당에서 상투적으로 외투 및 가방 보관소에 맡긴 물건에 분실 책임을 지지 않는다고 한다. 고객은 일단 맡기지만 식당의 정책에 대하여 무책임하다는 불만을 가지게 될 것이다. 호텔의 아침 조식뷔페는 음식을 가지러 자리를 뜬 사이 가끔씩 다른 손님이 빈자리인 줄 알고 앉을 때가 있다. 손님과 손님 간의 불편함을 해소하기 위해서 이 자리는 비어 있지 않다는 표시(공석표)를 준비하는 것이 좋다.

그림 8-2 호텔 식당의 공석표

(3) 불만

불만은 고객이 만족하지 못하는, 말 그대로 채워지지 않은 상태를 나타낸다. 사실 불편은 불만에 포함될 수도 있고 불안이라는 것은 결국 현실화되었을 때 불만으로 귀결된다. 고객만족에 대비되는 불만이 보편적으로 제반 교과서에서 설명되고 및 학술적 개념으로 연구되고 있으므로 별도의 장으로 설명하고자 한다.

비행기가 난기류로 인하여 심하게 요동을 칠 때 고객은 불편을 겪고 불만을 터뜨린다. 말 그대로 서비스 업자는 천재지변(Act of God)까지 책임을 져야 한다. 대체적으로 카리브해 연안은 날씨가 매우 더워 시원한 생수를 쉽게 구하기 어려운 불편이 있다. 크루즈 승객들이 저녁 즈음 서둘러 돌아와 승선을 하고 바로 식당으로 가서 저녁을 먹을 때 더운 날씨에 지친 고객들은 차가운 물이 준비되어 있지 않으면 매우 화를 낼 것이다.

(4) 불결

불결(不潔)은 서비스의 이용 상태가 깨끗하지 않은 상태로서 물리적인 오염뿐만 아니라 생물학적 화학적인 오염상태까지 포함한다. 불결함은 시각적인 면도 크지만 후각적으로도 크게 다가온다. 그리고 불결함은 오히려 감정적인 면에서 부각될 수도 있다.

식당의 서버가 입은 유니폼에 때가 끼어 있다면 가져오는 음식에 대해서도 비슷한 상상을 할 것이다. 호텔의 화장실은 각종 세균들의 온상이 될 수도 있는데 좌변기는 직접 옷을 벗고 신체를 접촉해야 하므로 일회용 깔개와 좌대 청결대가 비치가 되어 있어야 불결함을 최소화할 수 있다.

3) 고객의 3불(不) 해소의 중요성

(1) 보기 싫은 고객을 다르게 보자

3불(不)이 해소되지 않은 서비스에 대하여 불평하고 불만을 가지는 고객은 오히려 고마운 고객이다. 단골손님이 주인과 친하지 않다고 맛을 제대로 평가하지 않으면 향후 다른 손님을 맞이할 때 심각한 품질 문제를 야기할 수 있고 결국 비즈니스 실패로 이어진다. 음식점을 처음 오픈했을 때에는 고객으로부터 엄정한 평가를 받기 전이다. 따라서 주인의 초청으로 개업인사차 식사를 하는 가족이나 지인이 많은데, 인정상 맛과 서비스에 대해 웬만해서는 3불(不)을 드러내지 않는다.

직원은 고객을 다음과 같이 인지하지만 사실은 잘못 오해하는 것일 수 있다.

① 불평 많은 고객 → 솔직하게 문제점을 알려주는 고객

② 변덕스런 고객 → 그때그때 감정에 충실한 고객

③ 잘난 척 하는 고객 → 똑똑하고 지적인 고객

④ 깐깐한 고객 → 섬세한 고객

⑤ 허황된 고객 → 꿈 많고 창의적인 고객

⑥ 말이 많은 고객 → 표현력이 좋은 고객

(CS리더스자격시험연구회, 2013)

(2) 서비스 불만은 돈을 잃게 한다

서비스를 제공하면 고객 반응의 경우의 수는 두 가지, 즉 만족과 불만(족)이다. 모든 일에는 선순환이라는 것이 있다. 하나가 잘 풀리면 연달아 좋은 일이 일어난다. 반대는 악순환이다. 단추가 하나 잘못 끼워지면 계속해서 잘못되어 나중에 걷잡을 수 없다.

방문객이 불만을 가지면 식당에 손님이 오지 않는다. 손님이 오지 않기 때문에 판매와 이용횟수가 감소한다. 따라서 고객을 잃어버리게 되고 매출감소로 귀결된다. 방문객의 불만은 식당을 이용하지 않은 손님의 귀에도 들어간다. 따라서 나쁜 이미지가 생긴다. 잠재고객의 상실로 이어지고 더 나아가 예상한 매출의 차질을 빚게 된다.

(3) 불만 손님의 반응행동

서비스에 불만족한 손님은 공식적 조치, 사적인 조치 그리고 무대응 중 하나를 선택한다. 공식적인 조치로 회사에 불평하거나 제3자에 불평, 법적 조치 강구, 사적인 조치로 이탈 및 부정적 구전이 있다. 구전(WOM: worth of mouth)은 최근 SNS 등으로 더 강력한 파급력을 가가지게 되었다. 소문은 눈덩이처럼 불어나고 진실과는 멀어지기 때문에 초기대응이 매우 중요하다. 무대응, 즉 불만을 감수하고 외부로 표출하지 않는 것이 서비스 제공업자의 최선은 아니다.

Service Break

나는 정말로 좋은 고객입니다

나는 누구일까요?
나는 정말로 좋은 고객입니다.

나는 종류의 서비스를 받더라도 불평하는 법이 없습니다.
매장에 가서도 먼저 인사를 하고 직원들이 제게 말을 걸어주기를 기다립니다.
직원들에게 무언가를 요구하지도 않습니다.
종종 나보다 늦게 들어온 사람에게 먼저 물건을 권하고 이야기를 걸어도
나는 불평하지 않습니다.
나는 기다리기만 할 뿐입니다

나는 정말로 좋은 고객입니다.
그리고 내가 무언가를 사기 위해 또 다른 매장을 찾아도
나는 고객의 권력을 휘두르려고 하지 않습니다.
대신 다른 사람들에 대해서 사려 깊게 행동하려고 노력합니다.
만약 무엇을 살지 결정하지 못해 여러 물건을 놓고 고심하고 있을 때
옆에 서 있는 직원이 귀찮고 짜증난 얼굴을 하더라도
나는 최대한 예의바르게 행동합니다.
나는 절대로 흠잡거나 잔소리한다든가 비난하지 않습니다.
그리고 다른 사람들이 종종 하듯이 시끄럽게 불평을 늘어놓지도 않습니다.

솔직히 나는 너무나 멋진 고객입니다.
여러분 내가 누군지 궁금하시죠?
나는 바로 돌아오지 않는 고객입니다.

2 고객불평 그리고 기대관리

1) 고객불평의 개념과 의의

(1) 고객불평의 개념

불만(不滿, dissatisfaction)은 글자 그대로 해석하면 차 있지 않다, 즉 만족하지 않다, 만족스럽지 못하다는 의미를 가진다. 고객의 불만은 고객을 고(苦)객으로 만드는 것이다. 그런데 불만을 드러내는 경우도 있고 드러내지 않는 경우도 있다.

불평(不平, complaint)은 마음에 불만이 있어 못마땅하게 여기고 그 못마땅함을 말이나 행동으로 공개적으로 드러내어 표현하는 것이다. 구매 에피소드에 대한 부정적인 의사소통을 포함하고 그 에피소드에서 지각한 불만족으로 야기된 모든 행동 및 비행동적 반응이다. 불평은 현업에서 컴플레인이라는 말로 빈번하게 사용된다. 보다 구체적으로 부정적 감정에는 분노, 부끄러움, 혐오, 후회, 실망 등이 일어난다. 고객의 불평행동은 상당히 불만족과 상관관계가 있다. 불만과 불평에 기업이 민감한 것은 고객을 잃는 전조가 된다는 것이다.

유사하게 쓰이는 말로 클레임(claim)이 있는데 고객이 객관적인 문제점을 지적하는 것에 비해 컴플레인은 주관적인 경향이 강하다는 점에서 차이가 있다. 다만 혼용해서 쓰이고 있다.

불만과 만족에는 큰 그림이 존재한다는 것을 알아야 한다. 단순하게 현장 서비스 요원과 손님 간의 트러블이 아니다. 현장 서비스 요원은 기업을 대표하며 손님의 불평 역시 여러 가지 이유가 있다.

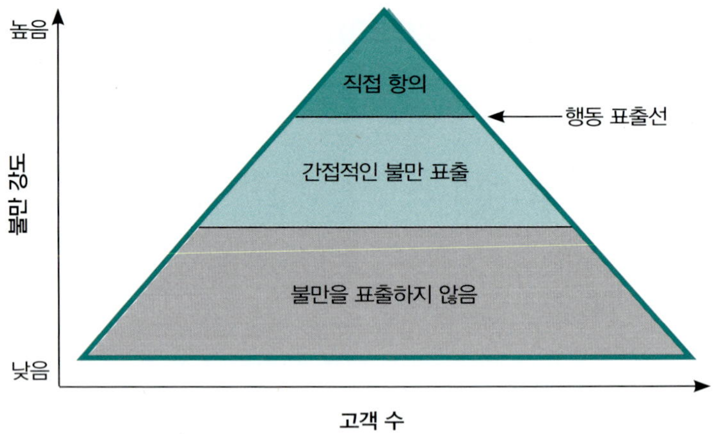

그림 8-3 고객의 불평과 불만

(2) 불평이 일어날 수 있는 제반 사항

① 물리적 상황: 외형, 인테리어, 호텔이나 음식점, 매장의 입지조건, 설비, 재질에 대한 불만 등

② 시간적 상황: 매장 운영시간, 고객 상담시간, 지연시간 등에 대한 불만 등

③ 감각적 상황: 오감으로 느낄 수 있는 색조, 그림, 소음 정도, 청결함, 음악 종류에 대한 불만 등

④ 인적 상황: 종업원 복장, 접객태도, 상담태도, 대화에서의 불만 등

⑤ 절차적 상황: 회원 가입 절차, 물건 사는 절차 등에서의 불만 등

⑥ 정보적 상황: 카탈로그, 상품설명서, 통보서, 인터넷 게시판 등 정보제공에 대한 불만 등

⑦ 금전적 상황: 지불수단, 결제조건, 멤버십 유무에 따르는 금전적인 부담 정도, 금전적 혜택이나 우대 등에 대한 불만 등

⑧ 제공적 상황: 제품 · 서비스를 제공하는 주체와 객체의 상황에 따른 불만 등

(3) 고객의 불평에 대한 단계

고객에게 서비스를 전달하는 데 문제가 생기면 고객은 다음과 같은 단계를 거친다.

① 분노단계: 화가 난 것을 외부로 표출한다.

② 흥분단계: 자신의 감정을 잃고 문제의 본질까지 착각한다.

(고객불평의 해소 후)

③ 진정단계: 문제가 해결되어 평정심을 회복한다.

④ 미안해하는 단계: 고객이 제대로 보상을 받거나 혹은 본인이 불평하는 과정에서 지나쳤다 생각되어 미안하다는 감정을 가지고 재방문 혹은 재구매를 다짐한다.

2) 고객불평 청취의 어려움

(1) 고객이 불평을 하지 않는 이유

고객은 다음과 같은 이유로 불평을 하지 않는다. 불만의 강도가 높아도 직접 표출하는 손님은 별로 많지 않다. 특히 고급호텔에서 직접 불만을 나타낼 경우에 다른 손님에게 피해가 간다고 생각하며 이를 매너와 에티켓을 지킨다고 생각하여 침묵한다. 교양은 남의 눈에 띄지 않아야 진짜라는 말도 있다. 다수의 손님들은 단념을 하며 다시는 해당 업장에 방문하지 않겠다고 마음먹고 이를 행동으로 옮기는 '소극적이지만' 치명적인 복수를 한다. 단골손님일 때에는 친분관계로 인해 심지어 말을 꺼내기조차 어렵다.

고객이 불평을 하지 않은 열 가지 이유는 다음과 같다(조관일, 2000).

① 귀찮다.

② 불만을 어디에 말해야 할지 모른다.

③ 불만을 말해도 해결될 것 같지 않다.

④ 시간과 수고의 낭비이다.

⑤ 차라리 손해 보고 거래를 끊으면 그만이다.

⑥ 서비스 불량은 시간이 지나면 증거가 없다.

⑦ 불쾌한 것은 빨리 잊고 싶어한다.

⑧ 서비스가 불량인 경우 특정인의 행동을 비난해야 하는데 용기가 필요하다.

⑨ 불만을 말함으로써 더 큰 불이익을 당할지 모른다.

⑩ 스스로가 불평 · 불만자(속칭 프로불편러)라는 나쁜 이미지가 형성될 것 같다.

(2) 고객불평이 일어나는 이유

고객불평의 이유로 다음과 같이 세 가지 이론이 있다.

첫 번째는 기대불일치이론(expectation disconfirmation theory)이다. 고객이 사전에 기대한 것과 실제 서비스의 성과를 비교해서 일치와 불일치를 판단한다.

두 번째는 공평성이론(equity theory)이다. 고객이 자신이 서비스를 받으려고 투입된 양과 실제 산출된 양을 비교한 후에 타인 혹은 타 기업의 투입 및 산출을 비교하여 공평하다고 느끼면 만족하고 불공평하다고 느끼면 불평한다.

세 번째는 귀인이론(attribution theory)이다. 어떤 결과가 발생을 하면 그 원인을 추론하게 되는데 그 원인에 따라서 만족과 불만 혹은 불평이 발생한다.

패밀리 레스토랑의 생일자에 대한 축하이벤트와 관련하여 예를 들면 다음과 같다. 불평이 발생하는 이유는 기대한 서비스가 제공되지 않았기 때문에 기대 불일치가 발생한다든지, 다른 고객 혹은 다른 패밀리레스토랑에서는 당연히 제공하는 서비스인데 본인이 못 받았다고 생각해서 공평성 문제를 제기한다든지, 축하이벤트를 받기 위해서 본인이 고객가입을 했어야 했는데 기업에서 홈페이지에 적절히 고지를 하지 않았기 때문에 이것이 원인이라고 판단되어 불평을 한다.

(3) 서비스 접점에서의 고객불만 경우의 수

서비스 접점에서 네 가지 경우의 수가 발생하는데 고객에게 제공해야 할 서비스를 의도적 혹은 실수로 제공하지 않았을 때 그리고 고객이 이것을 알아챘을 때 불만족, 불평행동으로 이어진다.

반면에 고객이 서비스가 제공되지 않은 것을 알아차리지 못하는 경우에는 불만족으로 이어지지 않겠지만(고객도 실수를 한다) 엄연히 이것은 서비스 전달체계에 문제점이 있는 것이고 엄밀한 의미에서는 서비스 실패이다.

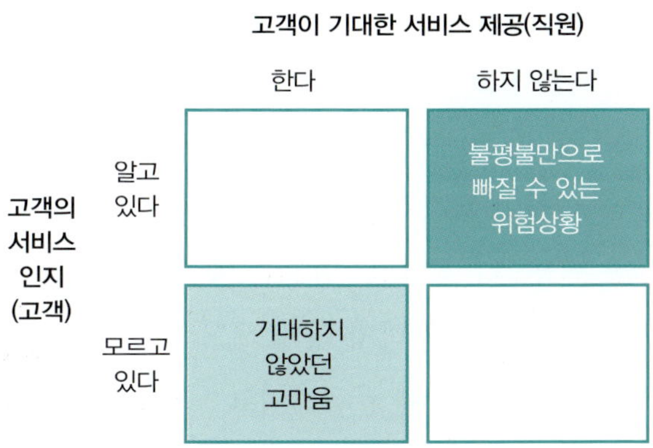

그림 8-4 고객불만의 경우의 수

3) 고객기대 관리

(1) 고객의 기대와 기대 수준의 구성

고객의 기대(expectation)란 고객이 서비스를 제공받기 위해서 그 성과에 대해서 가지고 있는 신념이다. 기업 입장에서 볼 때 서비스의 성과를 판단하는 데 이용되는 준거가 된다.

칼 알브레히트(K. Albrecht)는 고객기대에 대해 사슴처럼 앞서가는 고객의 기대를 달팽이의 속도로 쫓아가는 추격전이라고 비유하였다. 그는 고객의 가치 4단계를 제시하면서 기대가치를 언급한다. 1단계 기본(basic)가치는 말 그대로 서비스를 받는 이유가 된다. 식욕의 충족, 수면욕의 충족 등이다. 2단계 기대(expected)가치는 기본적 가치를 충족시키기 위해서 이 정도는 되어야 하지 않는가에 대한 가치이다. 청결한 방, 룸메이드의 매너 등이다. 3단계 희망(desire)가치는 적극적으로 기대하지는 않았지만 마음속에 바라고 있던 가치이다. 푹신한 브랜드 침대, 자연채광으로 햇볕이 잘 드는 방 등이다. 4단계 미지(unanticipated)가치는 기대하지 않던 가치로 서비스를 받고 놀라는 단계이다. 도착했는데 결혼을 축하하는 와인 바구니가 침대에 놓여 있는 것 등이다.

농구를 하면서 농구대가 너무 높은 데 있으면 아무도 던지려 하지 않을 것이다. 허들을 넘는데 허들이 갑자기 솟아오르면 당황한다. 고객에게 기대가치를 형성하게 하는 것은 분명하나 적당한 기대감, 예측할 수 있는 기대감을 주는 것도 필요하다. 반면에 기대를 너무 하지 않게 해도 문제다. 기대는 자기충족 예언이다. 사람은 기대를 받으면 기대에 부응하려고 노력한다. 기대가 인간을 바꾸게 한다. 리츠칼튼 호텔은 직원을 신사 숙녀로 명명함으로써 품격 있는 서비스를 하도록 하였다.

허용구간(zone of tolerance)은 서비스 수준이 가변적이기 때문에 고객이 이를 수용하는 정도로 희망서비스와 최저서비스 사이의 구간이다. 서비스의 불만은 최저서비스 수준 이하일 때 생겨난다. 합리적이지 못한 요구, 정책에 반하는 요구, 종업원이 받아들일 수 없는 요구는 예를 들면 식당에서 식사 후 식사비를 유예해 달라든지 여행 가방을 기내로 반입할 때 허용하는 규격보다 큰 가방을 가져오는 경우 등이다.

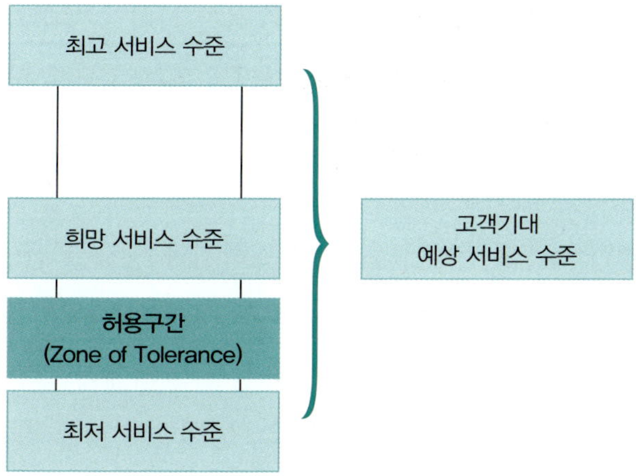

그림 8-5 고객기대와 허용구간

(2) 고객기대의 종류

고객기대는 기대를 형성하는 원인에 따라서 다양하다(황현진, 2017).

① 이익기대: 이용 및 구매 시 경제적 이득

② 해결기대: 문제해결과 상황극복의 도움

③ 안심기대: 불안을 떨쳐버릴 수 있음

④ 사랑기대: 가족 및 연인 등에게 사랑을 실천

⑥ 자부심 형성기대: 자존심과 자신감을 회복

고객은 서비스를 이용 시에 다음과 같은 기대심리가 내재해 있다(한국생산성본부, 2017).

① 환영심리: 언제나 반갑게 맞이하게 해주었으면 하는 바람

② 독점심리: 혼자만 특별하게 대우받고 싶은 마음

③ 우월심리: 서비스 직원보다 우월하다고 인정받고 싶어하는 마음

④ 모방심리: 다른 고객을 닮고 싶어 하는 심리

⑤ 보상심리: 비용을 들인 만큼 그에 상응하는 서비스 기대
⑥ 자기보상심리: 자기 기준을 가지고 자기의 위주로 모든 상황을 파악
⑦ 존중기대 심리: 서비스를 받으면서 자존심과 자신감 회복을 원함

고객은 특별한 대접을 받기를 원하기도 하지만 방해를 받고 싶지도 않은 존재다. 약간은 관심 속에서 우쭐해 하는(쁘띠 세레브한) 분위기를 즐기기도 하지만 너무나 관심을 받는 것도 싫어한다. 예를 들면 고객에게 호텔방은 집과는 다른 특별함도 있어야 하지만 집과 같은 편안함, 방해받지 않을 자유도 있어야 한다. 극단적으로 투명인간 취급(?)을 받고 싶어 하는 사람도 있다. 유명한 스타들이 업장을 방문하면 자연스럽게 대해주거나 시선을 끌지 않도록 탁 트인 홀 테이블이 아니라 룸으로 안내하는 운영의 묘가 필요하다.

(3) 고객의 사전기대 관리

고객에 대한 정보, 고객의 문제점, 경합기업의 서비스 수준 등을 감안하여 만족할 만한 사전기대를 확보해 나가는 것이 중요하다. 다만 문제점은 사전기대가 과도하게 클 때 이것을 따라잡기가 힘들다. 고객은 본인의 기대가 충족되면 학습효과에 의거 더 높은 기대치도 받아들여질 수 있다고 판단한다. 손님의 기대에 무리하게 응하기보다는 '저 사람에게 부탁했는데도 안 된다면 하는 수 없다'라는 믿음을 얻는 것이 중요하다. 롯데호텔은 고객의 기대를 넘어서는 노력을 표방하면서(Beyond customer expectation), 도전(challenge), 존경(respect) 그리고 독창성(originality) 등으로 세분화하였다.

마땅히 서비스를 제공해야 한다고 생각되지만 고객이 기대를 하지 않을 때도 있고 또 서비스를 제공하면 오히려 기분 나빠할 수도 있다. 여성 고객이 본인 실수로 자리에 앉았다가 일어나면서 스커트가 말려 올라가 있다면 이 민망한 순간

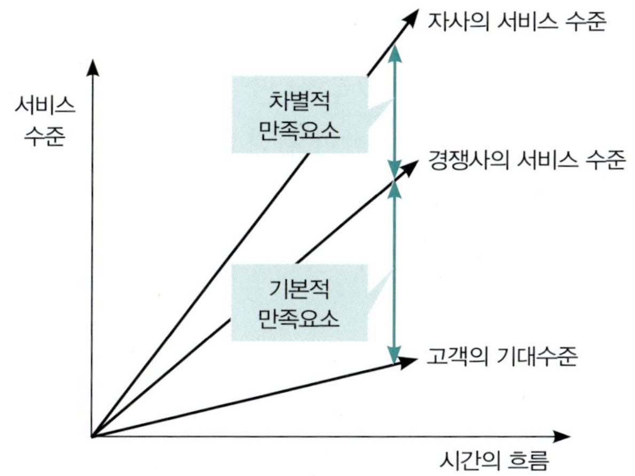

그림 8-6 고객의 기대수준과 서비스 수준

에 굳이 지적해야 할까? 연세가 지긋한 손님은 오히려 부축하는 것을 원하지 않을지도 모른다. 신체적 장애가 있는 사람에게 별도의 특별대우를 하는 것은 오히려 반감을 불러일으킬 수도 있다.

도미노피자는 신속한 배달이라는 고객의 가치를 제안하였고 이를 충족시키기 위해 노력하면서 30분 내 배달하지 못하면 공짜라는 것으로 구체화하였다. 식어버린 피자보다는 구워낸 지 얼마 안 되는 피자를 당연히 선호하기 때문이다. 맥도날드는 '고객만족기회지수'라고 하여 다음과 같이 기대수준을 제시하고 있다(맥도날드, 2005).

① 친절한 환영과 배웅

② 공손한 서비스

③ 효과적인 의사소통

④ 정확한 음식과 음료, 양념류 제공

골디락스 명제(Goldilocks proposition)라는 것이 있다. 전래동화 〈골리락스와 곰 세 마리〉에 따르면 곰이 사는 집에 우연히 들린 여주인공 골디락스는 배가 너무 고파 스프 세 개를 발견하여 먹었는데, 너무 뜨겁지도 차갑지도 않은 중간 것을 선택했다고 한다. 또 배가 불러 잠이 자려 했는데 침대 세 개를 발견했고, 침대도 너무 딱딱하거나 너무 부드럽지 않은 중간 것을 선택했다고 한다. 고객에 대한 서비스 역시 극단이 아니라 중간점이 때로는 효과적일 수 있다.

3 서비스 실패와 회복

1) 서비스 실패와 회복의 개념과 의의

(1) 서비스 실패와 회복의 개념

서비스 실패(service failure)는 서비스 접점에서 고객의 불만 혹은 불평을 유발하는 열악한 서비스를 고객이 체험하였다는 것이다. 약속한 서비스가 불이행 되었거나 서비스를 제공하는 동안 발생하는 여러 형태의 오류가 발생하였고 또 서비스를 받는 중에 고객이 좋지 않은 감정을 가졌다는 등 다양하다.

서비스 실패를 원상태대로 복구하는 것을 서비스 회복(recovery)이라고 한다. 서비스 회복이란 제공된 제품 혹은 서비스가 고객의 응대에 부응하지 못하여 이를 원상태대로 돌리는 과정이다. 식당에서 음식을 늦게 가져오는 등 느린 서비스는 홀서비스 직원의 문제가 아닐 수도 있다. 과다한 많은 메뉴로 인한 조리시간 연장, 재고 소진으로 음식을 당장 만들 수 없는 등 경영관리 전반의 문제이다. 그러나 당장 고객에게 이 상황을 설명해야 하는 것은 홀서비스 직원의 몫이다.

서비스맨은 누구나 기억의 상자를 가지고 있다. 서비스가 반복되다 보면 만용에 빠질 수 있다. 본인은 오류가 있을 수 없다는 착각에 빠진다. 따라서 서비스를 처음 시작했을 때 가졌던 마음, 즉 초심(初心)으로 돌아가 고객에게 서비스하던 당시의 두근거렸던 마음가짐을 다시 한 번 기억해 낼 필요가 있다. 자기가 가지고 있었던 기억의 상자를 열어보자. 직업을 얻어서 얼마나 기뻤는가? 처음 하는 일이라 얼마나 설레었는가?

(2) 서비스 실패가 문제가 되는 이유

서비스는 전달과정에서 실패 없이 진행되는 것이 가장 좋다. 서비스에 실패하면 고객의 불평이 발생하게 되고 고객의 불평을 대처한 후에야 서비스는 겨우 마무리된다. 서비스를 회복시키는 데 시간과 추가적인 자원의 투입이 요구된다. 자원의 낭비가 발생하고 다른 고객에게 추가적인 서비스를 할 기회를 상실하게 되며 직원들은 회복에 필요한 노동을 함으로써 어려움을 겪는다. 게다가 고객의 컴플레인으로 인해 감정까지 상한다. 같은 일을 두 번 반복해야 한다는 것이다. 애초에 잘하고 만약에 잘못된 경우에 바로 고쳐야 하며 세 번의 기회는 없다는 것을 명심해야 한다.

포정해우(庖丁解牛)라는 말이 있다. 소 잡는 솜씨가 뛰어난 포정(백정)이 뼈와 살을 신기(神技)에 가까운 솜씨로 발라내는 데에서 유래하여 기술의 묘(妙)를 칭찬할 때 비유한다. 서비스 역시 그러하다. 단번에 마무리해야 한다.

서비스 실패로 인한 비용을 구체화하면 다음과 같다.

① 내부 실패 비용: 고객에게 전달되기 전에 재작업, 수정 등, 내부 생산성 문제 발생, 인원의 비효율적 운영 등

② 외부 실패 비용: 고객에게 전달된 후에 재작업, 수정 등, 나쁜 구전과 미래의 판매기회 상실 등

③ 평가 비용: 제대로 되었는지 확인 비용, 검사, 프로세스 통제 등

④ 예방 비용: 처음부터 실패가 발생하지 않도록 최소화하는 노력들, 품질계획 비상 타스크팀 운영, 교육훈련 등

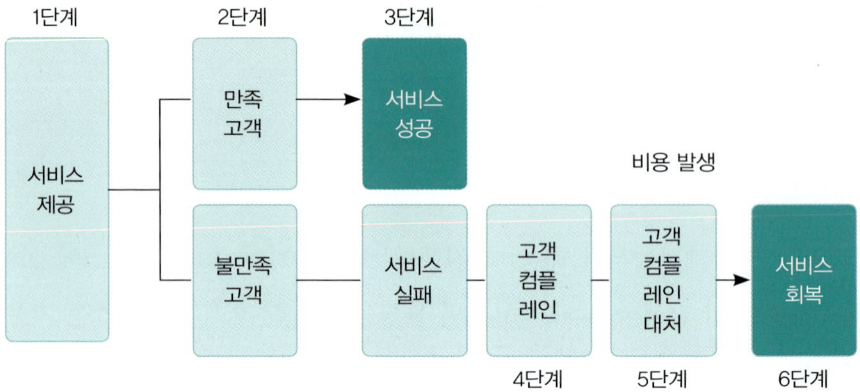

그림 8-7 서비스의 실패와 회복

페덱스사의 1 : 10 : 100 법칙이 있다. 불량이 생겼을 때 즉각적으로 고치면 원가가 1만 들지만 책임소재나 문책 등을 걱정해 이를 숨기고 기업의 문을 나서면 원가가 10이 들며, 이것이 고객의 손에 들어가 걸리면 원가가 100이 든다는 법칙이다.

- $1 : 내가 결함을 알았을 때 해결에 소요되는 시간 혹은 비용, 즉시 고쳤을 때 드는 비용
- $10 : 내부 결함을 발견했을 때 해결에 소요되는 시간 혹은 비용, 숨길 시 증대
- $100 : 외부고객이 결함을 발견했을 때 해결에 소요되는 시간, 즉 외부에서 클레임 시 증대

(3) 서비스 회복이 중요한 이유: 서비스 회복의 패러독스

고객의 불평을 고객의 만족에 한걸음 더 나아가기 위한 기회로 삼고 이를 통해서 인연으로 충성고객화하는 것이 중요하다. 직접 불만을 품은 고객이 낫지 오히려 무관심이 가장 무서운 적이 될 수 있다. 고객의 불평에는 ABC의 규칙을 적용해야 한다. 서비스는 원상복구, 즉 회복되는 데 그쳐서는 안 되고 그 이상의 것을 제공해야 하며 그 이상의 것을 기대해야 한다.

ABC
Go Above and Beyond the Complaint

고객이 서비스 실패를 경험했을 때가 오히려 경험하지 않았을 때보다 만족과 충성도가 높아진다. 1984년 제약회사 존슨앤존슨(J&J)의 타이레놀 독극물 위협사건에 대한 신속한 대처는 오히려 고객의 신뢰를 확보하는 데 도움이 되었다. 타이레놀의 판매단계에서 누군가에 의한 독극물 투여로 구매자 8명이 사망하는 사건이 발생하였다. 존슨앤존슨은 사실을 언론에 공표하고, 시중에 유통 중인 타이레놀을 전량 회수하고 독극물 투입을 원천적으로 봉쇄하는 포장방식을 개발하는 등 발 빠르게 움직여 고객의 신뢰를 회복하였다.

맥도날드에서 바닷가재와 샴페인을 주문했다고 하자. 무조건 없다고 하면 화를 낼 수도 있다. 그러나 방문한 고객을 잡으려면 "마침 고객님께서 주문하신 그 두 가지는 저희 가게에서 취급하지 않습니다. 그렇지만 다른 맛있는 먹을거리가 많이 준비되어 있으니 메뉴에서 골라 보세요."라는 멘트를 써보는 건 어떨까? 대안의 제시도 중요하지만 언제 대안을 제시하는가 역시 중요하다.

2) 서비스 회복의 방법

(1) 고객행동의 매트릭스

서비스는 역할연기이다. 서비스를 전달하는 사람과 전달받는 사람 간에 주고받는 행동(give and take)이다. 따라서 역할론 관점에서 보면 고객의 불평행동은 주어진 역할 내 수행에서 부정적 역할을 하는 것이다.

구분	주어진 역할 내 수행	다른 역할 수행
긍정적 역할 수행	고객의 서비스 참여	시민행동
부정적 역할 수행	불평행동	불량행동

① 고객의 서비스 참여: 일상적인 서비스 제공에 대한 소비

② 시민행동: 기업활동 협조, 건의사항, 다른 고객 도움주기 등 고객이 직접 참여하되 기대하기 않았던 행동

③ 불평행동: 전달받은 서비스가 마음에 들지 않아 다시 전달 요구, 환불, 서비스 요원의 교체

④ 불량행동: 전달받은 서비스에 관계없이 업장과 다른 고객에게 피해를 입힘, 극단적인 행동, 폭력, 기물 파손 등

(2) 서비스 회복을 위한 행동지침

① 피뢰침의 원칙: 회사와 조직에 상처 입히지 않기

② 책임공감의 원칙: 나의 일이 아니라고 다른 부서로 떠넘기는 행위를 금지

③ 감정통제의 원칙: 감정에 의한 일 처리 금지

④ 언어통제의 원칙: 고객 이야기 많이 들어주기, 본인 이야기 최소화

⑤ 역지사지의 원칙: 고객의 입장이 되어주기

(3) 서비스 회복 시 유의할 점

고객의 문제점을 하나하나 빠뜨리지 않고 해결하겠다는 의지의 표현으로 메모를 한다. 고객의 마음을 풀어주기 위해 웃었는데 상대가 무시당하는 느낌을 받을 수 있다. 고객의 의견을 잘 듣는 것이 필요하다. 이때 감정에 휩싸이지 말고 끝까지 들어야 하며 고객의 입장에서 듣고 이해해야 할 것이다. 가능하면 쉬운 말을 사용해야 하며 업계용어(jargon)를 사용해서는 안 된다. 업계용어는 내부고객, 즉 종업원만 알 수 있는 언어이다. 예를 들어 항공기 객실에서의 채식메뉴(베지테리언 메뉴)를 베지밀이라고도 부르는데 고객에게 써서는 안 될 은어이다.

서비스 회복을 위하여 무조건 돈으로 무마하려 해서는 안 된다. 예를 들어 식당에서 제공한 밥에 이물질이 들어가 있을 때 화가 난 고객에게 어떻게 대응할 것인가? 고객과 손님이 서로 미안할 정도로 정성어린 사과를 하며 가능한 밥을 바꾸어주는 것이 좋다.

3) 서비스 회복의 실제

조물주가 인간을 창조할 때 귀는 두 개, 입을 하나로 만든 것은 말하기보다 듣기를 많이 하라는 뜻이다. 고객을 대할 때에는 일단 고객의 말을 경청한다. 또한 손님은 이성보다도 감정에 의해 서비스 회복을 요구하는 경우가 많다. 따라서 감정을 먼저 풀어줄 필요가 있다. 서비스 회복을 논하는 데는 분위기가 중요하다. 서비스 실패가 발생한 현장, 특히 다른 고객들이 서비스 실패를 보고 있는 장소는 좋지 않다.

(1) MTP 기법

① Man: 응대하는 사람을 바꾸어 주는 것이다. 담당직원에서 책임자로 바꿔 응대하거나 하급자에서 상급자, 신입에서 경력으로 바꿔 응대한다.

② Time: 시간을 바꾸어 준다. 냉각기간을 갖는 것이다. 고객이 진정할 때까지 기다리며 처음에는 반론을 제기하지 않고 잠잠히 기다린다. 즉답과 변명은 오히려 사태를 악화시킬 수 있다. 회복 기간 동안에 간간히 중간보고를 통해서 문제가 해결되고 있음을 알려준다.

③ Place: 장소를 바꾸어 준다. 조용한 장소로 옮긴다. 서 있을 때는 편안한 자세로 앉도록 유도함으로써 편안함을 유지한다. 다과나 마실 것을 제공하여 진정을 시킨다.

(2) HEAT 기법

① Hear them out(경청): 서비스가 실패하는 순간 서비스의 실패가 직원에게 있을 때 그 사실을 인정한다. 당사자가 하는 것이 효과적이며 신속한 대응이 이루어져야 한다. 이는 회복을 위한 강력한 의지의 표명이라고 할 수 있다. 고객은 잘 들어주지 않는 직원에 대하여 너무 사무적이거나 납득할 만한 설명을 의도적으로 해주지 않는다, 책임을 회피하고 있다 같은 생각을 갖는다.

② Empathize(감정이입 혹은 공감): 배려하는 마음가짐을 보여주는 것이다. 고객이 느끼는 감정이 충분히 전달되고 있다는 것을 확인시켜 준다. 공감의 자세가 필요한데 트랙킹(tracking), 즉 따라가 주는 것, 상대방의 의사소통 내용을 비슷한 말로 바꾸어 주기, 다음 이야기에 관심을 표현하기, 운을 띄우기, 질문하기 등을 쓴다.

③ Apologies(사과): 무형적이고 감정적인 보상이다. 직원의 노력, 사과, 서비

스 실패에 대한 처리속도와 대응처리, 설명, 정정 등을 포함한다.

④ Take responsibility(책임지기): 유형적 보상으로는 경제적인 직접적인 혜택을 주는 것이다. 사은품, 무료음식, 쿠폰 등이 있다. 물적 보상은 신속하고 완벽하게 이루어져야 한다.

고객이 특정 물건에 대해 부여하는 의미 정도에 따라서 등가물을 제공하는 것으로는 해결이 되지 않을 수도 있다. 레스토랑에 우산을 두고 나와서 다음날 찾으러 왔을 때 없다고 하면 불평불만이 일어난다. 또한 같은 종류의 같은 가격의 우산을 잃어버려도 고객이 오랫동안 특별한 의미를 부여하고 소중하게 생각하던 우산이라면 불평불만의 강도가 달라진다.

연회장에서 돌잔치가 열렸을 때 호텔에서는 늘 그러하듯 행사 사진을 전담하는 외주 인력에게 일을 맡겼다. 그런데 행사 종료 후에 사진기사가 보니 실수로 카메라에 있던 행사 사진과 영상을 모두 삭제해 버리는 어처구니없는 실수를 하였다. 결국 행사비 전액 환불로 고객의 불평은 가라앉을지 모르나 불만은 남을 것이다. 이벤트행사의 중요성은 그것이 특정 시간과 공간에서 일회적으로 일어나 다시 반복되지 않는 것이기 때문이다.

그림 8-8 청결 관련 컴플레인이 쉬운 호텔 욕실

(3) 컴플레인 리포트 작성

고객의 컴플레인을 처리하고 피드백을 통해 두 번 다시 일어나지 않도록 시스템에 기록해 둔다. 미래의 고객과의 약속이다(박경윤, 2017). 고객보고서에는 다음과 같은 주요 내용을 포함한다(오홍진 외, 2016).

① 성명, 부서

② 발생일자

③ 고객성명, 객실번호, 그룹이름, 전화번호, 이메일주소

④ 사건발생장소, 사건발생시간

⑤ 고객이 진술한 내용

⑥ 문제에 대한 해결책

⑦ 고객의 감정상태

⑧ 고객에게 문제처리 결과를 알릴 필요가 있는가에 대한 판단

맥도날드에서 매장에서 접수된 고객의 불만사항을 처리하는 방법은 다음과 같다.

① 이름, 주소, 연락전화번호(직장 및 집)을 포함하여 고객에 대한 상세한 사항과 불만내용이 접수된 시간을 기록한다. 고객이 어린이인 경우 이름과 나이도 포함시킨다.

② 함께 먹은 고객이 있다면 그 고객이 구매한 모든 제품(해당 제품뿐만 아니라)도 알아본다.

③ 제품을 구매한 시간과 포장이었는지 아니면 매장에서 먹었는지 기록한다.

④ 유효기간과 원재료 박스 외부의 코드를 포함하여 제품의 모든 상세한 사항을 기록한다.

⑤ 대략적인 발병시간을 기록한다.

⑥ 불만사항을 본사에 보내고 고객에게도 알려줄 것이라 설명한다(맥도날드, 2015).

이물질에 대한 불만사항은 다음과 같이 처리한다.

① 이름, 주소, 연락전화번호(직장 및 집)을 포함하여 고객에 대한 상세한 사항과 불만내용이 접수된 시간을 기록한다. 고객이 어린이인 경우 이름과 나이도 포함시킨다.

② 이물질을 수거한다.

③ 해당 제품만 아니라 함께 구매한 모든 제품을 수거한다.

④ 제품을 구매한 시간과 포장이었는지 아니면 매장에서 먹었는지 기록한다.

⑤ 사건발생 장소를 포함하여 사건에 대한 상세한 내용을 알아보고 상처가 있었는지도 알아본다.

⑥ 사건에 대한 설명을 정리한다.

⑦ 불만사항을 본사에 보내고 고객에게도 알려줄 것이라고 설명한다(맥도날드, 2015).

Service Break

서비스 실패가 일어나는 현장

패키지여행 중에 현지 인솔자의 무성의한 태도로 고객의 불평불만이 일어나기도 한다. 다음 일화를 살펴보자.

비교적 가격이 저렴한 여행이라 새벽에 도착하고 밤늦게 출발하는 일정이었다. 현지 공항에 도착했는데 인솔자가 1시간 넘게 기다려도 오지 않는다. 비행기 스케줄이 바뀐 사실을 알려주지 않은 것이다. 새벽 3시를 넘어 호텔 객실에 투숙한다. 인솔자는 늦게 나타난 것에 대한 사죄 표시로 원하지 않는 치킨과 맥주를 싸들고 온다. 필요한 것은 잠이다. 그런데 잠을 자려 하는데 객실이 이상하다. 애초에 인터넷을 통해 확인한 것과 다르다고 생각해서 프런트에 물어본 결과 다운그레이드되었다는 것을 발견한다. 분노를 표출하려 해도 인솔자는 이미 귀가한 상태고 한국의 판매여행사는 아직 출근도 하지 않았다. 밤새도록 잠을 자지 못해 익일 여행은 순조롭지 않다. 물론 2일째 방은 원래 계약대로 되었다. 여행 내내 첫인상의 불쾌함은 지워지지 않는다. 이윽고 마지막 날 출국을 위해 공항에 조금 일찍 가야 함에도 불구하고 원하지도 않는 옵션투어를 강매해서 결국 비행기를 놓쳤다. 비행기 스케줄이 바뀐 것을 또 확인 못한 것이다. 결국 15분 후에 출발하는 비행편이 있다는 것을 확인했으나 운 좋게 두 개의 비즈니스석만 있다는 것이다. 물론 인솔자는 가진 돈이 없다 하기에 고객은 울며 겨자 먹기로 비싼 비즈니스 티켓을 먼저 선결재하고 한국에 도착하면 받을 것을 약속받는다. 결국 두 명은 먼저 출발하고 나머지 두 명은 다음날 오후에나 있는 비행편을 타기 위해 인근 공항호텔로 돌아갈 수밖에 없다. 불쌍한 고객들은 결국 생이별(?)을 하고 또 그나마 행운을 잡은 고객은 미친 듯이 달려 간신히 본인의 이름을 다급하게 찾는 항공기에 탑승했다. 물론 모든 시선이 집중되는 당황스런 상황을 포함해서 말이다. 무성의와 게으름으로 점철된 인솔자는 마지막으로 미안하다면서 티켓값을 무사히 계좌이체해 줄 것을 약속하고 나머지 낙오된 두 명의 안전을 책임지겠다고 했다. 또 미안하다는 감정을 담아 망고 한 박스를 두 가정에 보내주겠다고 약속한다. 물론 한국에 와서 돈은 돌려받았지만 기다리던 망고는 오지 않았다. 마지막으로 고객의 불평불만을 회복할 수 있는 기회마저도 스스로 발로 차버린 것이다.

서비스 열전

데이코쿠호텔

일본의 데이코쿠(帝國)호텔은 1891년 문을 열어 민간의 영빈관이라 불리며 격조 높은 서비스를 제공해 왔다. 데이코쿠호텔의 클리닝 서비스는 단추가 달린 셔츠는 단추를 전부 떼고 클리닝한다는 서비스다. 클리닝 과정에서 단추가 없어지거나 상하면 안 되므로 미리 떼놓는 것이다. 키아누 리브스는 영화의 한 장면에서 셔츠를 클리닝하고 싶은데 가능하면 데이코쿠호텔 클리닝 서비스를 받고 싶다는 대사를 애드립으로 한 바가 있다. "데이코쿠호텔의 세탁물처럼 깨끗이 하라".

IMPERIAL HOTEL

帝国ホテル

www.imperialhotel.co.jp

① 친절, 정중, 신속 이 세 가지는 우리의 모토다.
② 협동: 각 종업원은 호텔 전체의 일원으로서 화합과 협동으로 완전한 서비스에 전념한다.
③ 예의: 예의는 마음의 표현이자 호텔의 품위이다. 고객에게는 무엇보다도 예의바르게 대한다.
④ 보건: 각자 위생을 지키고 건강증진에 힘쓴다.
⑤ 청결: 호텔의 생명이다. 구내는 물론 자신 신변의 청결에도 유념한다.
⑥ 연구: 각자 담당업무는 물론 고객의 취미와 기호까지 연구한다.
⑦ 기억: 고객의 얼굴과 이름을 되도록 빨리 기억한다.
⑧ 경신(敬愼): 고객의 면전에서 숙덕이거나 웃고 고객의 몸이나 치장을 응시해서는 안 된다.
⑨ 감사: 언제나 '대단히 감사합니다'라는 감사의 말을 잊어서는 안 된다(나구라, 1994).

엔터테인먼트로 배우는 서비스

You've got a friends

Carole King (1971)

When you're down and troubled 그대가 우울하고 힘들어서
And you need some loving care 따뜻한 사랑과 보살핌이 필요할 때
And nothing, nothing is going right 모든 일이 뜻대로 되지 않을 때에는
Close your eyes and think of me 눈을 감고 나를 생각해봐
And soon I will be there 그러면 곧 내가 달려가서
To brighten up even your darkness night 너의 어두운 밤을 밝혀 줄테니까
You just call out my name 그저 내 이름만 크게 불러
And you know whenever I am 그러면 내가 어디에 있든지 달려가
I'll come running to see you again 널 만날 수 있다는 걸 알고 있잖아

그래미 어워드 수상곡, 캐롤 킹의 1971년 〈Tapestry〉 앨범에 수록된 곡이다. 로큰롤이 있게 한 〈로큰롤 명예의 전당〉 500곡 중의 하나이다. 친구가 어떠한 의미인가를 고객과 대비시켜 보면서 음악을 들어보자. 내가 서비스를 제공하는 입장이라면 고객은 위와 같은 친구를 원한다.

CHAPTER 09

서비스 교육훈련

탱고를 추기 위해서는 둘이 필요하다.

It takes two to tango.

Chapter 09

서비스 익스프레스

탱고를 추기 위해서는 둘이 필요하다(It takes two to tango).

→ 혼자서는 탱고를 출 수 없다. 교육훈련이 성과를 가져오려면 가르치는 사람과 배우는 사람의 협력이 필요하다. 서비스 현장에서 교육훈련이 성과를 가져오려면 서비스 직원과 고객의 협력이 필요하다.

1. 교육훈련의 개념과 의의

교육훈련의 대상으로서 인간(사람, 人)에 대한 이해, 교육훈련의 개념에 대해 설명하고, 서비스업에서 교육훈련은 다른 업종과 어떠한 차이점이 있는지를 제시하였다.

2. 교육훈련의 과정과 영역

교육훈련은 채용 후 동기부여 및 성과 창출을 위한 중간단계이다. KAS, 즉 지식, 태도, 스킬의 세 가지 영역으로 제시된다. 이외에 호텔관광산업에서 요구되는 교육훈련을 예시하였다.

3. 호텔관광기업의 교육훈련 현장

교육훈련이 실제 기업 현장에서 어떻게 진행되고 있는지 호텔업, 외식업 그리고 크루즈 기업 로얄캐리비안크루즈의 GOLD 서비스를 예시로 들었다.

키워드

교육훈련, 기술, 매뉴얼, 미소, 문제, 지식, 빙산모형, 안전, 위생, 인사, 인재, 윤리, 태도, GOLD, KAS, WOW

도입사례

울산 남구 울산판 '골목식당' 음식점 컨설팅 호응

울산 남구가 경기침체로 어려움을 겪는 소규모 음식점을 대상으로 실시한 경영컨설팅이 호응을 얻고 있다. 지난 3월부터 남구가 추진 중인 '소규모 음식점 맞춤형 컨설팅'은 전문가들이 각 업소의 영업 방식과 주변 환경 등을 점검 · 분석해 영업 전략을 제시해 주는 구민 서비스다. 음식점 컨설팅으로 유명해진 한 TV 프로그램에서처럼 유명 셰프와 상권 · 고객분석전문가가 각 업소를 직접 방문해서 경영진단을 하고, 이를 토대로 현장교육 등을 포함한 맞춤형 컨설팅을 해주는 방식이다.

컨설팅은 롯데호텔 총주방장 출신 배병인 울산과학대 겸임교수와 정보분석 전문가 이지예 용인대 초빙교수 등이 맡았다. 이들은 컨설팅 결과를 매뉴얼로 만들어 해당 업체에 제공했다. 서비스 대상은 100㎡ 이하의 음식점, 휴게음식점, 제과점 중에서 작년보다 매출이 20% 이상 떨어졌거나 사업장 변화를 원하는 곳 10개였다. 당 서비스를 이용한 음식점 10곳은 컨설팅 내용을 토대로 영업시간과 인테리어를 바꾸는 등 긍정적인 변화를 이끌어내고 있다.

신정동 1인 점포 음식점 업주는 "재료 구매 및 영업시간, 간판 · 배너 등을 개선하라는 컨설팅을 받고 메뉴 입간판을 새로 설치하는 등 점포 환경을 바꿔봤다"며 "새로운 마음으로 더 잘 해보겠다는 의지를 갖게 됐다"고 만족감을 나타냈다. 남구는 이번 컨설팅이 경영 악화와 매출 부진에 빠진 외식업소들이 경영환경을 개선하고 자생력을 강화하는 데 도움이 되기를 기대하고 있다.

출처: 경상일보 (2020.12.07).

학습목표

01 좋은 서비스는 직원의 교육훈련이 중요하다는 것을 받아들일 수 있다.
02 본인의 서비스 경험을 회상해 보고 지식, 태도, 스킬에는 무엇이 있는지 열거할 수 있다.
03 본인이 서비스 현장 혹은 사회생활에서 상대의 기대를 뛰어넘는 무엇을 한 적이 있는지 회상해 본다.

1 교육훈련의 개념과 의의

1) 사람과 교육훈련

(1) 사람의 의미

사람 인(人) 자는 사람과 사람이 서로 기대어 있다는 것, 즉 살아가기 위해서는 사람은 서로 의지를 해야 한다고 의미하고 있다. 그러나 좀 더 자세히 보면 하나는 위에 있고 하나는 아래에 있다. 사람과 사람에 차이가 있다는 것일까? 서로 의지하는 것으로 보이지만 어느 한쪽은 기대고 있고 어느 한쪽은 지탱하고 있는 형상이다. 인은 간(間), 즉 사이 간 자와 같이 쓰인다. 인간은 홀로 존재할 수 없고 서로 사이를 두고 같이 존재한다는 것이다. 교육훈련의 시작은 사이를 두고 존재하는 두 사람이 서로 기대고(피교육자) 지탱하면서(교육자) 이루어진다. 교육훈련의 대상은 사람이다.

(2) 기업에서 사람

사람 간의 차이는 사람과 사람이 모인 조직에서도 나타난다. 조직에는 직무와 연봉에 의한 불평등, 즉 합리적인 위계(hierarchy)가 있다. 기업에는 일을 관리하는 관리자와 일을 직접 수행하는 직원이 있다. 기업은 자연인으로서 사람이 아니라 기업에서 고용계약하에 특정 시간과 특정 공간 범위 내에서 특정 업무를 담당하는 조직 내의 일부로서 사람을 의미한다. 그리고 기업에 대한 기여도, 즉 성과를 얼마나 내느냐가 매우 중요하다. 교육훈련이 필요한 것은 그냥 성과가 없는 사람(人在), 성과를 내는 데 저해를 하는 사람(人災)을 걸러내고 이 중에서 쓸 수 있는 재목으로 만들고(人材), 미래를 위해 조직의 재산(人財)으로 유지해 나가는 것이다.

(3) 자산으로서 사람

사람은 중요한 자산(資産, asset)임에도 불구하고 재무제표에서 빠져 있다. 자산이 기업의 매출을 올리고 이익을 확보하는 데 운영해야 할 대상이라면 쉽게 이해가 갈 것이다. 반면에 매출을 올리는 자산이 아니라 오히려 비용으로 간주되는 사람도 있다. 즉 기업에 기여를 하는 것이 아니라 비용(월급)만 나가는 사람이다. 극단적으로 기업은 일 잘하는 사람이 일을 못하는 사람을 먹여 살리는 것이 아닌가도 본다. 인사(人事)는 만사이다(people business). 특히 제품과 서비스의 조합에서 제품의 비중보다 서비스가 강조되고 고객의 가치 판단이 서비스의 기준이 된다면 인간의 중요성은 더욱더 중요해진다. 많이 뽑아서 살아남는 자만 거둔다는 현실적 발상과 함께 교육훈련을 통해서 같이 성장해 나간다는 것을 기업의 목표로 하여야 할 것이다. 특히 사람이 중요한 서비스기업은 더욱 그러하다.

2) 교육훈련의 개념

(1) 교육훈련이란 무엇인가

교육(education)이 지식적 측면이라면 훈련(training)은 구체적이고 실무적이다. 그러나 실무현장에서는 보통 합쳐서 부르고 있다. 예를 들어 베이커리계의 장인(匠人) 김영모는 기술, 지식, 인격습득을 제빵인으로서 갖추어야 할 것이라고 하면서 장인 혹은 '쟁이'적 기질을 갖추어 나가야 한다고 하였다. 이를 통해서 미소, 인사, 대화, 칭찬을 내가 먼저 업무에서 보여주어야 한다고 한다. 이것이 교육에 해당한다. 반면 빵반죽(dough)하는 방법, 제빵기 조작법, 데코레이션하는 방법 등은 훈련에 해당될 것이다.

교육훈련은 조직맨을 만드는 것이다. 서비스업이 대체적으로 소규모로 운영되며 생산과 소비가 동시에 이루어진다는 것을 볼 때 상품으로서 서비스를 만들어 내는 인간, 특히 조직맨으로서 인간에 대한 교육훈련은 아무리 강조해도 지나치지 않다(김기영 외, 1999).

(2) 바람직한 교육훈련 방법

후배에게 가장 좋은 가르침을 주는 방법은 등을 보이는 것이다. 후배는 선배의 등을 바라보며 그가 어떻게 하는지를 배운다. 오히려 훔친다고 하는 것이 적절할지도 모른다. 이를 가능하게 하려면 선배의 솔선수범이 무엇보다도 중요하다. 조수(배우는 자)는 사수(가르치는 자)의 니즈를 미리 예측하여야 한다. 그 사람이 무엇을 필요로 할 것인가 사수가 파스타 끓이는 것이 마무리될 즈음에는 사수는 마땅히 접시를 준비해야 한다. 직접 일을 하면서 배워나가는 것이고 가르치지 않아도 스스로 터득하는 방법이며 또한 진정한 협업을 이루어 내는 방식이다. 부모가 자식을 키우는 것도 마찬가지이다. 무엇이 될지 어떻게 할지는 아이가 결정한다.

서비스에서 일하는 사람을 노심자(勞心者)라고 할 수 있는데 육체 노동자와 같이 직접 몸을 쓰기도 하지만 마음의 씀씀이도 들어가기 때문에 마음을 어떻게 쓰느냐 역시 교육훈련에 포함되어야 한다.

교육훈련은 콩나물시루에 물을 끊임없이 부어넣는 과정이다. 밑바닥 구멍으로 물이 빠져나가도 계속 반복되어야 한다. 그래도 조금씩 콩나물은 자란다. 끝까지 포기하지 않는 것이 교육훈련이다. 다만 성장하고자 하는 사람이 의지를 가지고 있을 때에 교육훈련이 의미가 있다.

(3) 기업경영에서 교육훈련

기업은 지속 가능한 존재가 되어야 한다. 환경 속에서 항상 위기에서 극적인 변화를 하고(turn around), 상대 경쟁자를 따라잡고(leap frog), 성공을 계속 이어나가는(second jump) 것이 필요하다. 호텔의 경쟁력 원천은 인적자원(human resources)인데, 교육훈련을 통해서 직원들이 능력을 최대한 발휘할 수 있도록 만들어 주어야 할 것이다. 이러한 점에서 볼 때 교육훈련의 목적은 조직의 목표를 달성하는 데 있다.

3) 현장 서비스 요원의 교육훈련이 어려운 이유

(1) 서비스의 현장성 문제

서비스가 생산되고 전달되기 위해서는 현장 서비스 요원과 서비스를 받는 고객이 같은 공간에서 찰나의 시간 동안 만나야 한다. 따라서 실수가 용납되지 않는 단 한 번의 기회이다. 아무리 교육훈련이 철저히 이루어진다 할지라도 실수가 있게 마련이다.

서비스는 고객의 참여가 필요한 경우도 많다. 고객은 공동생산자(co-producer)

혹은 부분종업원(partial employee)이라고 불린다. 따라서 고객의 적극적인 협조를 이끌어내지 못하면 서비스가 잘 이루어지지 않는다. 고접촉 고객의 지나친 서비스 관여는 서비스를 어렵게 할 수도 있다. 예를 들어 패스트푸드, 레스토랑에서 식사한 후에 고객이 직접 트레이를 치우는 것은 서비스 관여에 해당된다. 그럼에도 불구하고 고객이 제대로 서비스를 수행하지 못했다고 교육훈련에 참여시킬 수는 없다.

(2) 서비스의 비분리성 문제

서비스는 서비스를 제공하는 주체로부터 분리하기 어렵다. 서비스는 표준화를 지향한다고 하나 서비스를 제공하는 사람은 특유의 서비스 스타일을 가지고 있다. 따라서 새롭게 들어온 조직에서 신참자에게 교육훈련은 기존의 스타일을 벗어던지는 것이기 때문에 어려움이 있다. 예를 들어 야구선수가 새로운 팀으로 이적하여 새롭게 만난 코치로부터 타격 교정훈련을 받은 후에 오히려 무너진 폼으로 인해 제 실력을 발휘 못하는 것도 같은 맥락이다.

미스테리 쇼퍼는 강력한 교육수단으로 활용될 수 있다. 매니저는 본인이 서비스에서 빠졌을 때 나머지 직원들이 어떻게 대응할 수 있느냐를 확인할 수 있다. 그리고 성공적인 대응은 무엇과도 바꿀 수 없는 교육훈련 효과이다. 예를 들어 자체적으로 미스테리 쇼퍼를 고용하여 고의로 어려운 서비스를 요구하거나 운영 시스템을 어지럽게 한다. 일상에서 잘 돌아가는 서비스를 고의로 방해하기도 한다. 룰 브레이킹(rule breaking)이다.

(3) 서비스의 복제용이성 문제

서비스는 무형적 성격을 가지기 때문에 경쟁업체로부터 쉽게 복제되고 무단도용된다. 한때 유행했던 퍼피독 서비스나 손님이 업장을 나갈 때 모두 나와서 인사하는 것 등이 그 예이다. 따라서 어차피 쉽게 모방될 서비스를 힘들여 교육할 필요가 있느냐 하는 마인드가 생긴다.

(4) 서비스 요원의 높은 이직률 문제

서비스 요원의 이직률은 다른 부분에 비해서 매우 높다. 따라서 힘들게 투자 차원에서 교육을 해도 어차피 얼마 지나지 않아 나간다는 생각이 교육훈련을 꺼리게 만든다. 또한 다른 곳으로 이직을 마음먹고 있는 피교육훈련생에게 교육은 제대로 이루어질 수 없고 성과도 내기 어렵다. 마음이 떠난 직원은 서비스도 대충한다.

그림 9-1 교육훈련 미실시의 결과

2 교육훈련의 과정과 영역

1) 교육훈련의 과정

(1) 교육훈련 사이클

교육훈련은 다음과 같은 과정을 거친다.

① 채용선발: 조직에 필요하고 특정 직무를 수행 혹은 수행 잠재력이 있는 사람을 고용하는 것, 즉 기업에 어떠한 이익을 가져올 수 있는가가 판단기준이 된다.

② 교육훈련: 선발한 사람을 조직의 일원으로 받아들이고 조직에 부여된 업무를 수행할 수 있도록 지식, 기술, 태도를 전수하는 것이다.

③ 동기부여: 급여 등 각종 보상수단을 활용하여 업무 수행 능력을 극대화하는 것이다.

(2) 교육훈련의 빙산모형

교육훈련의 목표는 직무를 수행하면서 높은 성과를 내는 데 있다. 높은 성과는 수면 위로 보이는 빙산의 일부이다. 따라서 높은 성과를 내기 위해서는 보이지 않는 밑부분은 교육훈련이 될 것이다. 빙산은 위로 올라갈수록 폭이 좁아지는 피라미드의 형태이다. 즉 높은 성과를 내기 위해서는 훨씬 더 많은 교육훈련이 필요하며 따라서 교육훈련(투입)과 성과(산출)의 비율은 항상 1:1이 아니라는 것이다. 교육훈련 효과가 항상 성과로 나타나는 것이 아니기 때문이다.

보이지 않는 부분으로서 교육훈련은 앞에서 살펴본 바와 같이 지식, 태도, 스킬로 나누어진다. 특히 태도는 교육훈련에 포함되기도 하지만 채용에서 먼저 검토되기도 한다. 왜냐하면 태도는 교육훈련으로도 고쳐지지 않을 수도 있다는 것을 기업이 알고 있기 때문에 채용 시 결격사유가 되기도 한다. 사람이 변하기는 매우 어렵다는 말이 있다.

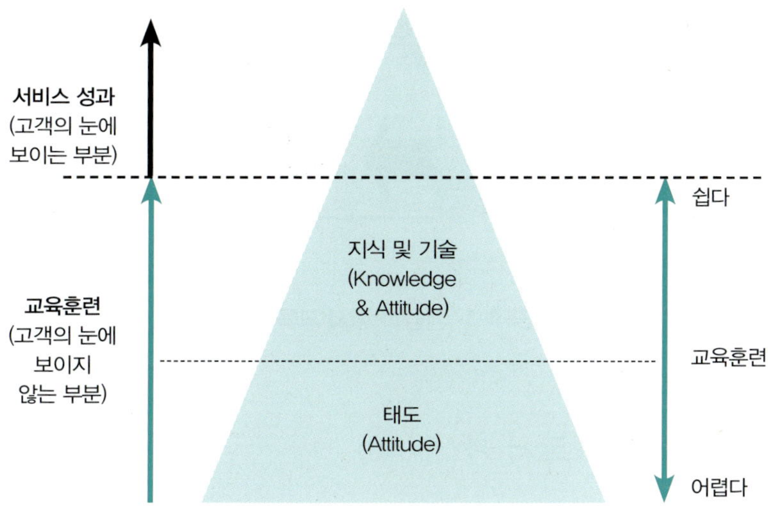

그림 9-2 역량빙산모형

(3) 서비스 부문의 교육훈련

서비스는 인간의 인간에 대한 접촉으로 시작되기 때문에 기능적 차원의 문제 해결뿐만 아니라 정서적(감정적)인 요소까지 포함해야 할 것이다. 따라서 서비스 부문의 교육훈련은 기능과 정서를 고루 배양하는 접근이 이루어져야 한다.

이에 따라 서비스 부문의 교육훈련은 2가지 요소가 결합한 4가지의 형태로 나타나며 가장 바람직한 것은 완성형이다.

① 무관심형

② 정서지향형

③ 기능지향형

④ 완성형

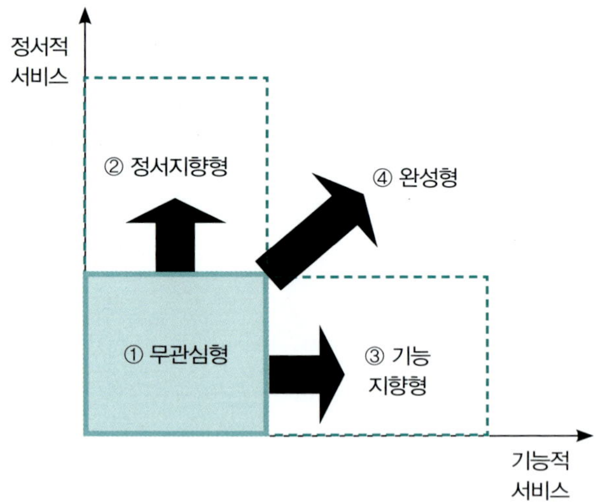

그림 9-3 기능과 정서 교육훈련

2) 교육훈련의 영역으로서 카스(KAS)

네이들러 등(Nadler & Nadler, 1994)은 교육훈련의 분야를 세 가지로 나누어 앞 글자를 따서 KAS라고 이름을 붙였다. K는 지식(knowledge), A는 태도(attitude), S는 기술(skill)의 머릿글자이다. KAS를 서비스와 연관지어 보면 다음과 같다(김병욱, 1987).

① 지식: 서비스를 위해 무엇을 알지 않으면 안 되는가?

② 기술: 서비스를 위해 무엇을 하지 않으면 안 되는가?

③ 태도: 서비스를 위해 어떠한 자세를 하지 않으면 안 되는가?

(1) 지식

지식은 업무를 수행하는 데 요구되는 정보와 이해 수준이다. 예를 들면 제품지식, 고객지식, 시장지식, 경쟁제품지식 등이 포함된다. 항공 객실 승무원은 고객이 원하는 와인에 대한 기본 지식이 있어야 제대로 된 와인을 선택하고 필요시 와인을 추천할 수 있다. 또한 상식적 차원에서의 시사용어 등을 알고 있어야 고객과의 대화를 이어나갈 수 있고 교양을 바탕으로 하는 고품격 서비스를 한다는 이미지를 줄 수 있다.

(2) 태도

태도는 업무를 완수하는 데 필요한 생득적 능력이다. 태도는 매너, 솔선수범, 팀정신, 창의성 등으로 다양하게 표현된다. 태도는 대상을 바라보는 관점이자 방법으로 이성적인 부분과 감정적인 부분이 포함된다.

교육훈련에서 태도가 중요한 것은 다음과 같은 이유다. 지식과 스킬은 선임자가 대단하다고 느낀 것을 수첩에다 적고 따라하면 배울 수 있지만 태도는 그러하지 못하다는 것이다. 오만한 태도는 지식과 스킬을 전임자로부터 훔치는 것조차 방해를 한다. 가장 좋은 교육은 잘되는 레스토랑과 잘 안 되는 레스토랑을 보는 것이다. 단순한 능력이 있는 사람을 뽑는 것보다 착하고 친절한 사람을 채용하는 것이 중요하다. 그러한 자질을 가진 사람이야말로 고객 지향적이기 때문이다(라이싱거, 2006).

태도는 교육훈련에서 매우 중요한 부분을 차지함에도 불구하고 태도가 나쁜 직원은 채용 자체에서 거부가 될 수 있기 때문에 태도는 종종 교육 대상이 되지 않는다. 태도는 개인의 성향 문제로 치부하기 때문이다. 이러한 관점이 지식과 스킬을 높이 사는 경력직원 채용에서 태도는 부차적으로 받아들여지기도 한다. 그러나 신입직원은 지식과 기술이 아직 여물지 않은 상태이기 때문에 태도가 좋으면 교육훈련의 성과가 높을 것이라고 기대한다. 물론 좋은 태도를 갖게 하는 데 1차적 책임은 그를 졸업시킨 호텔스쿨에 있다.

태도가 문제가 되는 것은 환대산업의 업무가 협업으로 이루어지기 때문이다.

태도가 나쁜 동료는 팀워크를 깨뜨리게 되며 조직 분위기를 좋지 않게 한다. 직원 간의 신뢰감은 서로 좋은 태도를 견지하는 데 있으며 그 첫 번째 시발점은 언어의 구사이다. 사람의 신뢰는 한자에서 보듯이 언어에서 나온다(信 = 人 + 言). 나쁜 태도를 가진 직원의 언어와 행동은 조직을 약화시킨다.

- 잘해봐라: 비꼬는 말
- 난 모르겠다: 책임회피의 말
- 그건 해도 안 되는 거야: 소극적인 말
- 네가 뭘 알아: 무시하는 말
- 나는 바빠서 못해: 핑계의 말
- 잘 돌아가고 있는데 뭐하러 바꾸냐: 무사안일한 말
- 다음에 하자: 미루는 말
- 해보나 마나 똑같지: 포기하는 말
- 이제 그만두자: 의지를 꺾는 말

직원의 나쁜 태도는 고객을 대하는 데에서도 바로 나타난다. 안에서 새는 바가지가 바깥에서도 새지 않을 리 없다.

- 고객님 제가 그런 뜻으로 말씀드린 것은 아니잖아요: 고객과 같이 흥분하는 말
- 고객님 말씀이 정말이시라면 우선 확인해 보시고: 못 믿어서 하는 말
- 저희로도 어쩔 수 없는 부분이기 때문에 고객님도 그것을 감수하셔야 합니다: 스스로 정당화하는 말
- 글쎄 누가 처리하였는지는 모르지만 제가 생각하기에는: 조직의 잘못을 개인 탓으로 돌리는 말
- 지금 확인해 보니 고객님께서 아직 입금을 하지 않으셨습니다: 고객에게 실수를 전가하는 말

> 당신은 좋은 성격의 소유자, 즉 항상 미소를 지니고 있는 활기차고 쾌활한 사람을 고용하도록 하십시오. 이것은 호텔 내에 있는 모든 종사원들에게 해당되어야 하겠지만 우선 고객들과 접촉하는 사람만이라도 그렇게 해야 합니다. 만약에 호텔을 정화할 필요가 있다면 불평이 많은 종업원 또한 화를 잘 내는 종업원을 주저하지 말고 해고하십시오. 이것은 모든 사무부서장, 사무실 종사원, 경리들, 엘리베이터맨, 포터, 전화교환원, 그리고 고객을 직접 다루지 않는 종업원들에게도 해당되는 내용입니다. 만약 종업원들의 나쁜 점을 고쳐주고 길들이지 못하는 중역이 있다면 그를 해고하고 다른 사람으로 고용하십시오. — 스타틀러의 철학 (최풍운 · 박수현, 2015).

(3) 스킬

스킬은 업무를 환수하는 데 요구되는 학습된 능력과 경험이다. 예를 들면 영업기술, 시간관리기술, 자료정리기술 등이 있다. 스킬이 좋으면 서비스의 생산성을 극대화시킬 수 있다. 한 명이 두 사람 몫을 한다는 것이다. 스킬이 좋다는 것은 다음과 같은 지표를 통해서 확인한다.

① 효용 고객의 접촉시간/서비스 창출시간

② 서비스 인력 1인당 매출액

③ 서비스 인력 1인당 고객 수

옛날 중국에 기름장수 하나가 살았는데 1층에 상점을 마련하고 2층을 숙소로 쓰고 있었다. 그러나 너무나 게으른 나머지 손님이 와도 내려와 보지도 않았다. 그런데도 기가 막히게 장사가 잘되었다. 그 이유는 그만의 독특한 스킬을 가졌기 때문인데, 기름을 2층에서 따라도 한 방울도 흘리지 않는 경이로운 기술이 있었다. 손님이 와서 지정된 장소에 병을 놓으면 게으른 주인은 창문으로 기름을 부어 주었다. 기름은 물과는 달리 점성이 있어 이러한 것이 가능하다는 것은 지식이다. 물론 고객을 대하는 태도는 0점이다. 좋은 스킬을 가진 벨맨은 손님의 가방을 들 때 어깨 힘을 적당히 빼고 든다.

와인의 발 글라스 안쪽에 천천히 내려오는 양이 조금씩 늘어날수록 알코올 농도가 높고 장기 숙성을 견뎌낸 좋은 와인이라는 것을 판단할 수 있는 것은 지식이다.

와인 지식을 갈고닦기 위해 웨이터를 하면서 매일 매일 손님이 병에 남긴 와인 조금을 모두 맛보는 노력이 필요하다. 먹어 보지도 않고 어떻게 추천할 수 있겠는가? 음식이 먹고 난 손님이 가게를 나설 때 표정이나 쓰레기더미에 남은 음식 찌꺼기에서 분노를 느끼는 것은 좋은 태도가 아니다. 내가 만든 음식에 무엇인가 문제가 있는지, 즉 조리 스킬의 문제를 되짚어 보는 것이 좋다. 룸서비스를 하면서 아침에 객실 앞에 놓인 고객의 퇴식 트레이에 남긴 한 조각의 값비싼 케이크를 조금 떼어서 맛을 보면서 배고픔 해소와 동시에 자신의 직업의 비천함을 통탄해 하는 사람과 맛을 배워서 음식을 고객에게 설명할 때 지식으로 활용하고자 하는 사람의 미래는 다르다.

3) 기타 교육훈련의 영역

(1) 친환경 교육훈련

기업 및 종업원의 친환경적인 지식과 태도가 고객을 기쁘게 할 수 있다. 지구의 환경을 생각하는 호텔리어, 자연친화적인 호텔리어를 지향하는 것이다. 그린슈머(greensumer)라는 소비트렌드를 만들어 내는 친환경 코드로 고객을 끌어들일 수 있으며 이러한 소비를 호텔 비품 및 서비스에 녹여내면 좋다. 호텔업계는 에너지 소모량이 많다. 따라서 환경과 에너지를 어떻게 줄일 것인가를 고민하는 것이 중요한데 고객 역시 받아들일 준비가 되어 있다. 예를 들어 '사용하지 않는 타월과 타월걸이에 걸려 있는 타월은 고객이 다시 사용하겠다는 사인 표시', '2박 이상의 숙박고객에 한해 침대보도 고객이 특별하게 요청하지 않는 한 이틀에 한

번 교체한다'라는 것이 매뉴얼에 적혀 있으면 이것을 종업원에게 잊지 않도록 교육시켜야 한다. 약속은 이행되어야 한다. 매뉴얼은 표준운영절차(S.O.P.: standard operation procedure)이므로 표준에 맞는 종업원의 행동을 유도해야 한다.

(2) 안전 교육훈련

안전교육과 관련하여 다음과 같은 내용을 숙지해야 한다. 고객은 안전이 포함된 서비스를 받고 싶어한다. 예를 들어 뷔페식당의 음식보온용 히터는 휘발성이 있는 인화물질을 사용하면 안 된다. 종업원 입장에서도 마찬가지이다. '아직도 얼음판 위에서 조리를 하십니까'라는 광고 카피가 있다. 미끄럼방지 신발 없이 주방에서 일하는 것은 얼음판 위에서 일하는 것과 같다. 따라서 매니저는 항상 적절한 신발의 착용 여부를 확인해야 한다. 또한 무거운 짐을 드는 웨이터에게는 항상 복대를 차게 해서 신체에 무리가 없도록 해야 한다.

(3) 위생 교육훈련

불특정 다수가 모이는 호텔이기에 위생교육은 더욱 중요하다. 청소와 소독에 사용되는 클리너, 소독제, 살균제, 왁스, 세척제, 하수구처리제, 기름때 제거, 스크러버, 스위퍼, 디스펜싱 등의 장비, 트롤리나 초극세사 도구들의 사용방법 교육이 포함된다. 직원은 플루 및 세균감염에 주의하고 구강청결제, 객실소독, 손잡이, 전화기, 각종 버튼 등 고객과 접촉하는 부분에 대하여 항상 청결하여야 한다.

(4) 직업윤리 교육훈련

직업윤리 역시 교육대상에 포함된다. 윤리는 법과 달리 강제력이 없지만 인간으로서 지켜야 할 도리라는 점에서 매우 중요하다.

- 손님의 분실물은 곧 지배인에게 보고한다.
- 개인전화는 엄금한다.
- 피크(peak) 시 개인전화 연결은 원칙적으로 금한다.
- 회사의 소유물을 가지고 나가서는 안 된다.
- 근무 중에 할 수 없이 근무지를 떠날 때에는 지배인에게 허가를 받는다.
- 종업원은 손님 테이블에 착석하면 안 된다.
- 퇴근 후에는 과음을 피하고 충분한 휴식을 취한다.
- 외부고객에게 매출 및 점포현황에 대하여 알려지지 않는 사항은 공개하지 않는다.
- 주문서가 없는 음식은 만들지 않는다(강병남 · 황영정, 2014).

(5) 판매지향 교육훈련

판매지향적 마인드 함양 역시 중요하다. 그러나 무엇보다 중요한 것은 장기적

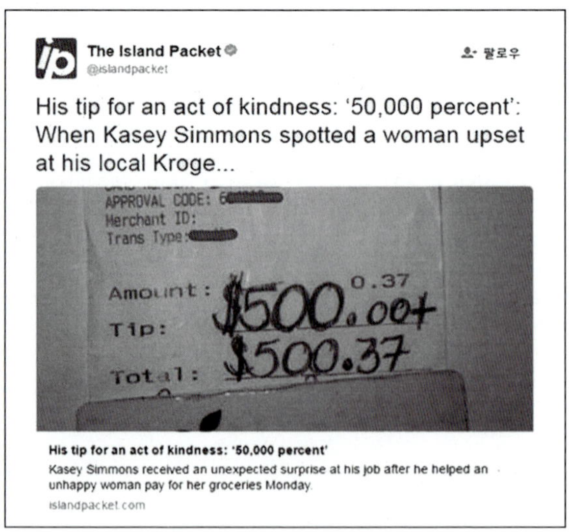

그림 9-4 고객으로부터 후한 팁이 표시된 계산서

출처: The island packet

인 관점에서 고객의 마음을 얼마나 얻었는가가 더 중요할 것이다. 즉 마음의 점유율(share of mind)의 시대가 오고 있는 것이다. 돈을 많이 버는 것은 좋지만 문제는 이것이 지속 가능해야 한다는 것이다. 돈도 벌고 존경을 받으면 좋다. 내가 돈을 버는 것을 응원하는 사람이 많을수록 좋다. 잘했다고 박수칠 때 번 돈을 싸매고 떠나는 것이 아니라, 박수를 받을 때 돈을 풀어야 한다. 박수와 응원은 고객의 마음이다.

3 호텔관광기업의 교육훈련 현장

1) 호텔외식업체의 교육훈련

(1) S호텔의 교육훈련

S호텔은 교육훈련의 분야를 3P로 요약하고 있다. 실용성(practical), 프로다움(professional), 그리고 문제해결 중심(problem solving)이다. 다양한 사업군을 운영한 경험을 교육훈련에 고스란히 반영하고 있으며 'W아카데미'라는 곳을 통해 사내강사를 배출하고 있으며 고객만족에 중요한 것은 무엇(what)이 아니라 왜(why), 어떻게(how)라는 질문을 먼저 던지게 하고 있다.

(2) M호텔 인재육성 프로그램

M호텔의 인재육성 프로그램은 현재의 실무능력 보완을 강조하고 있지만 앞으로 인재로서 성장할 수 있는 육성프로그램이 잘 구축되어 있다. 보통 매니저급은

1년에 미니멈 50시간 이상, 직원은 30시간 이상의 교육을 받게 된다. 기간별, 종류별 교육 프로그램은 다음과 같다.

표 9-1 M호텔의 인재육성 프로그램

구분	내용	
기간별	입사 직후	이틀간 오리엔테이션 수행
	60일 후	대 고객 관계 스킬(guest interaction skill) 교육
	90일 후	호텔의 비전과 팀워크
	120일 후	호텔 브랜드
종류별	계층과 직무	계층별 교육과 직무별 교육
	리더십 교육	일반매니저, 부서장, 임원급, 총지배인 이상급

출처: 호텔&레스토랑(2013. 11월호)을 바탕으로 정리

(3) M레스토랑의 매니저 교육 프로그램

패스트푸드 레스토랑인 M레스토랑의 매니지먼트 교육 프로그램을 예시하면 다음과 같다. 시프트매니저는 크루에게 3가지 원칙인 shadow of leader(리더의 그림자), be here now(지금 여기에), assume innocence(순수함 밀어주기)를 견지하기를 기대하며 이를 수행할 수 있도록 교육훈련을 시키고 있다.

① Shadow of leader(리더의 그림자): 리더가 모범을 보임으로써 신뢰를 구축하고 크루로부터 존경심을 얻는 것이다.

- 일을 할 때 모든 크루에게 말을 건다.
- 각 크루의 개인적인 사항을 알아본다.
- 한 사람 한 사람을 존중하여 대한다.
- 재미있게 보낸다.
- 긴장된 상황에서 침착성을 유지한다.
- 각자 다른 차이점, 즉 개성을 소중히 여긴다.

② Be here now(지금 여기에 있다): 어떤 일이나 사람에 완전히 집중하는 것으로 언제 어디에 있건 함께 있음을 유지한다.

- 사람에게 인사를 한다.
- 사람의 이름을 불러준다.
- 요청을 하되 명령을 하지 않는다.
- 다른 사람의 감정을 민감하게 관찰한다.
- 사람들이 대우받고 싶어하는 대로 대우해 준다.

③ Assume Innocence(순수함 밀어주기): 리더는 크루를 코칭할 때 인내심을 갖도록 노력한다.

- 새 크루를 코치하고 도와준다.

표 9-2 M레스토랑의 트레이닝 프로그램

회차	내용
1일차	Entrance test Introduction – 클래스, 참가자, 강사소개 Basic People Skill 1, 2 Respective Workplace (존중받는 일터)
2일차	Food Safety and Sanitation (식품안전) Delivering QSC & V 1, 2 (타겟팅, 시프트 준비, 포지셔닝)
3일차	Customer Satisfaction (고객만족) Customer Recovery (서비스회복) Post Class Action Plan (목표설정)
4일차	Gold Standard Quality Check (골드 스탠다드 품질체크) Restaurant Visit (매장방문, 관찰, 토론, 발표)
5일차	Security (보안) ROIP, Restaurant Operation Improvement Process (레스토랑 운영개선 프로세스) Hot Hamburgers (핫 햄버거 게임)

출처: 맥도날드 레스토랑 시프트 매니지먼트 프로그램 모듈

- 건설적인 피드백보다는 감사하는 피드백을 더 많이 제공한다.
- 건설적인 피드백은 개인적인 자리에서 한다.

2) 크루즈의 교육훈련

www.rccl.kr

로얄캐리비안크루즈는 세계 제2의 크루즈(유람선) 선사로서 육상의 호텔에서 제공되는 서비스 그 이상을 보여주기 때문에 흔히 7성급 서비스라고도 한다. 최고급 크루즈선에서 근무하는 승무원들은 이미 호텔에서 상당한 경험을 쌓은 베테랑들이며 세계 최강의 서비스 정예집단이다. 이들의 서비스 철학은 가장 가치가 있고 중요한 금(GOLD)을 풀어써서 서비스 직원들이 알기 쉽게 간결하고 강하게 만들어 놓았다. 골드는 이들이 추구하는 서비스 품질의 현장버전이고 고객만족을 위한 열쇠이다.

(1) G는 인사와 미소이다(greet & smile)

인사와 미소는 고객응대의 기본이다. 고객을 기다리는 대기자세는 다음과 같이 요약된다.

① 턱을 가볍게 당긴다.

② 등을 곱게 편다.

③ 손은 자연스럽게 앞으로 포개고 손가락은 가능한 편다.

④ 발뒤꿈치는 가지런히 모은다.

인사의 4대 포인트는 다음과 같다.

① 눈으로 인사한다: 눈맞춤(eye contact)

② 몸으로 인사한다: 공손한 표현

③ 입으로 인사한다: 기분을 높여서 자연스럽게 한다.

④ 마음으로 인사한다: 허리를 굽히는 각도로 표현한다.

눈에 보이지 않는 고객 사랑의 마음을 행동으로 보여주는 것이다. 인사와 미소를 통해서 고객의 마음을 따스하게 풀어주는 데 목적이 있다. 기쁨은 나누면 두 배가 되고 슬픔을 나누면 절반이 된다는 말이 있다. 고객의 기쁘면 같이 기뻐해 주고 슬플 때는 같이 슬퍼해 주는 공감자로서의 역할을 할 때도 있다. 일류가게의 손님이 아니라도 일류 웃음은 웃을 수 있다.

"사랑하면 알게 되고, 알게 되면 보이나니 그때 보이는 것은 전(前)과 같지 않으리라"(유한준, 조선 정조시대의 문장가, 1732-1811)라는 말이 있다. 이를 서비스에 적용하면 다음과 같이 해석할 수 있겠다. 사랑의 시작은 미소와 인사이다. 고객을 연인으로 생각하여 사랑에 빠지면 온 정성을 다하여 서비스를 제공할 것이다. 미소와 인사는 서비스의 제1법칙인 것이다. 서로를 사랑하게 되면 좀 더 알게 된다는 것이다.

눈동자는 눈 맞추기(eye contact)에서 매우 중요하다. 까만 눈동자는 얼굴 전체에서 미미한 부분을 차지하지만 작은 눈동자가 감정을 표현한다. 싫어하는 미세한 감정이 눈동자로 표시된다. 고객의 잠시 스쳐가는 감정을 잘 캐치해야 좋은 서비스맨이 된다.

서비스를 실천함에 있어서 일류가게가 아니라도 명품미소를 지을 수 있다. 현재 세계적으로 「smile community」 운동을 펼치고 있는 일본의 소안공화국(笑顔共和國)의 후쿠다 젠코 여성대통령은 그녀만의 특별한 웃음의 미학이 있다. 사람이 웃으면 '곡옥입술'이 되고 웃음의 바이러스는 전염된다는 것이다. 그녀가 말하기를 진정한 웃음은 단전에서 나오는데 그걸 복소(腹笑)라 했다(손대현, 2000).

미소를 자산으로 하는 환대기업에 직원이 미소를 거둔다는 것은 위기상황이라고 할 수 있다. 1999년 홍콩 캐세이퍼시픽 항공사 승무원들은 노 스마일(No Smile) 파업을 해 해외 언론의 주목을 받았다 승무원의 노동계약 내용엔 미소 부분이 구체적으로 포함돼 있지 않아 미소를 안 보여 주어도 근로계약 위반이 아니라는 것이었다. 세 가지 얼굴이 있다. 프로, 포로 그리고 테러인데 미소가 없는 얼굴은 프로의 얼굴이 아니며 고객과 기업을 포로로 잡는 것이고 고객에 대한 테러이다. 승무원이 웃지 않으면 고객도 웃을 수 없다.

(2) O는 문제를 떠맡는 것이다(own the problem)

고객은 문제를 가지고 있는 존재이며 문제가 있기 때문에 서비스를 찾는다. 비록 그 일이 본인 담당이 아니라 할지라도 먼저 응대를 하며 그 문제를 해결해 줄 수 있는 사람과 연결시켜 주어야 한다. 일을 못하는 직원은 누가 먹여 살리는가? 그를 고용한 가게가 먹여 살려야 하는 것이고 잘하는 동료직원이 같이 보듬고 가야 된다.

일을 하는 데 있어서 가장 어려운 것이 인간관계이기 때문에 동료를 사랑해야 하며 그 첫걸음은 동료의 문제를 자진해서 떠맡는 것이다. 모 연구에 의하면 패널티킥을 성공한 후에 두 팔을 벌리며 기쁨의 세레머니를 동료들과 같이 하면 상대의 페널티킥 성공 확률을 낮추고 자기 팀의 골 성공 확률을 높인다고 한다. 좋은 감정의 전이가 진행되는 것이다

(3) L은 세밀하게 관찰하라는 것이다(look the parts)

관찰은 서비스 실패를 방지하고 보다 나은 서비스를 제공하고자 하는 의지의 표현이다 디테일의 힘은 아무리 강조해도 지나치지 않다. 디테일이 전체를 좌지우지할 수 있음을 명심하라. 같은 종류의 식사를 하면 식중독이 발생하는 경우

모두 서비스를 할 수 없기에 승무원들은 다른 메뉴를 선택한다. 세밀한 관찰이 돋보이는 부분이다.

들을 청(聽)이란 임금님의 귀가 되어 진지한 눈으로 열네 번을 한마음으로 듣는 것이라고 한다. 일본에 '원숭이가 된다는 것은 보지 않는다. 듣지 않는다, 말하지 않는다'라는 속담이 있다. 잘 듣고 응대하는 것도 좋은 서비스이지만 때로는 들어도 듣지 않는 척해야 진정한 서비스라고 할 수 있다. 고객이 받고 싶어하지 않는 서비스를 제공해서는 안 된다. 고객의 손을 주시한다. 호소하는 손, 거짓된 손, 눈물을 흘리는 손 등이 있다. 손으로 표현되는 고객의 메시지를 잘 캐치해야 할 것이다.

고객의 첫 번째 잔은 표준 위치에 놓고 두 번째 잔 리필부터는 고객이 놓은 위치를 정확히 기억했다가 동일한 위치에 놓는다(무라카미, 2010). 헤어디자이너들은 고객의 머리를 손질하면서 짧은 순간에 스쳐지나가는 손님의 감정변화를 읽는 데 익숙해져 있다. 이는 손님의 뒤에서 손질을 해도 앞에 거울이 있기 때문에 쉽게 캐치할 수 있다. 물론 음성의 변화 등도 마찬가지이다. 아침에 모닝커피는 대부분의 고객이 선호한다. 그리고 고객이 먼저 리필을 원하기 전에 알아차리고 먼저 다가가서 서비스를 제공한다면 누구보다도 멋진 서비스맨이 될 수 있다. 투명한 커피가 아니라도 좋다. 방법은 고객이 커피를 마시고자 잔을 들고 입에 가져다대는 각도를 통해서 알 수 있다. 비록 커피 잔은 불투명해도 고객이 목젖이 보일 정도로 젖힌다든가 하면 커피를 리필해 드릴 때가 온 것이다. 데이코쿠 호텔의 서비스를 경험한 외국인들은 'more than a home away from home(집보다 편안하고 아늑한 또 다른 나의 집)'이라고 한다. 동일하게 여성고객이 길고 홀쭉한 샴페인 잔을 들고 있을 때도 마찬가지의 배려의 자세와 말하기 전에 먼저 서비스하는 자세가 필요하다. 여성들은 얼마 남지 않은 샴페인을 마시기 위해 고개를 젖히다가 연륜을 나타내는 목의 주름을 드러내는데 여간 난감해 하는 것이 아니므로 조금씩은 샴페인에 첨잔을 해주는 것도 상황에 따라서 괜찮다.

(4) D는 깜짝 놀랄 만한 것을 제공하라는 것이다(deliver the WOW)

고객은 기대하지 않은 것에 감동을 한다. 고객에게 기대한 이상의 것을 보여주어야 경쟁력이 있다. 스티브 잡스(Steve Jobs)는 "고객은 자신이 원하는 것을 기업이 보여주기 전까지는 알지 못한다"라고 하였다. 하지만 회사는 더 힘들어진다. 고객이 다음을 예측하기 때문이다. 어지간한 자극보다는 보다 더 큰 자극을 기다리는 것이 고객이다. 더욱이 경쟁자는 이것을 복사하여 자기 것으로 만들어 버린다.

호텔 컨시어지가 길을 묻는 손님에게 종이에 프린트된 약도를 드릴 때 그 종이에 쿠키를 같이 싸드린다면 깜짝 놀랄 것이다. 편지도 가능하면 육필로 쓰는 것이 감동을 주며 더 나아가 수수하게 정을 담아서 말린 꽃잎이나 은은한 내음을 풍기는 향수이면 더욱 좋다(나구라, 1994). 요즘 말로 심쿵 서비스이다. 과도한 서비스 투자가 아닌 조그만 정성은 당장에 실적이 되지는 않지만 스토리를 만든다. 누구나 기대하는 것은 재미가 없다. 의외성에서 고객은 감동을 느낀다.

우리는 고객이 만족 이상을 넘어서는 것을 원한다는 고객서비스의 ABC(Above & Beyond the Complaint)를 알아야 한다. 단순하게 불만을 막는 것만으로 베스트가 될 수 없다. 짜릿함과 놀라움 속에서 만족만 시키는 경쟁자에 비하여 우월함을 누리며 희생과 충격은 결별의 수순이다. 고객은 애인이며 어떻게 큐피드의 화살인 러브마크(love mark)를 찍어 주느냐가 지속 가능성의 관건이다.

호텔의 풀장은 일반적으로 생각하기에 수영을 할 수 있는 공간이다. 그러나 해가 중천에 떠서 풀장의 물이 빛의 반사로 인해 영롱하게 반짝거리는 순간은 고객이 전혀 기대하지 않았던 것이다. 더구나 고객이 수십 년 전 어렸을 때 이 호텔을 방문한 적이 있고, 이러한 물의 반짝임을 다시 한 번 경험하게 되어 옛 추억을 되살릴 수 있으면 더욱 그러하다.

호텔에서 야심차게 준비한 '고객 재방문의 밤' 행사 이벤트 중 하나로 불꽃놀이를 준비했다. 그러나 안타깝게도 비가 와서 폭죽을 터뜨리기 어려운 상황이며, 이를 기대한 손님들은 매우 실망에 젖어 있다. 이때 고객에게 예상치 못한 WOW를 만들어 내는 것이 중요하다. 폭죽을 대신해 형형색색의 우산 수십 개를 띄운다. 그리고 어둠 속에 우산의 색깔이 잘 보일 수 있도록 서치라이트를 켜 준다. 고객은 불꽃 대신 우산의 꽃을 보고 환호한다.

Service Break

산사의 웃음

웃는 얼굴은 늘 상대방을 상쾌하게 만든다. 모 산사(山寺)에서 템플스테이를 한 적이 있다. 새벽에 일찍 일어나 졸린 눈을 비비고 해우소에 가보니 벽에 다음과 같이 붙어 있다. 스님도 웃는다.

월요일 월(원)래 웃는다.
화요일 화사하게 웃는다.
수요일 수수하게 웃는다.
목요일 목숨 걸고 웃는다.
금요일 금방 웃고 또 웃는다.
토요일 토실토실 웃는다.
일요일 일 없이 웃는다.

서비스 열전

포시즌스호텔

사업은 기다림이다. 포시즌스호텔의 창업자 사도어 샤프가 한 말이다. 포시즌스호텔은 16년 연속 포브스 선정 〈일하고 싶은 기업〉에 뽑힐 만큼 사람을 중시한다. 호텔의 이미지를 결정하는 것은 사람이며 교육보다는 제대로 된 사람을 뽑는 것이라고 하였다. '자신이 대접받고 싶은 만큼 그들을 대접하라'를 기본원칙이자 가이드라인으로 하여 상대방의 존엄을 존중하며 그 범위를 고객뿐만 아니라 동료직원, 협력업체까지 포함시켰다. 이러한 점에서 볼 때 컨시어지 서비스를 미국에서 최초로 도입한 것도 우연은 아닐 것이다.

FOUR SEASONS
Hotels and Resorts
www.fourseasons.com

숙박업의 본질은 사람이 조용한 밤, 편안한 취침, 활력을 찾아주는 상쾌한 아침 샤워 등을 선호, 집밖에서 자는 잠은 집에서 만큼 편안하게 해주어야 한다고 하였다.

출처: 매경이코노미 (2017.8.14).

Hotel California

이글스 (1977)

On a dark desert highway, cool wind in my hair
Warm smell of colitas rising up through the air
Up ahead in the distance, I saw a shimmering light
My head grew heavy and my sight grew dimmer
I had to stop for the night
There she stood in the doorway I heard the mission bell
And I was thinking to myself,
'This could be heaven or this could be hell'
Then she lit up a candle and she showed me the way
There were voices down the corridor,
I thought I heard them say
"Welcome to the Hotel California"
Such a lovely place
Plenty of room at the Hotel California
Any time of year, you can find it here

1972년에 공식 출범한 웨스트 코스트(West coast)의 대표적인 그룹 이글스의 히트곡으로 멤버인 돈 펠더(Don Felder) · 돈 헨리(Don Henley) · 글렌 프레이(Glen Frey)의 3명이 함께 만든 그룹의 최대의 히트곡이다. 어두운 사막을 달려서 시원한 바람이 머리에 파고들지만 곧 밀려오는 여행의 피로는 하룻밤 묵을 장소를 찾게 한다. 머리는 무거워지고 시야가 흐려지면서 여행자는 숙소를 찾게 되는데 마침 저 멀리 반짝이는 불빛이 보인다. 호텔에 들어서서 주인의 안내를 받아 객실로 인도된다. "캘리포니아 호텔에 온 것을 환영합니다"라는 속삭임을 들으면서 정말로 멋진 곳이며 방이 많고 또 일 년 내내 볼 수가 있다는 점에 안도한다. (중략)
노래의 가사는 중의적인 표현이 많아 어구가 다르게 해석될 수도 있으나 고된 여행에서 잠시 머물 곳을 찾는 여행자를 위해 언제나 환대하며 기다리는 호텔리어의 모습으로 해석하였다.

출처: https://www.jpc.de

PART 04

성과편

CHAPTER 10

팔리는 서비스

주문(注文)은 듣고 오는 것이 아니라 받아오는 것이다.

Chapter 10

서비스 익스프레스

주문(注文)은 듣고 오는 것이 아니라 받아오는 것이다.

→ 레스토랑의 웨이터는 주방에서 만든 음식을 파는 영업사원이다. 따라서 레스토랑에서 팔고자 하는 음식을 적극적으로 팔아오는 것이지 소극적으로 고객의 의향을 확인하는 것은 아니다.

1. 서비스와 판매

판매는 고객이 지불한 가격보다 얻을 수 있는 가치가 높을 때 구매하는 것이다. 서비스업은 서비스의 생산과 판매가 동시에 이루어지기 때문에 서비스 과정에서 고객이 체감하는 가치를 극대화하는 것이 필요하다.

2. 판매력 있는 조직과 세일즈맨 만들기

기업이 판매력을 확보하기 위해서는 판매를 직접 수행하는 직접조직을 확대하고 고객지향성이 충만한 이른바 세일즈맨십을 가진 직원을 확보해야 할 것이다. 서비스맨은 고객의 오더를 받기만 하는 것이 아니라 판매를 수행하는 세일즈맨으로 거듭나야 할 것이다.

3. 판매 테크닉

판매사이클은 인적판매에서 서비스 담당직원이 어떻게 판매활동을 할 것인가를 단계별로 나타내주고 있다. 이를 위해서 RWW 공식, 편익 등의 주요 개념과 함께 판매를 위한 고객과의 대화방법을 제시하였다.

키워드

가치, 가격, 고객지향성, 권한위임, 판매, 판매사이클, 세일즈, 원가, 오더테이커, 영업사원, 팁, RWW

도입사례

고급호텔 10% 봉사료, "안 내겠다" 했더니…

일부 특급호텔에서 결제를 하면, '봉사료' 10%가 요구되죠. 대체 언제 생겨난 건가 따져보니, 40년 전 교통부가 제멋대로인 개별 팁을 금지하기 위해 일률적으로 적용한 것이었습니다. 때문에 그 당시에 호텔 영업을 시작했던 특급호텔 등은 봉사료를 따로 받고 있지만, 최근 문을 연 호텔에서는 봉사료를 받지 않기도 합니다. '10% 봉사료를 내라'고 강제할 법적 근거가 없기 때문이기도 한데요. 저희 취재진이 특급 호텔을 찾아, 이 봉사료를 내지 않겠다고 해봤습니다. 어떤 일이 벌어졌을까요? (중략)

그런데 호텔이 봉사료를 요구할 법적 근거는 없습니다. 10% 정률 봉사료는 40년 전 제멋대로인 관광업계 팁 문화를 정리하려고 정부가 권장한 비율. 하지만 이후 너도나도 10% 봉사료를 반 강제 부과해 문제가 됐고, 2006년 정부가 업계에 자발적 폐지를 권고했지만 일부 업체가 유지하는 겁니다. "손님이 줄지 말지 결정할 수 있는 선택권이 있어야 맞거든요. 중요한 부분(봉사료)을 설명하지 않은 약관은 무효가 되는 거예요."

최근 국회 입법조사처는 법적 근거 없는 봉사료 부과는 부적절하다고 유권해석했습니다. "국회 정무위원 제공받은 서비스에 대해서 감사의 표시로, 보상 차원에서 (봉사료) 드리는 겁니다. 일률적으로 봉사료를 부과하는 것은 일종의 소비자 기만행위로서..."

원치 않는 봉사료, 소비자들은 어떤 선택을 할까요? "황당하죠. 내라는데 안 낼 수 있나. 안 가는 수밖에 없지. 봉사료가 (근거 없다는 걸) 모르니까."

출처: TV조선 (2019.08.26).

학습목표

01 고객이 지불하는 가격대비 가치를 높게 하려면 서비스는 어떠한 역할을 해야 하는가를 말할 수 있다.
02 서비스조직에 오더테이커가 많으면 장기적으로 어떠한 결과를 초래할 것인가를 말할 수 있다.
03 본인이 방문한 적이 있던 서비스기업의 판매사이클을 그릴 수 있다.

1 서비스와 판매

1) 판매의 개념

(1) 판매란 무엇인가

판매(販賣, sales)는 제품과 서비스의 이동이다. 제품은 유형적이기 때문에 파는 사람과 사는 사람의 소유권 이동의 완료인 반면, 서비스는 무형적이기 때문에 파는 사람과 사는 사람의 이용권이 종료된다. 서비스기업에서 판매는 수익의 발생이며 경영활동의 가장 최종적인 단계가 된다.

판매의 근본은 사람과 사람의 접촉이다. 물건이 넘치는 시대일수록 사람과 사람이 만나는 따스함이 필요하다. 같은 조건이라면 단골로부터 구매하는 것이 좋다. 판매를 영어로 표시하면 다음과 같은데 이를 통해 판매가 무엇인지 알아보았다.

S Self confidence : 풍부한 상품 지식을 갖춘 자신감
A Appearance : 단정하고 고객에게 호감을 주는 용모
L Listening : 경청
E Enthusiasm : 상품을 적극적으로 알리고자 하는 열정
S Service : 추천한 제품에 대해 만족도를 확인하는 서비스

우스갯소리로 3대 거짓말이 있다. 그중 '장사꾼이 본전에 판다'는 말이 있다. 본전이라는 것은 원가에 파는 것, 즉 이익을 남기지 않고 판다는 것이다. 장사를 하는 사람 입장에서 본전에 파는 것은 차라리 안 파는 것이 나을 수도 있다. 기업의 존재 의의는 끊임없는 활동을 통해서 이윤을 창출해야 한다(going concern). 자동차를 기업에 비유하자면 자동차를 계속 움직이게 하기 위해서는 기름을 살 돈을 계속 벌어들어야 하는 것과 같은 이치다.

(2) 판매가 이루어지는 순간

판매가 이루어지는 순간, 즉 고객이 구입 혹은 이용을 마음먹는 순간에는 서비스기업이 제시한 가격과 고객이 느끼는 가치 간의 비교가 이루어진다. 고객이 받은 서비스에 대하여 가치가 높다고 판단되고 가격을 희생해서 이용할 만하다고 판단되면 구매를 위해 지갑을 열 것이다. 반대로 서비스기업이 제공한 가치가 본인이 지불하고자 하는 가격보다 낮다고 판단되면 구매를 보류할 것이다.

V(가치) > P(가격) > C(원가)

판매가 원활이 이루어진다면 호텔관광기업은 경쟁력을 가질 것이다. 이와 반대로 서비스의 가치가 낮고 판매가 원활하지 않다면 경쟁력이 없을 것이다.

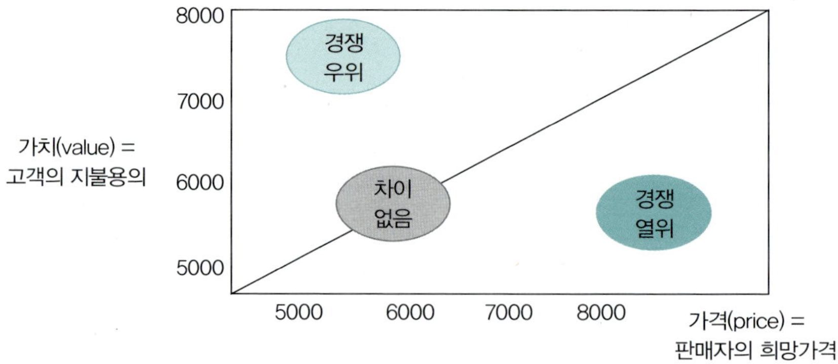

그림 10-1 가치와 가격의 관계

출처: 맥킨지컨설팅그룹 (1997).

가격은 물건이 지니고 있는 가치를 화폐로 환산한 것이고 요금은 남의 힘을 빌리거나 사물을 사용, 소비, 관람한 대가로 치르는 돈이다. 따라서 전자는 제품, 후자는 서비스라고 할 수 있다. 서비스기업의 서비스는 준거가격을 제시하기 어렵다. 요금의 적정성을 판단하기가 어렵고 또한 제품과 서비스가 섞여서 제시되기 때문이다. 밤늦게 이용하는 택시는 할증(서비스에 추가 요금)이 붙는다. 모범택시는 택시의 하드웨어적인 우수성으로 이용요금이 비싸다. 이용객은 보다 비싼 가격으로 서비스에서 좀 더 많은 가치를 원하고 있으나 안타깝게도 그러하지 못한 경우도 많다.

식당에서 주문과 판매, 즉 가격과 가치를 둘러싸고 고객과 식당 주인 간의 진실이 순간이 이루어진다. 주문은 듣고 오는 것이 아니라 받아오는 것이라고 하였다. 고객에게 받는 주문은 최대의 판매 찬스인데 제시한 가격이 얼마의 가치가 있다고 고객에게 납득시키는 것이 중요하다. 식당에서 팔고 싶어하는 요리를 권할 수는 있으나 강요를 해서는 안 된다.

(3) 서비스 이용요금으로서 팁

고객은 서비스를 받고 난 후에 서비스 제공자에게 보상을 해야 한다. 보상에는 금전적인 보상과 비금전적인 보상이 있다. 호텔의 객실 사용료, 테마파크의 입장료에 해당한다. 팁(tip)은 고객이 서비스를 제공한 종업원에게 그 서비스에 대한 대가로 추가로 지불하는 금액이다. 팁은 18세기 영국의 어느 술집에 '신속하고 훌륭한 서비스를 위해서 지불은 충분하게'라는 문구가 있었는데 영어로 To issue promptness의 약자가 tip이라는 설이 있다. 팁은 원래 선불이었고 신속한 서비스를 받기 위해서 일정액수를 테이블 위에 올려놓는 풍습이 후불식 팁, 즉 service exchange를 만들었다고 한다. 신속한 서비스의 의미이다. 봉사료(service charge)는 지불 의도는 팁과 유사하지만 소비자의 영수증에 미리 계산된 수수료로 소비자의 비자발적인 행동에 의해 주어진다는 차이가 있다(조민호 · 최인호 · 장미, 2004).

고객이 주는 비금전적인 보상은 눈에 보이지 않고 미래지향적인 것이다. 고객이 업장에 대하여 갖는 좋은 감정, 신뢰감, 다른 고객에게 구전을 해야겠다는 마음가짐 등이다.

다만 판매가 잘된다고 교만을 떨어 최종 마무리 서비스에 소홀해지면 안 된다. 점심시간에 장사가 잘되어 바쁜 국밥집에서 계산을 하고 나갈 때 손님의 얼굴도 쳐다보지 않고 카드를 긁어대고 고맙다는 인사도 하지 않는 곳이 많다. 주인의 교만은 고객의 복수(기분이 나빠 다시는 방문하지 않음)로 다가온다.

2) 판매의 의의

(1) 판매는 중요하다

세계 최고의 상품을 가지고 있더라도 팔 수 없다면 아무런 소용이 없다.

You can have the best product in the world,
but if you can't sell it, you have still got it. (Diamond Jim)

판매의 중요성을 강조하고 있다. 제품의 존재 의의가 판매에 있듯이 서비스의 존재 의의 역시 판매가 있다. 서비스를 하는 이유는 결국 판매라는 종착점을 향해 달려 나가는 데 있기 때문이다(로버트 & 설리번, 1999).

(2) 서비스와 판매의 관계

서비스는 판매가 아니다. 서비스는 판매 대상을 위한 생산과정이다. 따라서 판매 없는 서비스는 의미가 없다(로버트 & 설리번, 1999). 서비스는 판매라는 최종 과정을 향해 가기 위한 선행조건이다. 이러한 점에서 서비스는 공격적이어야 한다. 웨이터에게 매니저는 테이블을 공격하라(Attack the table!)라고 독려한다. 이전 손님의 테이블에 남아 있는 것을 빨리 치우고 새로운 손님에게 적극적으로 다가서라는 의미이다.

(3) 판매가 두렵다고 느끼는 이유

판매는 직원이 가장 어려워하는 분야이며 또한 기꺼이 하고 싶지 않은 분야이기도 하다. 그 이유는 다음과 같다.

① 고객으로부터 판매 제안을 했을 때 거절당하리라는 생각

② 비싼 서비스를 이용하는 데 고객이 부담을 가지지 않을까 하는 생각 등

그러나 고객은 세일즈맨의 실적을 올려주기 위해서 상품을 구입하지 않는다. 고객은 서비스가 자신에게 이익이 되는지, 즉 가치를 판단하기 때문에 대 고객 판매는 전혀 두려울 것이 없다.

3) 서비스기업에서 판매와 서비스의 관계

(1) 제조업과 서비스업

제조업과 서비스업은 경영활동에 차이가 있다. 전통적으로 기업의 활동을 두 가지로 나누면 만들고 판다, 즉 생산과 판매라고 할 수 있다. 여기에 좋은 생산을 위해서 연구개발이 들어가고 판매를 수월하게 하기 위해 마케팅이 포함된다. 물론 마케팅은 기업활동 전반, 초기 연구개발 단계에서 시장의 요구에 맞는 상품을 기획하는 데 필요하기도 하다. 그러나 서비스기업은 최종 산출물이 서비스이기 때문에 제조업의 서비스와는 개념이 다르다.

(2) 제조업에서 마케팅의 역할

제조업에서는 매출(수익)과 비용은 철저히 분리될 수 있는데 전자와 후자가 판매와 생산이라는 기능을 분리하고 각각 외부효율성과 내부효율성 추구를 통해 이익을 극대화할 수 있기 때문이다. 제조업에서는 제품원가를 낮추기 위해서 공장에서 절전운동(점심시간에 pc전원 끄기) 등과 같은 경비절감을 추구한다. 비용을 줄이면 이익이 커진다. 전통적인 마케팅은 수익의 극대화를 위한 활동이다. TV 광고나 각종 이벤트는 생산현장과 분리되어 이루어진다. 제조업은 외부와 내부를 각각 철저하게 통제하면(효율성 추구) 이익을 발생시킬 수 있다.

(3) 서비스업에서 마케팅의 역할

서비스에서 매출(수익)과 비용은 분리될 수 없는데, 전자와 후자가 판매와 생산이라는 기능을 분리할 수 없고 각각 외부효율성과 내부효율성의 동시 추구를 통해 이익을 극대화할 수 있기 때문이다. 서비스업에서는 서비스 원가를 낮추기 위해서 고객응대 직원을 줄이는 등 경비절감을 한다. 그러나 비용을 줄이면 이익이

커지지는 않을 것이다. 고객이 과소한 서비스 인원을 보고 서비스 이용을 포기할 것이기 때문이다. 즉 매출이 발생하지 않는다. 서비스업에서는 수익과 비용이 서로 교호적으로 발생하여 이익을 발생시키는 것이다(정용길, 2016).

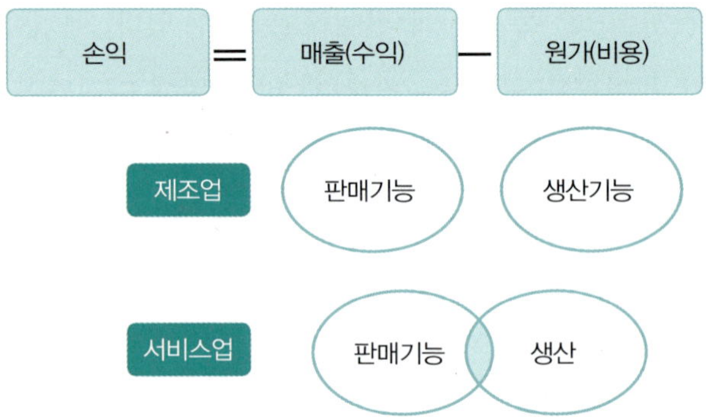

그림 10-2 제조업과 서비스업의 수익과 비용 창출 차이

따라서 전통적 마케팅과 구분되는 서비스 마케팅은 수익과 비용의 동시 극대화를 위한 활동이다. 판매를 극대화하기 위한 각종 쇼 이벤트는 생산현장과 분리되지 않는다. 서비스업은 외부와 내부의 유기적 연결관계 구축을 통해서(효율성 추구) 이익을 발생시킬 수 있다. 서비스 마케팅에는 제조업 마케팅의 4P(제품, 가격, 유통, 프로모션) 이외에 다음과 같이 추가적인 요소가 들어간다.

① 사람(People): 생산자이자 동시에 판매자

→ 고객으로부터 주문을 받고 동시에 서비스를 생성, 판매로 종결

② 물리적 증거(Physical evidence): 생산공간이자 동시에 판매공간

→ 고객이 서비스에 참여하기 때문에 물리적 증거가 갖추어져 있는 서비스를 받는 공간(기업이 서비스를 생산)이, 즉 서비스를 사는 공간(기업이 서비스를 판매)이기도 함

③ 과정(Process): 생산활동인 동시에 판매활동

→ 서비스 활동의 흐름, 대량생산 혹은 소량생산, 표준화 혹은 개별화 등을 조절, 판매 진행 상황을 보고 생산을 조절

그림 10-3 웨이터 이름표

2 판매력 있는 조직과 세일즈맨 만들기

1) 판매력과 조직 그리고 경영

(1) 판매력이 경영에 미치는 영향

판매력이 강한 조직은 내부의 서비스 전달 시스템을 갖추고(어떻게 서비스를 만들 것인가) 고객에게 전달할 서비스 가치(무슨 서비스를 만들 것인가)를 어느 고객에게 전달할 것인가가 명확하게 이루어진다. 아울러 판매결과 수익과 이익이 확보되는 조직이다.

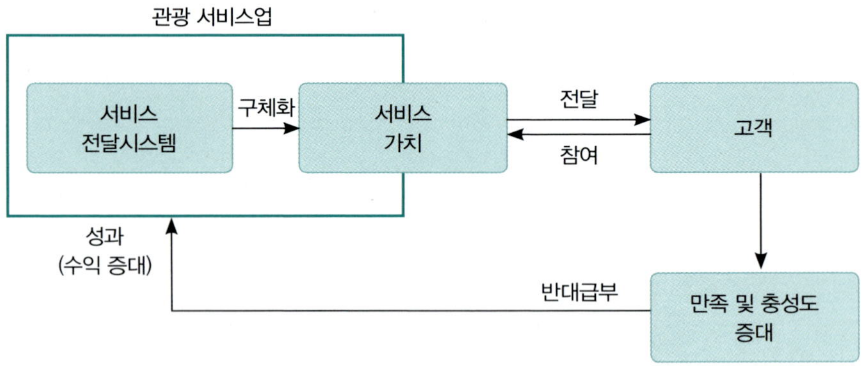

그림 10-4 바람직한 서비스기업의 가치창출 과정

(2) 판매력이 있는 조직 모형 I

판매력이 있는 조직을 만들기 위해서는 크게 조직 및 사람을 바꾸는 것과 조직 내 문화를 바꾸는 방법이 있다. 첫 번째로 조직과 사람을 바꾸는 방법으로 '판매력이 있는 조직 모형 I'은 다음과 같다.

판매력이 있는 조직이 되기 위해서는 조직과 사람이 노력형, 성공형, 절망형, 회피형의 네 가지 유형 중 성공형(responder)으로 나가야 한다. 성공형은 고객에 대한 응대가 적극적이라는 의미이다. 이를 위해서는 전체 조직 중에서 직접조직(고객접촉빈도가 높은 조직)이 많아져야 하고 직원의 성향이 고객지향적으로 변화해야 한다.

고객지향성(customer orientation)은 고객을 향해 모든 관심을 집중하는 종업원의 경향 및 성질이다. 고객지향성은 고객지원 욕구와 고객지원 즐거움 욕구로 나눈다. 전자가 고객욕구를 충족시킬 수 있는 능력에 관한 것이라면 즐거움 척도는 종업원이 고객과의 관계를 즐거움으로 받아들이는가이다.

기업조직은 직접조직을 지원하는 간접조직이 존재한다(노력형과 절망형). 그러나 간접조직 역시 고객지향성이 조직 내부에 팽배해야 한다. 호텔의 인사 및 교육훈련 담당자는 대표적인 간접부서인데 인재를 채용할 때 고객지향성을 우선적으로 고려한다든지 고객불만 해결을 교육훈련 과정에 적극 반영하는 것이 필요하다. 문제는 직접조직에 고객지향성이 부족한 직원들이 늘어나는 것이나(회피형) 직접조직의 수가 줄어들고 고객지향성을 가진 직원 수가 줄어드는 것(절망형)이다. 고객과의 접촉이 없고 어둠 속에서 사는 두더지(mole)에 비유된다.

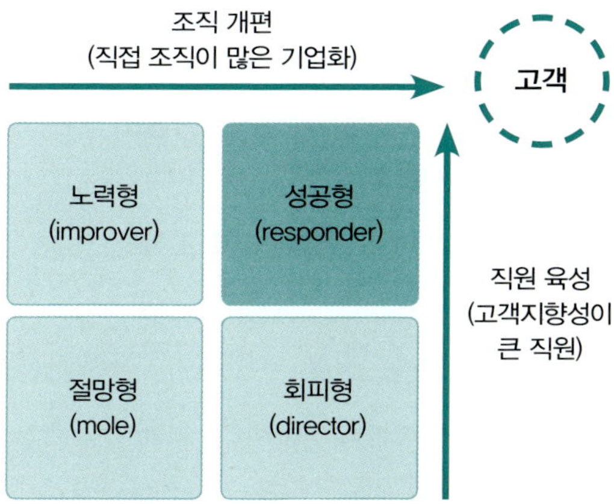

그림 10-5 조직의 네 가지 유형

(3) 판매력이 있는 조직 모형 II

판매력이 있는 조직을 만들기 위해서는 크게 조직 및 사람을 바꾸는 것과 조직 내 문화를 바꾸는 방법이 있다. 첫 번째로 조직 내 문화를 바꾸는 방법으로 '판매력이 있는 조직모형 II'는 다음과 같다.

고객과 직접 대면하는 직원들은 일선에 있는 낮은 직급이 많다. 반대로 위로 올라갈수록 고객과 접촉하는 빈도가 적어지며 고객지향성이 떨어질 가능성이 높다. 호텔의 최고경영층은 GM(총지배인, general manager)이다.

첫 번째로 맨 위로 올라갈수록 일정치 않고 예측 불가능한 일이 일어난다는 것

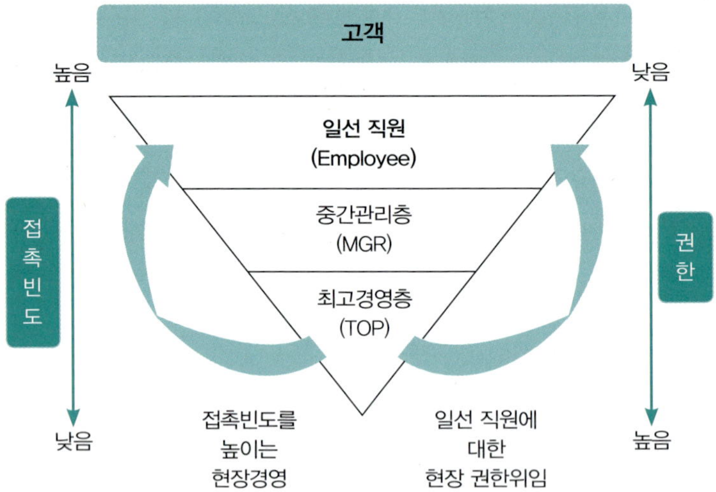

그림 10-6 역피라미드 조직화

이다. 호텔이 투숙객에게 제공하는 것은 무엇인가. 잠자리를 제공해 주고 배고픔을 해소해 주는 것이다. 따라서 이를 전담하는 지배인은 별도로 있다. 그리고 그 일을 무사히(?) 해내기 위해서는 매뉴얼이라는 직장에서의 교과서대로 따라하면 된다. 셀프주유소에 기름을 넣으러 가면 종업원의 도움 없이 스스로 주유를 해야 한다. 처음 해보면 참으로 당황스럽기도 하나 천천히 안내멘트에 따라서 하면 주유를 마칠 수 있다. 그러나 GM이 고객에게 직접 해줄 수 있는 안내멘트는 별도로 없다. 스스로 내면에서 나오는 고객의 목소리를 들어야 한다.

두 번째로 전문적인 기술보다는 다방면을 아우르는 종합적인 사고를 통해서 의사결정을 해야 한다는 것이다. 따라서 객실, 식음료, 프런트, 부대서비스까지 모두를 섭렵하고 이들 부서 간의 상충되는 이해관계를 호텔경영 관점에서 종합해야 한다. 그러한 이유로 스페셜리스트가 아니라 제너럴리스트라고 불린다.

세 번째는 호텔 내·외부와의 끊임없는 연결고리를 만들어 나가야 한다는 것이다. GM은 호텔의 얼굴이자 건물과 서비스로 제시되는 호텔의 살아 있는 화신이다.

따라서 현장을 직접 돌아다니며 고객을 만나고 고객들과 상호작용을 하는 일선 직원들을 독려하는 것이 중요하다. 고객을 철저하게 관찰함으로서 필요를 발견하는 눈을 떠야 한다. 가장 좋은 장소는 호텔의 로비(lobby)일 것이다. 호텔의 최정상에 있는 총지배인들은 다음과 같이 본인들의 직무를 생생하게 숙지하고 있다. "총지배인은 모든 사람의 뒤에 서 있는 사람이다. 여기서 사람이라는 것은 고객과 직원을 말한다", "호텔의 방향을 제시해 주는 리더십을 발휘해야 한다", "총지배인은 헬퍼이다", "총지배인은 호텔의 얼굴이기도 하며 그것은 작은 도시를 관할하고 책임지는 시장의 모습과도 비슷하다", "사람의 귀가 2개, 입이 1개인 것처럼 고객의 말을 많이 듣는 것이 중요하다", "퇴근해서 집에 돌아가더라도 호텔리어에서 벗어나는 것이 아니라 삶과 생활의 일부가 되어야 한다."

2) 판매력 있는 조직과 직원을 만드는 방법

(1) 직접조직의 수 확대 및 인원 확충

판매력을 증대시키는 방법은 직접조직의 수 및 관련인원을 확충하는 것이다. 호텔조직은 투숙객을 직접 대면하는 FOH(front of house) 조직과 직접대면을 할 수 없지만 FOH에서 근무하는 직원들을 지원함으로써 간접적으로 고객을 대면하는 BOH(Back of House) 조직이 있다. 고객과 직접 대면하는 조직의 규모, 즉 조직에서 일하는 직원이 많을수록 고객에 대한 서비스 품질을 높일 수 있다. 이러한 조직은 인적 판매조직과 더불어 전화 및 온라인 접수 등으로 수익을 발생시키는 조직(revenue center)이라고 하며 또한 직접조직에 포함된다. 직접조직이 많아지고 직접조직에 종사하는 직원이 많아질수록 판매력은 증대된다.

(2) 직접조직 내 직원의 마인드 변화

판매를 담당하는 직원은 고객과 직접 접촉한다. 고객을 접촉하는 직원은 두 가지 부류가 있다.

① 오더테이커(order taker: OT)

주문'만' 받는 사람이다. 원래 호텔에서 오더테이커는 투숙객이 전화로 서비스를 요청하면 그대로 해당 부서 및 담당자에게 조치를 취하도록 연결하는 업무를 수행한다.

② 영업사원(sales men)

고객의 주문을 받는 수동적인 존재가 아니라 주문'도' 받고 적극적인 영업사원의 자세를 보이는 직원이다. 탁월한 세일즈 실력을 보여주는 사람을 레인메이커(rain maker)라고 했다. 원래 가뭄이 들면 부족이 모인 자리에서 하늘에 제사를 지내 단비를 내리게 하는 사람이라고 하는데 기업에게 단비(매출과 이익)를 내리게 하는 사람이라는 의미이다.

표 10-1 오더테이커와 세일즈맨의 차이점

오더테이커(수동적인 직원)	세일즈맨(능동적인 직원)
• 푼돈을 번다. • 객단가가 낮은 고객을 상대한다. • 언제나 진짜 직업을 찾겠다고 한다. • 그저 고객을 기다린다. • 고객이 결정을 못할 때에는 기다린다. • 판매는 고객을 강요하는 것이라 생각한다.	• 큰 매출을 올린다. • 객단가가 높은 고객에 시간을 할애한다. • 권유판매를 한다. • 자신이 다루고 있는 서비스를 잘 안다. • 고객에게 대안을 제시한다. • 판매는 서비스와 결국 같다는 생각을 한다.

출처: 로버츠 & 설리번 (1997).

(3) 서비스의 생산성 확보

서비스의 생산성 확보, 즉 투입대비 산출이 좋으면 판매력의 상승을 가져올 수 있다. 여러 이유로 서비스를 제때 생산하지 못했을 때 고객이 기다리는 경우가 있다. 예를 들면 레스토랑에서 한정된 좌석으로 인해 더 이상 손님을 받을 수 없을 때에도 손님이 해당 업장을 이용하겠다는 의지를 가지고 기다린다. 이러한 대기행렬이 발생한 이유는 한정된 좌석이 그 원인 중에 하나일 것이고, 한정된 좌석이 발생한 원인은 손님이 계속 식사를 하면서 업장에 머물기 때문이다. 고객이 입장 후에 평균적인 식사시간을 넘어서 식사를 한다는 것은 식사 서비스가 제대로 이루어지 않았다는 것이다. 서비스가 느린 것 역시 여러 이유가 있겠지만 빨리 손님을 내보내고 새로운 손님을 받아야 한다는 마인드가 결여되어 있는 것도 있다. 손님이 많이 들어올수록 서비스 팁이 많아지는 것을 알고 이를 위해 걸맞는 행동을 하는 것이 세일즈맨이다.

3) 전사, 전직원의 세일즈맨화

(1) 세일즈맨의 역할

기업에서 세일즈맨은 어떠한 역할을 하는가에 대하여 다음과 같이 세 가지로 요약할 수 있다.

① 이미지 창출자: 기업의 이미지와 독특함을 대표하는 역할을 한다. 고객은 기업을 만나는 것이 아니라 기업을 대표하는 직원을 만난다. 따라서 고객의 기업에 대한 이미지는 세일즈맨에게 투영된다.

② 연락자(liasion): 고객과 기업을 연결하는 역할을 한다. 고객이 구입한 제품에 문제가 생기면 가장 먼저 세일즈맨에게 연락을 한다. 따라서 세일즈맨은 자신이 파는 제품과 서비스에 대하여 만든 사람 못지않은 지식을 가지고 있

어야 한다.

③ 정보원(intelligence): 고객(시장)의 정보를 최일선에서 획득하여 경영에 피드백해주는 역할을 한다. 세일즈맨 개개인이 취합한 고객의 기대는 제품과 서비스를 만드는 데 단서가 되며 고객의 불평불만은 기존의 제품과 서비스를 개선하는 역할을 한다.

(2) 세일즈맨십

세일즈맨십(salesmanship)이란 판매자가 고객으로 하여금 의지하는 바에 따라 행동하도록, 즉 제품이나 서비스를 판매자의 의도대로 구매하도록 설득하는 능력이다.

세일즈맨십에는 [그림 10-7]과 같이 네 가지 요소가 있는데 좋은 성품으로 시작하여 이를 외부로 표출하는 표현력 구비, 그리고 신뢰감의 형성으로 마침내 거래가 성립된다.

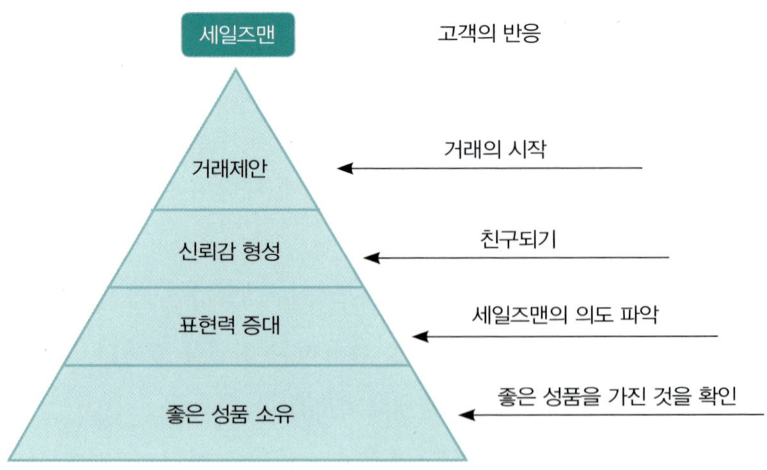

그림 10-7 세일즈맨십의 확대

출처: 김용만 (1996).

(3) 서비스맨은 본인이 세일즈맨으로서 역할 자각 필요

서비스기업에서 서비스맨은 서비스를 만들기도 하고 판매도 한다. 문제는 서비스가 본인이 하는 업무의 최종 결과라고 생각하는 것이다. 서비스만 잘하면 되는 것이 아니라 손님이 최종적으로 서비스를 받고 기분이 좋은 상태에서 이용료를 지불할 때까지를 염두에 둔 목표지향적 행동을 해야 한다.

손님을 먼저 부르려면 좋은 서비스가 이루어져야 한다. 그리고 서비스에 만족해야 판매가 이루어지는 것이다.

레스토랑의 매니저도 마찬가지다. 웨이터가 손님으로부터 주문만 받기를 원하지 않는다. 고객의 주문을 제대로 받고 그 주문대로 이행하는 것도 어쩌면 어려울 수도 있다. 그러나 그 이상을 원하는 것이 세일즈맨으로서의 역할이다. 즉 손님이 테이블에 앉으면 제일 먼저 음료나 술은 무엇으로 하겠는지를 물어보는 것이 세일즈의 첫 걸음이다. 음료나 술은 이윤이 많이 남는 것이기에 팔면 팔수록 이익 폭이 커진다. 웨이터가 보기에 만난 지 100일 기념차 스테이크를 주문하는 남자 고객에게는 말이 끝나자 무섭게 샴페인을 주문할 의향이 없냐고 물어보아야 한다. 그것도 주문하지 않으면 남자의 체면이 서냐, 모처럼 백일기념인데 좀 이벤트가 필요하지 않느냐는 등 기분이 나쁘지 않을 정도의 자존심을 건드리는 것이 영리한 세일즈맨이다.

동행한 어린아이는 어린아이가 아니라 손님(growing guest)이다. 이들을 잘 대하는 것이 판매를 위한 서비스의 기본이다. 어린아이에 세심한 배려를 하면 부모의 만족도는 올라간다. 연회장에서 건배 제의를 할 때 아이에게 샴페인 대신 오렌지주스를 제공하되 샴페인 글라스에 제공하면 두 번의 놀라움과 기쁨을 줄 있다(무라카미, 2010). 물론 오렌지주스는 계산서에 청구된다.

말 한마디로 세일즈맨은 고객을 깜짝 놀라게 할 수 있다. 예를 들어 손님이 “여기 물 좀 주세요”라면 주인은 “예, 세상에서 가장 맛있는 물 한 잔 올리겠습니다”

라며 건네준다. 또 “채소 좀 더 주세요”라고 하면 주인은 “예, 가장 신선한 채소만 골라왔습니다”라며 손님의 기분을 좋게 만들어준다. 두 번 호텔을 방문한 고객을 알아보고 “다녀오셨어요?”라고 반갑게 대응한다면 말 한마디로 고객을 놀라게 할 수 있으며 제2의 고향으로서 호텔을 각인시킬 수 있다.

3 판매 테크닉

1) 판매사이클의 개념과 의의

(1) 판매사이클의 개념

판매 중에서 세일즈맨을 활용한 판매가 인적 판매(personal sales)이다. 인적 판매에는 세일즈맨에 의한 일련의 고객과의 관계가 단계적으로 발생한다.

[그림 10-8] 판매사이클(sales cycle)에서는 세일즈맨이 고객을 상대로 판매하는 행위를 단계별로 나누어 보여주고 있다. 판매사이클은 계속해서 끊임없이 돌아가는 루프(loop)의 형태를 가진다. 판매는 끊임없는 과정이라는 뜻이다. 5번 사후지원이 끝나면 바로 1번 가망타진으로 넘어간다. 여행사 판매를 예로 들면 5번 여행에 잘 다녀오셨느냐는 인사를 통해 현지에서의 여행품질을 체크해 봄과 동시에 1번 다음 여행에 대한 고객의 의향을 떠볼 수 있다. 서비스는 3번 제시와 4번 설득과정에 해당된다. 여행사의 서비스로 브로슈어를 제시하고 가격을 설명하는 것이며 레스토랑의 서비스는 메뉴를 제시하고 또 다른 추가메뉴를 시키도록 유도하는 과정이다.

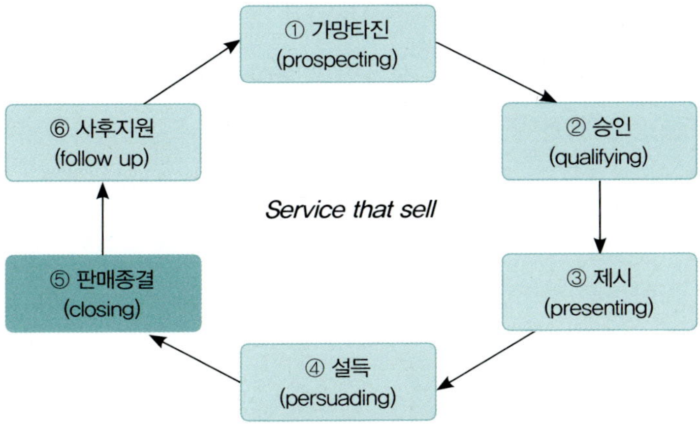

그림 10-8 판매사이클

출처: 미국 여행사 자격증 ICTA 과정 교재

(2) 판매사이클에 대한 단계별 설명

① 가망타진 및 승인단계

가망타진은 우리 고객이 될 수 있을 것인가, 즉 우리 업장에 들어와서 서비스를 받고 돈을 지불할 것인가를 가늠하는 단계이다. 승인은 주인 입장으로 볼 때 가망성 있는 고객으로 받아들이고(고객으로 만들 것을 마음먹고) 본격적으로 고객화하기 위해 서비스가 시작되는 단계이다.

가망타진에서 승인에 이르기 위해서는 'RWW 공식'을 사용한다.

- R(real): 정말로 살 의향이 있는 것인가, 최종적으로 지불할 용의가 있는가를 확인하여야 한다. 스키퍼(skipper)는 호텔, 레스토랑 등에서 서비스를 받은 후에 요금을 지급하지 않고 비밀리에 도망을 가는 손님을 말한다. 노쇼(no show)란 예약을 해놓고 예약취소 연락도 없이 업장에 나타나지 않는 사람 혹은 행위를 뜻한다. 이들은 살 의향이 없는 사람들이다.
- W(win): 고객과 대응하여 이길(win) 수 있는가. 이긴다는 것은 고객을 설득

하여 판매를 이뤄낼 수 있는지 여부이다. 윈(win)에는 마음을 얻는다는 뜻도 있다. 따라서 판매에 이르는 설득의 기술이 필요하다.

- W(worth): 고객과 거래를 하여 납득할 만한 이득을 얻어낼 수 있는가이다. 장사꾼이 밑지고 판다는 거짓말은 유명한 3가지 거짓말 중에 하나라고 한다. 즉 원가 이하로 팔아 이윤이 남지 않는다는 것인데 미래에 다시 거래해서 손해를 본 만큼을 회수할 기약이 없으면 거래를 하지 말아야 한다.

② 제시

상품과 서비스를 고객에게 제시하여 소비 혹은 구매를 유도하는 단계이다. 정시판매(呈示販賣, presentation selling)라고도 하는데 판매하고자 하는 현물을 상대방에게 제시하고 커뮤니케이션하는 것이다. 관찰력이 좋아서 굳이 말하지 않더라도 손님의 희망을 완벽히 알아차리고 제시하는 것이 좋다. 식당 웨이터는 가능한 한 주방장 추천 메뉴를 권한다. 잘 팔리고 이익이 남는 간판 메뉴 혹은 히트 메뉴이기 때문이다.

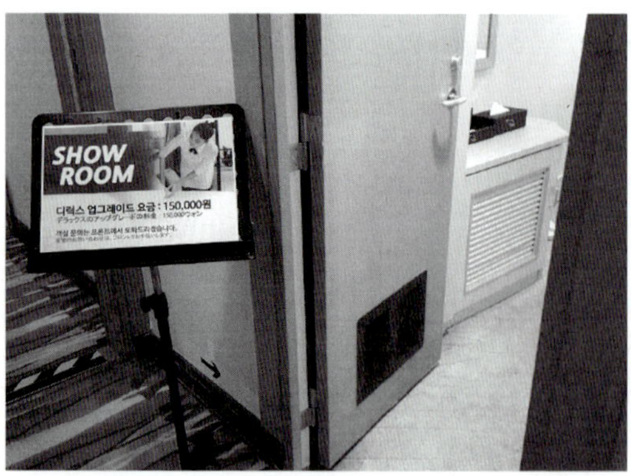

그림 10-9 업셀링을 하는 크루즈 객실

③ 설득

첫 번째로 특징(feature)보다는 편익(benefit)을 강조하여야 한다. 특징이 '상품과 서비스가 □□이다'라고 했을 때 편익은 '□□것이 어떠한 이익을 주는가', 즉 쏘우 왓(so what?), '그래서 어떠한 것인가'라는 질문에 대한 대답이다.

위대한 판매전략은 하드웨어, 일, 해결 중심에서 소프트웨어, 사람, 문제 중심이다(황영규, 2017). 스위트룸에 야외노천풀이 특징이라면 야외노천풀에서 풀사이드파티를 할 수 있다는 즐거움은 편익이다. 베스킨라빈스31의 '31'은 한 달 내내 새로운 맛을 맛볼 수 있다는 편익과 고객이 스스로 골라먹을 수 있다는 편익을 회사명에 구체화한 사례이다.

설득을 할 때에는 고객의 오감(五感)을 자극할 수 있는 언어를 사용하는 것이 좋다. 예를 들어 메뉴를 설명할 때에는 다음과 같은 감각어를 활용한다.

- 시각: 노릇노릇, 노리끼리, 노르스름
- 청각: 바삭, 아삭, 아사삭, 뽀드득
- 후각: 고소함, 구수한
- 촉각: 까칠까칠한 튀김옷, 쫀득쫀득, 따스한 육즙
- 미각: 달콤함, 짭짜름함, 달달함(황현진, 2017).

비유를 활용하는 것은 판매를 위해서 매우 좋은 전략이다(황현진, 2017). 비유는 어떠한 사물이나 현상을 그와 같이 다른 사물이나 현상에 빗대어 표현하는 것이다. A(원관념, 주요 메시지)는 B(보조관념, 보조 메시지)라는 도식을 가지고 A는 B이다(은유), A는 B와 같다(직유)라는 대사를 사용한다. 좀 더 구체적으로 의인법, 즉 사람이 아닌 것을 사람에 빗대어 설명하는 것 역시 같은 범주에 포함된다. 이때 상품과 서비스는 보다 쉽게 전달해야 생생하게 와 닿는다. 이불이 숨 쉰다는 것은 푹신푹신함을, 포도주가 숨 쉰다는 것은 신선하다는 의미를 전달할 수 있다.

- 꿀같이 달달한 라떼커피
- 얼음처럼 차가운 맥주
- 혀에 살살 녹는 참치뱃살

④ 클로징 단계

클로징은 판매를 종결하는 단계이다. 고객이 스스로 지갑을 열게끔 하는 것이다. 클로징 멘트로는 "현금으로 하시겠습니까? 카드로 하시겠습니까", "주문을 넣어도 될까요?", "고객님 오늘 서비스는 어떠셨나요?" 등을 사용하여 우회적으로 판매를 위한 의사결정 시점이 되었다는 것을 알린다.

고객으로 하여금 왜 지금 선택하지 않으면 안 되는가에 대한 압박을 주는 방법은 다음의 세 가지이다(황현진, 2017).

- 수량: 한정수량밖에 남아 있지 않다.
- 돈: 지금 해야 금전적으로 이익을 볼 수 있다.
- 때: 미루면 늦는다.

⑤ 사후지원 혹은 사후 마무리

맛있게 식사를 마치고 계산을 하고 레스토랑을 나서는데 서비스 스텝들이 환한 미소로 감사하고 환송해 준다. 그리고 손님은 그 소리를 뒤로 한 채 몇 걸음 걷다가 뒤를 돌아보고 실망을 할 수도 있다. 레스토랑 입구에 사람의 그림자가 싹 사라지고 텅 빈 공간만 들어올 때 허무한 느낌이 들지 않을까? 마지막 마무리가 필요하다. 여행을 잘 다녀온 고객에게 여행사 직원은 전화 한 통을 통해서 여행이 괜찮았는지 물어보는 서비스는 매우 적극적인 태도이다. 겉으로 드러난 것은 고객에게 인사를 하는 것이지만 현지 여행상품에 대한 만족도 점검, 가이드 서비스 품질 체크, 다음번 고객과의 비즈니스 예약 등 다양한 목적이 있다. 신세를 졌기 때문에 감사장을 쓴다는 것 역시 정성어린 방법이다.

2) 판매사이클에서의 대화

(1) 고객의 말을 경청을 위한 SELA

판매사이클 전반에서 고객에 대한 경청(敬聽)이 필요하다. SELA 경청법이 대표적인데 다음과 같다(황영규, 2017).

- S (Sincerity): 고객에 대하여 진정한 관심을 가져라.
- E (Egoless): 나를 내려 놓아라(인식의 전원을 끄고 자기주장을 잠시 보류한다).
- L (Listen): 고객의 모든 것을 몸으로 들어라.
- A (Acknowledge): 들은 것을 간결하게 말해주어라.

범죄인들은 자신의 죄와 진행 상황에 대하여 변호사와 많은 이야기를 나눌수록 더 공정하게 재판이 진행된다고 느낀다. 즉 유죄선고도 중요하지만 변호사의 성실한 상담이 유죄선고를 순순히 받아들이는 데 중요한 역할을 한다. 고객도 마찬가지이다. 본인의 이야기가 충분히 전달되었다고 생각할 때 좋은 거래가 이루어졌다고 볼 것이다.

(2) 고객과 대화하는 데 요긴한 표현들

① 긍정적인 표현: 부정적인 표현은 상대방의 자존심을 건드리고 불쾌함을 느끼게 한다. → 건물 바깥에 흡연실이 마련되어 있습니다.

② 청유형의 표현: 명령형의 표현은 상대방이 주도권이 없다고 생각하기 때문에 거부를 불러일으킬 수 있다. → 조금만 기다려 주시겠습니까?

③ 개방적인 표현: 폐쇄형의 표현은 상대방으로 하여금 많은 이야기를 할 수 없게 만든다. → 오늘 하루는 어떠셨나요?

④ 완곡한 표현: 강압적 표현은 대화를 부드럽게 이끌어 나가지 못하게 한다.

→ 제가 알아봐 드리겠습니다.

⑤ 쿠션언어적 표현: 상대방에게 원하는 것을 들어주지 못하거나 상대에게 부탁을 해야 할 때 활용한다. → 미안합니다만, 죄송합니다만, 실례합니다만, 바쁘시겠지만, 번거로우시겠지만, 불편하시더라도, 괜찮으시면.

⑥ I-메시지 사용: 대화의 주체가 네가 아닌 내가 되어 전달하고자 하는 것으로 본인의 입장을 설명하여 상대로 하여금 충분히 이해하게 한다. → 그렇게 말씀하시니 서비스하는 저희 쪽도 상당히 기분이 좋아지네요.

⑦ 신뢰적 표현: 신뢰감을 줄 수 있도록 '다까체'로 70%, 부드러움을 줄 수 있는 '요죠체'로 30% 정도 섞어서 사용한다. → ~입니다, ~입니까, ~예요, ~죠.

⑧ 맞장구적 표현: 상대방의 이야기에 관심이 있다는 것을 표현하고 기를 살려준다. → 그렇군요, 과연, 그 말씀은 ~이라는 것이지요?(한국생산성본부, 2017).

Service Break

언어의 중요성

옛날에 어느 부자주인이 영특한 하인을 불러 돈을 얼마든지 써도 좋으니 이 세상에서 가장 비싼 것을 사오라고 하였다. 얼마 후에 하인은 '소의 혀'를 사가지고 왔다. 부자주인은 고개를 갸우뚱거리며 이번에는 반대로 이 세상에서 가장 싼 것을 사오라고 하였다. 역시 얼마 후에 하인은 똑같은 '소의 혀'를 사왔다. 주인이 가장 비싼 것과 싼 것이 어찌 같은 것이냐 장난치는 것이 아니냐면서 화를 내었다. 그러나 하인은 미소를 지으면서 말하길 '세 치의 혀로 사람을 살릴 수도 죽일 수도 있습니다. 잘 사용하면 보물이지만 잘못 사용하면 가장 쓸데없는 물건이기에 그리하였습니다"라고 하였다. 이에 주인은 무릎을 탁치며 그가 영특한 하인임을 다시 한 번 확인하였다고 한다.

(3) 고객의 내면의 소리 듣기

① 눈으로 들어라: 보이는 것이 모두는 아니다. 고객이 말하는 언어 이외에 비언어적인 단서를 잡아야 할 것이다.

② 귀로 느껴라: 들리는 것이 모두가 아니다. 마찬가지로 귀를 통해서 고객의 감정상태를 체크할 수 있다. 고객의 불만은 이성적인 것보다 감정적인 것에서 오는 경우가 많다. 고객은 직접 불만을 표출하지 않는다. 고객이 식사를 많이 남긴 것은 불만의 표시가 될 수 있다.

③ 몸으로 말하는 것을 들어라: 고객은 자신이 이야기하고 싶어 하는 것을 무의식중에 드러내는 성향이 있다. 따라서 컴플레인을 할 때에 무엇 때문인지를 알 수 있다.

④ 입으로 힘을 주는 것을 알아차려라: 고객의 스페셜오더는 그가 원하는 것이고 고객이 자기도 모르게 강조하게 된다. 이때 반복을 하면 좋다. 손뼉도 마주쳐야 소리가 난다.

그림 10-10 다양한 팬케이크용 시럽 제공을 통한 판매

서비스 열전

스타틀러(Statler, 1893~1928)

스타틀러

https://uh.edu

스타틀러는 "호텔 맨 중의 호텔맨", "호텔계의 헨리 포드"라고 불린다. 럭셔리한 호텔가격을 적정가격으로 낮추어 중산층을 대상으로 서비스의 거품을 빼고 합리적인 가격을 제시하였다. 1907년 버팔로 스타틀러호텔을 개업하고 전 객실에 욕조를 설치하여 선도적으로 파격적인 1.5달러를 책정한 이후 비로소 전 미국에 이코노미 객실료의 개념이 도입되었다. 1908년 스타틀러호텔은 상용호텔로서 현대적 구조물 및 서비스를 제공함으로써 주목을 받기 시작하였다.

경영관리에 있어서 끊임없는 단순화, 효율화, 표준화를 추구하였는데 싸구려 서비스가 아니라 투입되는 요소를 슬림화하여 낭비요소를 제거해 나가는 데 주안점을 두었다. 욕실의 수건걸이 재사용, 리넨과 세탁 경비 등이 있었지만 또한 신문을 무료 배부하는 등(오정환, 1995) 필요하다고 생각하는 서비스는 반드시 존재시켰다. 이외에도 세계 최초의 서비스 스탠드 동선관리, 최초로 여자직원 고용, 새로운 유니폼을 도입하여 호기심을 자극하고 매력을 더하였다고 한다.

아부의 왕 정승구 감독 (2012)

"아부가 뭐니, 아부가, 감성영업"

"나는 준다의 미래형이 뭐냐? 바로 나는 받을 것이다! 사람들이 원하는 걸 그냥 주는 거야. 막 퍼줘"

(영화 대사 중)

영업은 사람과 기업을 설득해야 하는 직무다. 따라서 사람의 마음을 움직일 줄 아니는 능력이 반드시 필요하다. 혀고수의 이 명언은 '설득에 있어 인간이 감정의 동물이라는 전제를 잊어서는 안 된다'는 한비자의 말과도 상통한다.

"몸과 마음을 최대로 편하게 연체동물처럼 뼈가 없다고 생각하고 흐느적 흐느적. '암요, 그럼요, 당연하죠, 별말씀을' 아침에 나올 때 거울을 보고 자존심은 냉장고에 넣어 둬라. 버리지는 말고. 뇌를 놔버려. (영화 대사 중)

혀고수는 동식에게 아침에 출근하기 전에 거울을 보고 자존심을 냉장고에 넣어두라고 한다. 여기에 '버지리는 말고'에 주목할 것. 아부는 사회생활에서 필요한 체세술일 뿐! 자존심을 '버리진' 말자!

"진정한 아부란 소중하고 아끼는 것을 지키기 위해서 모든 것을 버리는 것이라면서요. 그런데, 순정은 못버리겠더라구요." (영화 대사 중)

영업, 판매를 하기 위해서 자신의 몸을 낮추어야 하며 때로는 아부를 해야 할 때도 있다. 아부(阿附)는 남의 비위를 맞추어 알랑거림이다. 본 영화에서는 아부를 감성영업이라고 한다. 손님에게 자존심을 버리는 종(從)이 아니라 상대방의 감성을 자극해서 이성적 판단을 마비시켜 성공 세일즈를 이루는 방법이다. 누가 그랬던가, 창피함은 일순간이지만 돈은 영원하다고.

출처: 영화사 황금주전자

CHAPTER 11
서비스 문화

Invitation only!
(초대받지 않는 사람 입장금지)

Chapter

11 서비스 익스프레스

Invitation only !(초대받지 않는 사람 입장금지)

→ 서비스를 주고받는 행위는 문화이다. 따라서 상호간의 프로토콜이 중요하다. 서비스는 주인이 손님을 초대하는 것. 손님은 손님답고 주인은 주인다워야 한다. 따라서 손님답지 않은 손님은 초대를 받을 수 없다.

1. 동서양의 서비스 문화 차이와 응용

서비스에 대하여 동양과 서양이 다르고 동양에서는 한국과 일본이 다르다. 한국인의 정과 친절 그리고 일본의 오모테나시(환대)를 비교하였다.

2. 감정노동

감정노동은 서비스업에서 볼 수 있는 특유한 현상이며 지나친 감정노동은 일의 의욕을 저하시키고 일상의 삶에 좋지 않은 영향을 준다.

3. 품격 있는 고객 서비스

좋은 서비스 문화는 서비스 직원과 고객 품격을 회복하는 기반을 조성하는 것이며, 환대, 판매력, 매너와 에티켓 등을 연관하여 제시하였다.

키워드

감정노동, 고맥락, 료칸, 불량고객, 일기일회, 오모테나시, 웨이터의 법칙, 정(情), 친절, 품격

도입사례

한국의 맘충과 일본의 노키즈존

최근 어린 아이를 데리고 다니는 우리 어머니들을 '맘충'(엄마와 곤충의 합성어)으로 비하하는 일들이 벌어지고 있습니다. 사건이 발생하는 곳은 주로 식당입니다. "아이에게 주려는데, 밥 조금 있나요?", "아이 이유식 좀 데워주시겠어요?"라고 요구한 어머니들에게 비난이 쏟아졌고, 고기뷔페를 엉망으로 만든 어머니와 아이들의 이야기도 올라왔죠.

그런데 아이를 데리고 식당을 찾는 어머니들은 일본에도 있습니다. 또, 아이를 부담스러워하는 식당도 일본에 있습니다. 심지어 일본에도 맘충과 비슷한 의미의 '키치마마(キチママ/상식적이지 않은 엄마)'라는 용어도 있습니다. 우리 인터넷에는 맘충과 똑같은 의미라고 설명하고 있지만, 실제론 일본 엄마들 모임에서 엉뚱하고 비상식적인 행동을 하는 엄마를 주로 엄마들끼리 부르는 말입니다. 공공장소에서의 매너 문제뿐 아니라 인간관계가 좋지 않은 엄마를 통칭합니다. 학부모 활동에 자주 빠지거나 자기 아이에게 지나치게 비싼 옷을 입히는 경우도 키치마마로 불립니다.

하여튼 크게는 한국이나 일본이나 사람 사는 건 비슷하지 않나 합니다. 하지만 일본에선 이런 문제를 논의할 때 '키치마마'보다는 '고즈레 킨시'(아이 데려오기 금지)'이라는 용어를 더 많이 씁니다. 식당 측이 손님들에게 아이를 못 데려오게 하는 것이 맞느냐 틀리냐는 겁니다. 문제를 바라보는 시각이 다소 다릅니다.

분명한 것은 일본도 우리와 비슷한 갈등과 고민 논란이 있다는 겁니다. 물론 아이들의 훈육과 식당 예절, 사회적 상식 등은 조금 다릅니다. 우리가 생각할 부분도 있습니다. 역시 그 사회와 공공시스템이 얼마나 아이와 어머니들에게 따뜻한 시선을 보내고 있느냐에 달려 있는 듯합니다. 우리처럼 어머니 계층을 꼭 집어 '맘충'으로 공격하는 것은 성숙한 사회의 반응이 아니라고 생각합니다. 또, 한국이나 일본이나 진상 손님이 되지 않으려면 역지사지, 상대방 입장에서 생각해 보는 태도가 필요하지 않을까요?

출처: sbs (2017.09.23.).

학습목표

01 일본의 오모테나시의 개념을 말할 수 있다.
02 본인의 감정노동 경험을 공유한다.
03 본인이 서비스를 받는 고객으로서 매너와 에티켓을 잘 지켰는지를 회상해 본다.

1 동서양의 서비스 문화 차이와 응용

1) 한국인의 친절과 정

(1) 한국인의 정과 친절

정(情)은 한국문화의 특징짓는 키워드이자 감성적 문화유전자의 역할을 해왔다. 정은 사람과 사람 사이를 연결하는 역할, 즉 관계맺음의 기본이자 우리라는 공동체를 만들어 나가는 토대가 된다. 정이 긍정적인 면으로 표출되면 사랑, 관용, 배려 그리고 친절이 된다(유진희, 2015).

친절은 상대방에게 호의를 전달하는 표현, 악의가 숨어 있는 세상을 조금이라도 안전하게 만들기 위해 인류가 개발해낸 유구하고도 세련된 행동이다. 한국인에게 있어 친절을 베푸는 대상으로서 남이란 전통적으로 주로 아는 사람, 공동체의 구성원 혹은 어떠한 방식으로든지 서로 밀접하게 관계 맺는 사람이다. 한국인의 친절은 상대의 편리와 이익을 위해 스스로 기꺼이 희생하는 것이다. 한국은 인정국(人情國)이라고 불렸는데 전통적으로 사람을 사랑하는 성질이 많으며 속마음에는 극히 인정이 많았다고 한다.

반면에 서양인에게 있어서 친절을 베푸는 대상으로서 남이란 공동체뿐만 아니라 낯선 외부 사람까지 포함된다. 친절함이 동 · 서양에 따라 다르게 표출되는 것은 오랫동안 한국인은 단일민족으로 공동체 의식을 강조해왔기 때문이라면 서양인은 개인주의와 자유주의적 성향을 띠기 때문이다(황필홍, 2001).

(2) 한국인의 유교적 가치를 서비스 및 환대정신에 적용

한국의 동방예의지국의 전통을 가지고 있고 따라서 독특한 한국적 서비스와 세계적 보편성의 조화, 한국적 행동과 세계적 사고가 바탕이 되는 환대규율을 창조하는 것이 중요하다(손대현, 2000). 따라서 지나치게 서구 지향적인 서비스를 경계하고 서구의 서비스를 한국적 상황에 맞추어 나가는 노력이 요구된다.

예(禮)는 유교의 전통적인 종교의례 · 윤리 · 습속 · 제도 등의 각 관행(慣行)을 말한다. 이를 세분화하여 환대로 적용하면 〈표 11-1〉과 같다.

표 11-1 유교적 예(禮)의 환대로의 적용

구분	유교적 가치	환대정신에 대한 영향
자신의 행동을 조절하고 감정을 조화로운 상태로 두기 위한 예(禮)	자아도취적 감정을 절제하고 조화하여 자신의 감정의 노예가 되지 않고 자신을 이길 수 있을 때 인(仁)의 실천 가능	환대정신 제공자가 자신의 감정과 욕구를 앞세우지 않고 스스로의 위치를 올바로 인식하고 그에 부합하는 환대정신과 태도를 함양한다.
다른 사람과의 관계를 규정하는 예(禮)	자기 자신을 미루어 남을 생각하고 자기가 원하지 않는 것을 베풀지 마라.	고객의 욕구와 요구를 우선적으로 생각하고 고객지향적인 환대정신을 제공하고 실천한다.
의미는 퇴색하고 형식만 남은 무의미한 절차로서의 예(禮)	본래의 전통적인 의미가 시대의 변천에 따라 퇴색하고 습관적인 형식으로만 존재하는 절차	고객을 위한 진정한 의미의 환대가 아닌 단순히 서비스 제공이라는 필요에 의해 존재하는 환대를 지향한다.

출처: 박기홍 (1988).

(3) 서구의 서비스를 한국 사회에서 기계적으로 적용하면서 생기는 문제점

서구의 서비스를 한국적 상황에 기계적으로 적용하면 좋지 않은 결과를 낳는다. 서비스를 주고받는 쪽이 서로 어색함을 느낄 수도 있다. 서구의 서비스를 강조했을 때 문화적 차이로 인해서 원래 원하던 효과를 얻지 못할 수도 있다.

① 눈맞춤(eye contact)의 중요성

→ 은행에 갔는데요. 제 눈을 너무 빤히 쳐다보며 이야기를 해서 부담스러웠어요.

② 만족 여부에 대한 수시 확인

→ 지하철역 근처에 있는 스파게티 전문점을 갔는데요. 식사 도중 직원이 두 번이나 다가와서 "입맛에 맞으십니까?" 하고 묻는 거예요. "안 맞으면 어떻게 할 건데요?"라고 되묻고 싶었어요.

③ 고객과 마주쳤을 때 큰 소리로 인사하는 메아리 전략

→ 미용실에 갔는데요. 직원들이 우렁차고 높은 톤으로 "안녕하십니까" 하고 인사를 하는 바람에 놀랐어요. 개인적인 장소인데 말이지요.

④ 감정에 충실하여 이를 외부적으로 표현

→ 시애틀 병원의 경험은 달랐어요. 옆에 아이가 태어나자마자 간호사와 의사가 환호성을 터뜨리더군요. "WOW! Perfect. You are so cute!" 아이는 객관적으로 썩 잘 생긴 외모는 아니지만 축제 분위기였지요(안미현, 2002).

2) 일본의 오모테나시

(1) 오모테나시의 의미

오모테나시(お持て成し)는 일본의 접객정신을 나타낸다. 오모테나시는 무엇을 가지고(持て) 무엇을 이루어낸다(成し)라는 뜻이다. 자기가 가진 것으로 다른 사람

에게 어떠한 행위를 한다는 의미이다(최한우, 2017).

(2) 오모테나시의 역사적 연원

신(神)과 손님이 같은 위치에 서 있다고 본다. 비교적 교류가 단절된 시대에 외부로부터 온 이방인은 하늘에서 내려온 신과 같은 존재로 여겨 경외의 대상이었다. 동시에 타지 사람들이 마을에 들어오면 재앙을 가져온다고 믿어 경계의 대상이기도 했다. 이에 따라 이방인이 마을에 들어오면 지역주민들이 어떻게 할 것인가에 대해 미리 헤아리는 태도와 자세를 갖게 되었다고 한다.

① 손님에 대한 감사의 의미를 최대한 표현하는 것

② 손님에 대한 환대

③ 손님에 대한 고치소오(사방을 이리저리 달려서 어렵게 구해오다)

④ 온 마음을 다해 손님을 맞이하는 것

(3) 오모테나시와 현대적 서비스

오모테나시를 현대적인 의미의 서비스에 비추어보면 다음과 같다. 오모테나시는 환대로, 친절은 서비스로 각각 연결할 수 있다. 일본인의 친절은 서비스 제공자가 서로의 입장을 확립하기 위해 깍듯하고 군더더기 없이 베푸는 친절이다(이헌경, 2016). 일본인은 속마음이라는 혼네(本音)와 다테마에(建前), 즉 표면상의 명분을 가지고 있다고 한다. 다테마에야 말로 아직 낯이 익지 않은 관계인데도 태도가 나긋나긋하고 상냥한 것을 나타내는 친절에 해당한다고 볼 수 있다(조관일, 2000).

친절이 겉으로 드러나는 것이고 고객을 위하는(for customer) 것이라면, 오모테나시는 속에 들어가 있고 당신과 함께(with you)란 것이다. 친절이 보답을 전제로 베푸는 것이라면 오모테나시는 보답 없이 베푸는 것이다. 친절은 매뉴얼이 있는 반면 오모테나시는 매뉴얼이 없다. 손님의 지시로 시작하는 것이 친절이고 손님의 지시로 끝나는 것이 오모테나시이다(이진천, 2018).

다도(茶道)에는 일본의 오모테나시가 잘 표현되어 있다. 찻잔을 앞에 두고 앉은 사람과의 인연을 소중하게 하며 정중하게 최선의 예절과 형식을 갖추어 차를 마주앉은 상대방에게 대접한다.

① 이치고 이치에(일기일회, 一期一會). 일생에 한 번 뿐인 인연

② 사호(作法). 예를 갖추어 행하는 형식, 작법

③ 바탕이 되는 오모테나시

Service Break

이시다 미츠나리, 삼현차의 사나이

도요토미 히데요시(豊信秀吉)가 영지인 오미국(近江国: 지금의 시가현 나가하마시)을 방문하였다. 매사냥을 하던 히데요시가 관음사로 찾아와서 차를 청했다. 이때 차 대접을 한 사람이 이시다 미츠나리였다. 그는 처음에는 큰 잔에 먹기 좋게 미지근하고 연한 차를 내왔다. 차를 단숨에 마신 히데요시는 한 잔을 더 청했고, 이번에는 처음 잔보다 조금 뜨겁고 진한 차를 절반만 채워서 내왔다. 히데요시가 한 잔을 더 달라고 하자 이번에는 제대로 뜨겁고 진한 차를 작은 잔에 가지고 왔다고 한다. 히데요시가 목이 마를 것이라 여겨 첫 잔은 한 번에 마시기 좋게 미지근하게 타온 것이다. 이를 대접받은 히데요시는 이시다 미츠나리(石田三成)의 영특함에 감탄하고, 그날로 그를 코쇼(시중을 드는 시동)로 거둬들였다. 이때 그의 나이 15세였다. 이 일화로 이시다 미츠나리는 '삼현차의 사나이'라고 불리게 되었다. 사소하게 보이는 차 대접도 상대를 생각하는 배려가 돋보이며 이러한 배려가 이후 출세가도를 걷게 했다는 점이 흥미롭다.

출처: 나무위키 (2018.2.22 검색).

3) 동양과 서양의 서비스 차이

(1) 동서양의 서비스 개념 차이

동양에서 서비스는 손님에게 주는 기쁨, 모성애 같은 애정, 심리적 만족 등을 목적으로 하는 봉사, 공헌, 친절, 무료로 해석된다. 따라서 서비스의 산출물은 눈에 잘 보이지 않는 추상적 가치가 되며 고객과 서비스 제공자 역시 어디까지가 주고받아야 할 서비스인지를 가늠하기 어렵다. 물론 서비스가 기업의 상품이 되고 사회구조 역시 계약에 의한 관계가 강조됨에 따라서 서비스 역시 서구적 개념으로 해석되기는 하지만 아직까지 동양의 서비스는 서양의 그것과 비교해서 차이가 있다.

반면 서양에서 서비스는 원조, 도움, 대가를 주는 노동 등으로 해석된다. 따라서 서비스의 산출물은 눈에 잘 보이는 구체적 가치로 형성되며 고객과 서비스 제공자 역시 어디까지가 주고받아야 할 서비스인지를 가늠하기 쉽다. 즉 계약관계에 의해 구체적인 무엇이 전달되는 것이다.

(2) 동서양의 서비스 개념 차이의 이유

동양은 고맥락(high context)사회이다. 맥락이라는 것은 현실에 구현되는 대상(서비스)이 어떠한 역사적 상징적 기원과 근거(서비스를 주고받는 사람이 가지고 있는 서비스에 대한 생각)를 가지고 있는 것이다. 고맥락사회는 사회구성원 간에 간접적이고 암묵적인 상징과 기호체계가 존재한다. 이와는 반대로 서구의 저맥락(low context)사회에서는 언어의 메시지에 대부분의 정보가 들어 있어 매우 구체적이다. 고맥락사회에서 서비스는 맥락적으로 수행된다.

이러한 문화적 특성은 서비스의 교환에서도 나타난다. 서비스를 간접적이고 암묵적으로 지칭하느냐 아니면 구체적으로 지칭하느냐의 차이로 나타난다. 동양과 같은 고맥락사회에서 서비스는 매우 다양한 방법으로 해석되고 전달될 수 있기 때문에 대체적으로 서비스가 전달하는 쪽에서 주도적으로 제시된다. 반면에 서양과 같은 저맥락사회에서는 서비스를 받는 고객이 구체적인 서비스를 기업에 요구한다.

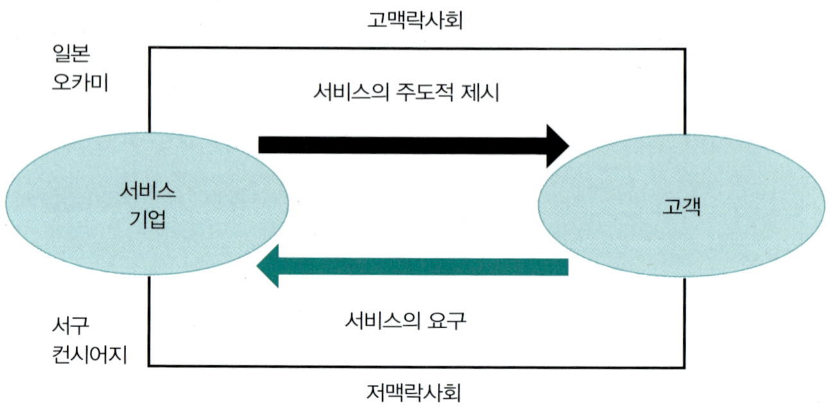

그림 11-1 일본의 오모테나시의 구현

출처: 교토대 경영관리대학원편 (2016).

(3) 동서양의 서비스 개념의 경영적 확대

경영조직 중에서 지원부서는 경영을 하는 일선부서의 일이 제대로 진행되게 도와주는 역할을 한다. 동양에는 서양에 없는 총무부(dep. of general affair management)가 있는데 일선부서로부터의 직접적인 요구를 수행하는 것이 아니라 간접적이고도 포괄적인 업무를 수행한다.

일본의 전통여관(료칸, 旅館)은 오모테나시를 강조하며 현대적 서비스(친절)로 무장한 서구 체인호텔과 경쟁하고 있다. 일본 전통여관의 여자 총매니저를 오카미(おかみ)라고 하는데 주모(酒母)가 아니라 주모(主母), 즉 안주인에 해당된다. 오카미는 총매니저로서 여관 전체를 관장할 뿐만 아니라 손님으로부터의 불특정

서비스, 매뉴얼에 없는 서비스를 할 뿐만 아니라 오히려 적극적으로 서비스를 제시하기도 한다. 예를 들어 사진을 찍는 손님에게 스스로 사진사를 자처한다든지, 버스에서 내리는 손님 중 나이드신 어른의 손을 잡아주는 것 등이다.

그림 11-2 료칸의 마무리 서비스

2 감정노동

1) 감정노동의 개념과 의의

(1) 감정노동의 개념

실제 자신이 느끼는 감정과는 무관하게 직무를 행해야 하는 감정적 노동을 감정노동이라 하며 이러한 직종에서 일하는 사람을 감정노동 종사자라고 한다. 러

셀 혹실드(R. Hochschild)의 『관리된 심장(The Managed Heart)』(1983)에서 처음 등장했는데 외부로 표출하는 관찰 가능한 표정이나 몸짓을 만들어 내기 위한 느낌의 관리라고 하였다(최호남 · 이규태, 2016).

연기자는 대표적인 감동노동자이다. 코미디언이자 한때 국회의원까지 한 모 코미디언의 일화는 감정노동을 잘 설명해 준다. 그의 외아들이 미국 유학 중 자동차 사고로 사망했을 때 장례를 치르고 귀국한 지 3일 만에 무대에 올랐다. 무대 위에서 그는 여느 때와 마찬가지로 재치 있는 유머로 시청자들을 웃겨 후배 코미디언들의 귀감이 되었다고 한다.

(2) 감정노동자의 애환

감정노동자는 속내를 감춘 채 다른 얼굴 표정과 몸짓으로 손님을 대하는 활동이 직무의 40% 이상을 차지한다. 항공기 승무원과 판매원, 전화상담원, 골프장 캐디 등이 이에 속한다. 스마일마스크증후군(Smile Mask Syndrome)은 감동노동을 지칭한다. 얼굴은 웃고 있지만 속으로는 우울함이 오래 지속되는 상태로 감정노동자의 대다수가 시달리는 증상이다. 우울한 기분이 마치 가면을 쓰고 있는 것처럼 겉으로 드러나지 않는다는 의미에서 의학 용어로 '가면성 우울증(Masked depression)'이라고도 불린다. 식욕이 감퇴하거나 매사에 재미가 없고 의욕이 떨어진다.

피에로는 정통 프랑스 극에 나오는 슬픈 얼굴을 한 남자이다. 우리나라로 보면 광대에 해당된다. 다음은 김완선의 〈피에로는 우릴 보고 웃지〉라는 노래의 일부분이다. 피에로의 슬픔은 슬퍼도 늘 웃음을 지어야 한다는 내용이다. 마음이 시커멓게 타들어가도 말이다.

빨간 모자를 눌러쓴 난 항상 웃음 간직한 피에로
파란 웃음 뒤에는 아무도 모르는 눈물 (중략)

(3) 감정노동의 발생 원인

감정노동의 원인은 사회적 가치 변화와 인간성의 상실에서 찾을 수 있다. 사회적 이슈가 되는 갑의 횡포가 자행되고 있다. 기계는 모든 사람에게 평등하다. 상처 주는 말도 하지 않고, 남에게 상처를 입히는 행동도 하지 말아야겠지만 사람과 사람 간의 관계는 이것을 지키기가 어렵다.

① 서비스 종업원들이 고객들에게 표출하는 감정적 서비스의 양과 질이 매출과 밀접한 관련이 있기 때문에 기업은 감정을 고객과의 상호작용으로 국한하는 것이 아니라 서비스 전달체계에 포함시킨다. 따라서 감정노동은 개인의 의지와 관계없이 강요될 수밖에 없다.

② 고객의 과도한 서비스 요구와 서비스와 무관한 상호작용 시 감정노동이 발생한다. 서비스를 주고받는 교환관계에서의 부등가교환이 발생한다. 서비스를 주고받는 관계에서의 주어진 역할로부터 이탈하는 경우이다.

2) 감정노동과 불량고객

(1) 불량고객, 블랙컨슈머 혹은 UG의 개념

고객은 항상 옳고 고객이 왕이기도 하지만 고객은 고객다워야 한다. 서비스나 상품을 잘못 이용하는 고객을 불량고객, 블랙컨슈머(black consumer), UG(Undesirable Guest: UG) 등이라고 한다. 불량고객은 고객으로서의 품격(品格)이 없는 사람이다.

2010년 서울 및 인천권 특급호텔 대고객 서비스 파트 100명을 대상으로 한 설문조사에 따르면 호텔 내에서 블랙컨슈머를 상대해 본 경험이 있으며 상당히 자주 출현하는 것으로 나타났다. 일부러 알아듣기 힘들게 작은 소리로 주문하고 요리가 주문한 것과 다르다고 소동을 일으키는 것은 전형적인 예이다. 한마디로 호텔의 공기(空氣)를 바꾸어 놓는 사람들로서 일명 진상손님 또는 프로불편러라고도 한다.

(2) 불량고객 영향

고의로 민원을 제기하거나 공식적인 금전이나 물품에 대한 보상요구가 많다고 한다. 호텔비품을 대놓고 싸구려 취급하고 호텔비를 깎아달라고 한다. 따라서 이들을 핸들링하는 데 시간이 많이 걸리고 또 다른 선의의 고객들에게 피해를 주기 때문에 상당히 곤혹스럽다. "내가 누군지 알아?"와 같은 협박과 함께 안하무인격의 모욕적 언행도 높은 빈도로 나타나고 있다. 이에 따라 호텔리어들은 심적 스트레스와 함께 육체적 위험, 정상적 업무 수행 불가 등 다양한 고충을 겪고 있다고 한다. 이들의 과도한 요구와 소란은 호텔의 질을 떨어뜨릴 가능성도 있다.

(3) 불량고객의 유형

① 절도범형: 서비스를 받고 대가를 지불하지 않은 사람, 호텔에 투숙하고 체크아웃을 하지 않고 도망가는 사람을 스키퍼(skipper)라고 한다.

② 무법자형: 서비스 업장에서 정한 규칙을 깨고 다른 손님에게 부정적인 영향을 주는 사람이다. 예를 들어 로비에서 술에 취해서 크게 고성방가를 하는 투숙객이 있다

③ 투사형: 서비스 직원에게 얼굴을 붉히고 고함을 질러대고 삿대질을 하는 사람으로 해당 서비스가 제대로 구현되지 않은 것에 대한 앙갚음이기도 하지만 다양한 이유가 있을 수 있다.

④ 파괴자형: 서비스 업장의 기물 및 장비 등을 고의적으로 파손한 후에 손해보상을 하지 않는 사람이다. 예를 들어 객실 벽에 낙서를 하거나 식당 테이블에 칼로 이름을 새겨 넣는 사람들이 있다.

3) 감정노동의 개선

(1) 감정노동의 개선

서비스가 고객중심에서 기업에 근무하는 직원에 대한 서비스로 확대되고 있다. 고객과 서비스 요원 간의 관계 역시 종적인 주종관계에서 벗어나 상호의존적으로 바뀌고 있다. 서비스 업계에는 '고객이 왕'이라는 절대절명의 신조도 있지만 반면에 서로 동반자 간의 관계로 바뀌어 나가고도 있다. 바야흐로 탈권위주의 시대상이 반영되기 시작하였다.

(2) 감정노동 우호적인 고객의 선별

신규고객 유치 시 불량고객의 특성을 미리 파악하고 업장에 진입하는데 제한을 두어야 한다. 카지노는 불량고객 리스트를 바탕으로 안면인식시스템 혹은 주민번호 등을 활용하여 원천적인 봉쇄를 하고 있다.

회사 내부에 불량고객에 대한 대처를 할 수 있는 규정을 확보하여야 한다. 또한 규정은 합리적인 기준으로 만들어져야 하며 선량한 고객을 불량한 고객으로 만드는 우를 범하지 않도록 하여야 할 것이다. 아울러 불량고객에 대한 대처규정은 직원을 보호하는 역할도 한다. 어느 모 카페의 입간판에 쓰인 내용은 주목할 만하다. "우리 직원이 고객에게 무례한 행동을 했다면 직원을 내보내겠습니다. 그러나 우리 직원에게 무례한 행동을 하면 고객을 내보내겠습니다."

불량고객의 불량행동에 대하여 내성(耐性)을 가진 직원을 선발하는 것이 좋다. 물론 불량고객을 대하는 데 어려움이 없는 사람은 없지만 어느 정도 이를 감수해 내는 직원을 선발단계에서부터 걸러내는 것도 좋다. 다음은 개인의 서비스 성향 정도를 알아보는 체크리스트이다. 어느 정도 불량고객을 다룰 수 있는 직원의 잠재력을 평가하는 데 적용할 수 있겠다.

표 11-2 감정노동 수행자로서 가능성 평가

no	항목	yes	no
1	나는 처음 만난 사람과 대화를 하는 것을 좋아한다.		
2	친구가 고민을 털어 놓을 때 최대한으로 해결해 주려고 노력하는 편이다.		
3	나는 명절에 집안이 시끌벅적한 것을 좋아한다.		
4	처음 본 사람들은 나에게 호감가는 인상이라고 말한다.		
5	친구가 오해를 하고 화를 내도 일단 참는 성격이다.		
6	누군가 길을 물어보면 자세히 알려주는 편이다.		
7	친구나 가족을 위해 깜짝파티를 준비해 본 적이 있다.		
8	사람들은 내가 매사에 긍정적이라고 한다.		
9	나는 어른을 만날 때와 친구를 만날 때 옷차림을 구분하는 편이다.		
10	나는 한 가지 일을 짜증내지 않고 꾸준히 하는 편이다.		
11	나는 상대방의 얼굴을 보면 마음상태를 알 수 있다.		
12	나는 자원봉사를 하거나 후원금을 낸 적이 있다.		
13	나는 주위 사람들에게 상냥한 편이다.		
14	약속이 있을 때에는 털털한 모습으로 나가기보다는 꾸미고 나가는 편이다.		
15	지하철이나 버스를 타면 노약자에게 자리를 양보한다.		
16	필요하다면 자존심을 버릴 용기가 있다.		
17	주위 사람들에게 관심이 많은 편이다.		
18	평소에 설득력이 강한 편이다.		
19	나는 사진을 찍을 때 활짝 웃는 모습이 자연스럽다.		
20	문제를 해결할 때 감정보다 이성을 앞세운다.		

〈평가〉

A: 16~20개: 타고난 서비스맨

B: 11~15개: 비교적 높은 서비스 성향, 서비스를 모르거나 아직 자극이 없음

C: 6~10개: 잠재적으로 서비스 성향을 충분히 보유, 동기부여가 아직 안 됨

D: 1~5개: 서비스업에 종사하기에는 아직 부담, 기획이나 지원 쪽이 어울림

(3) 웨이터의 법칙

'웨이터의 법칙'이란 식당 종업원을 함부로 대하는 사람과는 사업을 논하지 말라는 것이다. 방위업체의 레이시언의 최고경영자인 빌 스완슨의 『스완슨의 알려지지 않은 경영의 법칙』에서 소개되었다. 미국 기업 최고경영자(CEO)들이 '웨이터의 법칙'을 신봉하는 경우가 많다고 한다. 서비스 종사자에 대하여 하대하는 사람은 직원을 하대할 것이며, 직원을 하대하면 직원들이 그 사람을 믿고 따라 오지 않을 것이다.

문구종합 판매체인 '오피스 디포'의 CEO 스티브 오들랜드가 프랑스 식당에서 웨이터로 일할 때 이를 회상한다. 서빙을 하던 그는 한 부인의 드레스에 보랏빛 셔벗을 쏟고 말았다. 그가 '이제 난 끝장'이라고 생각한 순간, 부인은 "괜찮아요. 당신 실수가 아닌 걸요"라고 했다. 그는 이때 '웨이터를 대하는 법을 보면 그 사람의 많은 것을 알 수 있다'는 교훈을 얻었다고 한다.

서비스란 이름의 「脫쓸개」 24時
職
호텔종업원
인식·處遇개선…'팁人生' 汚名벗어
전국 142개호텔에 2萬명
學士벨맨·웨이터도 등장
猝富의거드름·日관광객 추태도 消化
갈등의 「철새인생」에서 이제는 아르바이트女大生도–大卒초임 33萬원까지

그림 11-3 서비스업에 종사하는 직원들의 애환 보도기사

3 품격 있는 고객 서비스

1) 품격의 개념과 의의

(1) 품격의 개념

품격(品格)은 품성과 인격을 합친 말로 사람에 대하여 쓰인다. 즉 사람이 타고 나고 또한 자라면서 오랜 시간 동안 갖추어진 것이다. 영어로 표현하면 디그니티(dignity) 혹은 프라이드(pride)라고 한다.

품(品)은 등급과 차별이라는 뜻이 있다. 또한 격(格)은 자리와 지위라는 뜻을 가진다. 따라서 품격이 있고 없음이라는 구별을 할 수 있으며 또한 그 수준에 따라 우열을 부여할 수 있다.

(2) 사람의 품격과 서비스 품질

사람이 만들어 내는 서비스의 평가 기준에 품질이라는 말을 사용하듯이 사람의 평가 기준에는 품격이라는 말을 써야 한다. 서비스란 원래 사람과 분리되어 설명할 수 없는 것이기 때문에 품격과 품질은 매우 밀접한 관련을 맺는다. 결국 사람의 품격이 서비스 품질을 결정한다는 것이다.

『정명론(定命論)』을 보면 "임금은 임금답고 신하는 신하답고 아버지는 아버지답고 자식은 자식답게 되어야 한다"는 말이 있다. 그 말을 보고 서비스를 제공하는 직원과 서비스에 참여하는 고객이 고객답다는 것은 무엇인가에 대한 답을 내릴 수 있을 것이다.

(3) 신사의 품격

추운 날 신사가 장갑을 끼는 것은 상대방과 악수를 할 때 손이 차가워 상대방이 당황해 하는 것을 방지하기 위한 것이며, 비오는 날에 우산을 드는 것은 동행한 숙녀를 비로부터 보호하려는 것임을 알아야 한다. 이러한 면에서 볼 때 품격은 상대방에 대한 배려이다. 우리는 품격을 갖춘 사람을 신사와 숙녀(ladies and gentle men)라고 부른다. 젠틀맨은 빅토리아왕조 시대에 일반교양을 익히고 소득과 직결된 직업을 가지지 않고 높은 신분에 동반하는 의무를 달성하고 유한계층의 생활양식을 실천한 사람이다. 이들은 중류계층에 속하였지만 상류계층으로서의 가치관, 예의범절 등을 배워나가는 과정을 중시하였다.

한국의 양반, 일본의 사무라이 역시 서양의 기사계층과 마찬가지로 끊임없는 자기절제와 수양을 하며 가진 자의 혜택을 사회에 환원하여왔다. 일본의 사무라이는 향낭(향기 나는 주머니)를 가지고 다녔는데 죽으면 자신의 시체에서 냄새가 나지 않게 하기 위한 준비였다고 한다.

2) 서비스 직원과 고객의 품격

(1) 자신을 대하는 직원의 품격

서비스 직원은 자신에 대한 품격을 가져야 한다. 서비스업에 대한 사회적 가치가 비교적 낮다고 해서 사람까지 가치가 낮을 수는 없다. 서비스를 수행하는 본인의 품격까지 스스로 낮출 필요가 없다. 이러한 자세는 서비스업과 서비스 기업의 위상까지 변화시켜 나갈 수 있는 모처럼의 기회를 상실하는 것뿐만 아니라 본인까지 불행하게 한다.

서비스는 금전거래를 바탕으로 하는 노동력의 교환관계로 바뀌었으나 계급을 바탕으로 하는 주종관계라는 태생적 한계가 과도기적으로 드러나기도 한다. 감정노동, 갑을관계, 비정규직 등 사회적 편견이 그 예이다.

서비스 직원은 서비스를 하는 동안의 역할수행이라는 것을 알아야 한다. 따라서 서비스는 연극이다. 또한 서비스에서 환대라는 것을 잊지 말아야 한다. 환대는 원래 주인이 손님을 초대하는 데에서 유래되었다. 따라서 접객, 즉 손님을 대접하는 사람이 주인이다. 긍지와 자신감을 가지고 자기 자신이 무대의 왕이 되어야 한다. 손님도 왕이고 나 자신도 왕이기에 나의 궁전에 손님으로 초대한다.

(2) 서비스기업을 대표하는 직원의 품격

서비스 직원은 대체적으로 조직을 들어온 지 얼마 안 되는 신입이거나 상대적으로 직급이 낮다. 따라서 본인의 서비스 역할이 전체 기업활동에서 큰 비중을 차지하지 않는다고 생각할 수도 있다. 그러나 서비스 직원은 최일선에서 고객에게 직접 가치를 창출하는 존재이다. 고객은 서비스 직원을 통해서 기업을 바라보며 기업에서 가져온 본인의 생각과 느낌을 서비스 직원을 통해서 확인한다. 따라서 본인은 서비스기업을 대표한다는 것에 대하여 자부심을 갖고 그에 걸맞는 행동을 하여야 할 것이다. 기업의 대표 혹은 오너에게 최소한 동조하고 존중한다. 또한 손님에 대한 험담이나 비평은 절대적으로 해서는 안 된다.

서비스하는 사람이 품격을 가지려면 사고방식을 바꾸어야 한다. 식당에서 홀 서비스를 하는 직원의 기쁨은 자기가 만든 음식을 고객이 맛있게 먹고 행복감을 느끼는 그 순간을 주방에 있는 직원에게 전달하고 그 직원이 기뻐하는 모습을 보는 것이다. 고객과 요리사의 행복한 순간을 감상하는 데 중간자 역할을 해서 기쁘다.

서비스하는 사람은 'take and give'(먼저 요구하고 주기)가 아니라 'give and take'(먼저 주고 나서 받기)가 중요하다. 즉 상대보다 먼저 손을 내밀어야 상대의 마음을 열고 더 많은 것을 받을 수 있다는 것이다. 서비스맨은 고객이 '이야기하고 싶어하는 사람'이 되어야 한다. 영업용 스마일이 아니라 진심에서 나오는 미소가 필요하다. 접객방식이 사무적이고 쉽게 친해진다든가 부탁하기 쉽게 느끼지 못하는 스타일을 가진 직원은 내부업무가 어울린다.

또한 손님과의 대화를 통해 사막의 오아시스처럼 삭막한 서비스 생활에 청량감을 주어야 한다. 품격의 품(品)은 입구(口)세 개가 모인 것이다. 따라서 자신만의 향기가 담긴 성공하는 화술이 필요하다. 일본에서 '오아시스 운동'이 일어난 적이 있다. 오아시스의 머리글자를 따서 다음과 같은 언어를 손님을 대할 때 항상 사용하여야 한다는 것이다.

① 오하요 고자이마스(おはようございます): 안녕하십니까.

② 아리가토 고자이마스(ありがとうございます): 고맙습니다.

③ 시츠레이 시마스(しつれいします): 실례합니다.

④ 스미마생(すみません): 미안합니다.

한국적 상황에서는 다음과 같은 말이 필요할 것이다(이영주, 2015).

① 안녕하십니까. 어서오십시오.

② 감사합니다. 안녕히 가십시오.

③ 실례합니다.

④ 즐거운 시간 되십시오.

⑤ 예 알겠습니다. 잠시만 기다려 주십시오.

⑥ 예.

⑦ 죄송합니다.

⑧ 더 필요한 것 없으십니까.

⑨ 서비스에 만족하셨습니까.

서비스맨으로서 품격이 있는 서비스를 제공하는 데 한계가 있는 사람은 다음과 같은 행동을 보이는데, 본인 입장에서 서비스업에 본격 진출하기 전에 상당한 시간과 노력을 통해 태도 개선이 이루어져야 한다(외식경영, 2014. 10월호).

① 다짜고짜 급여와 휴무부터 물어보는 사람
② 면접을 꼭 봐야 하느냐 문의하는 사람
③ 이력서를 안 가져가면 안 되냐고 묻는 사람
④ 말투가 너무 소심한 사람
⑤ 말투가 지나치게 건방진 사람
⑥ 위생관념이 부족한 사람
⑦ 트레이닝 복을 입고 오거나 슬리퍼를 신고 오는 사람
⑧ 담배 냄새와 술 냄새가 지나친 사람
⑨ 면접 자리에서 업주를 면접 보는 사람
⑩ 지나치게 많이 따지는 사람
⑪ 면접시간에 늦는 사람
⑫ 이력서를 쓰기 싫어하는 사람
⑬ 눈을 마주치지 않는 사람

(3) 서비스 직원에 대한 고객의 품격

서비스를 받는 사람은 고객으로서 서비스를 받는 사람다워야 한다. 매너(manner)와 에티켓(etiquette)을 통해 서비스 직원을 대해야 한다. 매너란 상대방을 배려하고 이해하는 마음에서 출발하는 것으로, 상대방을 존중하고 감사하는 마음을 가짐으로써 편안하게 상대방과 소통하고 관계를 맺을 수 있도록 품격을 만들고 유지시키는 방법을 말한다. 에티켓은 19세기 말 서양 사교계의 관례(usage) 및 예의범절(civility)이 그 기원이고, 현대에 와서는 일반인에게도 적용되는 예의범절로 자리 잡게 되었다. 무릇 고객은 공손한 요리를 공손히 먹고 공손

한 서비스에는 공손하게 대응하여야 한다. 고객의 테이블 매너는 같이 자리한 사람과 요리인에 대한 배려이며 서비스인의 노고에 감사하는 마음이다.

남 프랑스의 한 카페에 고객의 친절도에 따라 다르게 가격을 매기는 메뉴판이 있다. 예를 들어 고객의 말투가 "커피 한 잔"이면 6유로, "커피 한 잔 주실래요?"이면 4유로, "안녕하세요, 커피 한 잔만 주실래요?"라고 하면 2유로라고 한다. 무례하게 구는 손님이 많아서 고육지책으로 그러했다고 한다.

스타틀러식 상용호텔인 반도호텔은 호텔에서의 서비스를 사고 파는 상품으로 인식하게 만들었다는 점에서 주목할 가치가 있다. 설립자인 일본인 노구치 시다가후가 남루한 옷차림으로 조선호텔을 들어가려다가 저지를 당한 후에 반드시 수모를 갚겠다는 각오로 설립했다는 에피소드가 있다. 그러나 다른 관점에서 생각해 보면 진정한 손님이라면 그 호텔의 수준에 맞는 매너와 에티켓을 구체화하는 복장을 갖추어야 하지 않을까?

고급식당에서는 정장을 하여야 한다. 그 이유는 그 장소가 나만의 장소가 아니라 대중의 장소이며 내가 식당 전체의 분위기를 만드는 한 요소가 되기 때문이다. 식당에서는 반드시 안내원의 안내를 받아야 하는데 만약 그러하지 못해 아무데나 앉을 경우에 손님이 한 곳에 집중되어 웨이터의 부담이 늘게 되며, 이는 다른 손님들에게 서비스 질을 떨어뜨리는 결과가 된다. 레스토랑을 이용할 때에는 사전예약을 하였으면 예약시간을 반드시 지켜야 한다. 동행한 사람들에게 서비스가 늦어질 수 있으며 이는 영업장 전체에 피해를 준다. 양식에서 사용하는 포크와 나이프는 포크 끝과 나이프 끝을 세우면 안 되는 데 상대방에게 불안한 감정을 조장할 수 있다. 이는 서비스 전체의 불안으로 전염된다. 바에서 바텐더의 허락을 받지 않고 기물을 만져서는 안 된다.

본인이 서비스를 받으면 그에 대한 서비스를 적절하게 보상해 주어야 한다. 팁을 많이 주지 않는 손님을 칩(cheap customer)이라고 하며 직원들의 은어로 쓰레기(garbage)라고 한다고 한다. 미국에서는 웨이터가 본인의 팁이 지극히 적다고 하면 손님을 뒤쫓아 나와 “오늘 제 서비스에 무슨 문제가 있는지요?”라고 당당히 따지는 경우가 비일비재하다. 영국에서 택시를 타면 10% 내외의 팁을 주게 되어 있다. 관례대로 응분의 10%를 주게 되면 댕큐베리머치(Thank you very much)라고 감사하고 응분의 액수보다 좀 적게 주면 댕큐만 하고 베리머치를 생략한다고 한다. 액수에 따라 감사도가 짙거나 묽어진다를 빗대어 현저하게 적게 주면 댕큐의 댕도 생략하고 큐라고 한다. 품격이 있는 손님이 묵으면 호텔도 같이 품격이 높아지는 것이고 그에 걸맞는 품격 있는 서비스를 해야 한다. 비행기에서 좁은 공간에 아이가 울면 울게 내버려 두는 아량이 필요하다. 손님으로서의 품격을 지켜주는 여유이다. 참을 수 있는 상황을 참지 못하면 몬스터(monster)가 된다. 고객을 몬스터로 만드는 것은 잘못된 서비스이기도 하지만 잘못된 서비스를 혜량(惠諒)으로 받아들이지 못하는 데서도 발생한다.

서비스 업장에서 다음과 같은 일이 발생되면 서비스를 제공하는 사람에게는 희생이 따르고 서비스를 제공받는 사람은 스스로의 품격을 깎아먹는다.

- 숙박일정 변경 시 사전 통보하지 않기
- 무거운 가방을 자신이 직접 캐리하기
- 욕실에서 빨래하기
- 객실 집기의 과도한 이용
- 예약자 동숙, 도박, 소란, 과다음주
- 욕실 사용 시 욕조커튼 사용하지 않기
- 호텔비품을 호텔 밖으로 반출하기
- 객실 내에서 취사
- 침대 위에서 흡연
- 가운을 입고 호텔을 돌아다니기(일본 온천장은 예외)
- 립스틱 자국을 수건에 묻히기

Information

리조트 객실 이용안내

1. 객실 내 고기나 생선조리는 자제해 주시기 바랍니다.
2. 편안한 휴식을 위해 고성방가를 자제 부탁드립니다.
3. 건물 내 모든 장소에서는 금연입니다.
4. 귀중품은 프런트에 보관하여 주십시오.
5. 객실키는 프런트로 반납 부탁드립니다.

이용준수사항

1. 투숙고객을 위해 애완견 출입을 금합니다.
2. 투숙, 외출 시에는 시건장치를 반드시 확인해 주십시오.
3. 분실물에 대해서 자사는 책임을 지지 않습니다.
4. 퇴실 시, 사용 중 발생한 파손품에 대해 프런트로 연락 부탁드립니다.
5. 퇴실 시, 잊으신 물건은 없는지 확인하여 주십시오.
6. 분리수거장은 본관 입구(1F). 정면 야외주차장에 위치하고 있습니다.
7. 일반, 음식물, 재활용(병, 캔) 쓰레기로 분리해 주십시오.

자율퇴실점검

1. 주방비품의 세척, 청소 및 정리정돈을 부탁드립니다.
2. 사용하신 침구류는 바닥에 정리정돈을 부탁드립니다.

출처: 켄싱턴리조트 객실안내문

3) 품격 있는 서비스의 방법

(1) 서비스의 변화 방향성 I: 환대의 회복

서비스를 주는 사람과 받는 사람 간의 계급적 주종관계에서 벗어나야 한다. 주종관계에서는 강요된 환대, 내키지 않는 서비스가 있다(제1유형: 주종관계). 상품으로서 서비스의 교환관계가 정립되면서 서비스를 주는 사람과 받는 사람 간의 관계가 수평관계, 평등관계로 진전되었다. 대가를 받고 그에 상응하는 서비스를 제공한다는 것은 매우 합리적이다. 그러나 받은 만큼의 서비스만 제공하게 되어 점차 기계와 다름없는 서비스 관계가 되어 버렸다(제2유형: 교류관계).

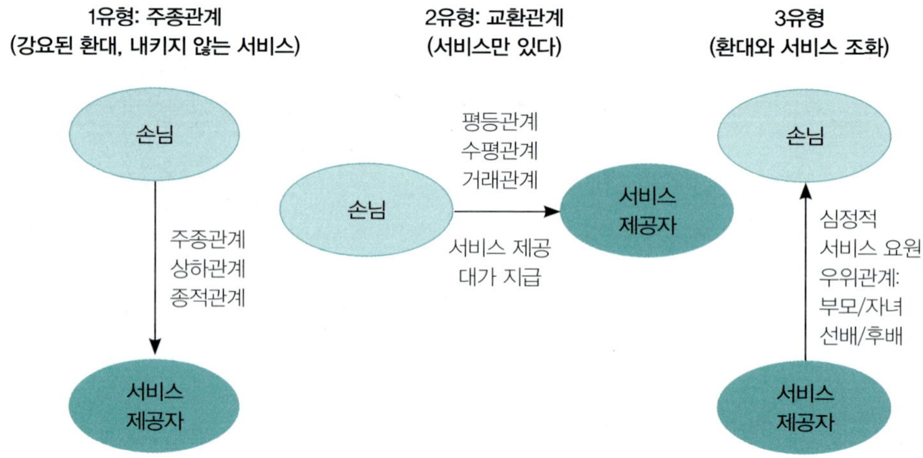

그림 11-4 서비스의 관계 유형

출처: 관광서비스연구회 (2017). 참조로 저자 재구성

이에 따라 환대의 회복을 제안한다(제3유형: 환대의 회복). 환대는 경제적 교환 관계로서의 서비스를 사회적 관계로 확대하는 데 도움을 준다. 서비스는 인간과 인간이 만나는 관계이기 때문에 마음이 담겨 있어야 한다. 원래 주인(host)이 손님(guest)을 아낌없이 대접하는, 비록 경제적으로는 열위에 있지만(손님이 있어야 서비스 직원이 살아간다) 이른바 심정적 우위 관계를 회복하는 것을 지향할 필요가 있다. '당신이 마주 대하고 있는 서비스 직원은 누군가의 소중한 가족이다'라는 말은 서비스를 변화시켜 나가야 한다는 것을 촉구하고 있다.

(2) 서비스의 변화 방향성 II: 판매력의 강화

서비스의 완성은 판매에 있다(make it happen). 미국에서는 고객이 사고자 하는 마음을 먹은 것을 'push the button'이라고 표현한다. 판매력이 강한 사람은 서비스를 기본적으로 생산하면서 더 나아가 판매를 늘릴 수 있는 사람이다. 고객이 요구하는 것만 응대하는 사람을 심부름꾼 혹은 오더테이커, 즉 주문을 받는 사람이라고 한다. 고객의 요구를 넘어서 고객으로 하여금 추가 요구를 받고 추가적인 가치를 지불할 수 있게 유도하는 세일즈맨의 역할이 필요하다. 판매력이 있는 사람은 기업의 지속 가능성을 가져다주기 때문에 개인으로서는 능력을 인정받아서 행복하고 기업에게는 소중한 사람이다.

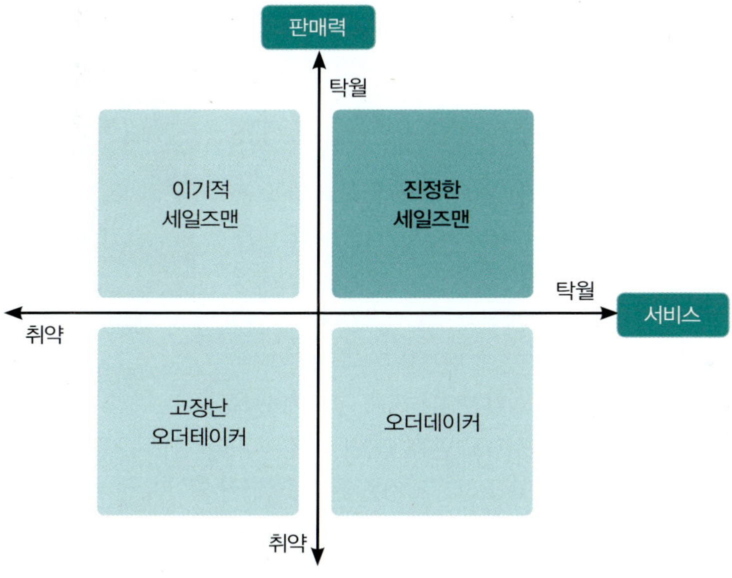

그림 11-5 서비스의 관계 유형

서비스 열전

메리어트(J. W. Marriott)의 Spirit to Serve

"직원에게 잘하면 직원은 고객에게 잘 할 것이다."

매리어트는 종업원을 고객과 같이 대하기, 즉 내부고객에 대한 서비스를 강조하여 고객에 대한 예의는 우호적인 이미지를 촉진시킨다고 하였다. 영업지침을 가이드 포스트로 명명하듯이 신앙적인 차원에서의 서비스를 강조하였으며 말년까지 고객의 코멘트카드를 읽으면서 화를 내었다고 한다(오정환, 1995).

메리어트는 직원이 서비스 매뉴얼에 나타난 작업 표준에 대하여 바로 대답하지 못하면 수없이 많은 질문을 던져 철저하게 숙지하도록 유도했다. 예를 들어 손님이 체크아웃 했을 때 청소 절차는 30분 이내로 66가지 절차를 수행해야 한다. 이와 같이 지극히 현장형 경영자를 지향했다.

메리어트 보도기사

www.publishedpagebooks.com

메리어트의 핵심가치는 직원의 내면으로부터 생겨나는 것(spirit to serve), 즉 열심히 하겠다는 태도, 즐겁게 일하는 자세 이외에 메리어트가 직원을 만족시키면 그 직원이 메리어트를 찾는 고객을 만족시켜줄 것이라는 것이다. 이를 위하여 철저한 현장경영자가 되어야 한다. 세심한 관심과 시스템적인 경영, 직원을 제일 먼저 보살필 것 등 12가지 서비스 철학을 제시하였다(메리어트, 1999).

노포여관의 여주인 일기 후지TV (2013)

어머니를 교토의 유서 깊은 여관 안주인으로 둔 여주인공 카모(마츠시다 나오 분)는 도쿄대학을 나온 엘리트로서 재무성에서 관료로 승승장구하던 중에 갑자기 모친의 죽음으로 가업을 잇게 된다. 도산 직전인 우메바야를 살리기 위해 동분서주하면서 마침내 여주인으로 탄생한다.

구조조정

재무성에서 갈고 닦은 실력으로 적자경영을 하고 있는 여관의 구조조정을 시도하기 위해 지금까지 해오던 모든 오래된 관행을 없애고 생산성이 떨어지는 직원을 해고하려고 한다. 그러나 비용절감이라는 미명하에서 진행된 구조조정은 지금까지 노포여관이 만들어온 고객의 기대를 여지없이 무너뜨리기 시작한다. 오래된 여관이 지금까지 해온 고급 서비스를 통해 형성된 이미지, 즉 정체성을 위협받는 상황까지 왔다. 서비스 주체는 유지해야 할 기준을 준수해야 한다.

식자재 공급업자와 종업원 사이에서

서비스기업을 경영하는 입장에서 가장 힘든 것은 월말을 어떻게 넘기느냐이다. 종업원에게는 월급을 주어야 하고 식자재 공급업자에게는 밀린 대금을 갚아야 한다. 수익이 나지 않고 현금흐름이 좋지 않으면 양측에게 지불유예를 청해야 하나 쉽지는 않은 일이다. 진정성의 문제이다. 종업원들에게는 임금체불의 어려운 점을 납득시켜야 하고 식자재 공급업자에게는 종업원의 월급도 못주고 있지만 합심단결하여 수익을 창출하여 가능한 빠르게 돈을 갚을 것이라는 확신을 주어야 한다. 수익이 나지 않는 서비스는 무의미하다.

출처: 후지TV

CHAPTER 12

엔터테이닝 서비스

배우가 감동하지 않으면 관객은 기뻐하지 않아. 장사도 그래.
막이 오르면 연기는 배우에게 맡겨야 해, 맡기지 않으면 배우가 성장을 못해.
연극에서도 처음부터 끝까지 지시를 하면 바보가 되지.
경영도 마찬가지야. 막이 오르면 사원이라는 배우에게 맡겨야 해.
– 주장환 (2017).

Chapter 12

서비스 익스프레스

배우가 감동하지 않으면 관객은 기뻐하지 않아. 장사도 그래. 막이 오르면 연기는 배우에게 맡겨야 해, 맡기지 않으면 배우가 성장을 못해. 연극에서도 처음부터 끝까지 지시를 하면 바보가 되지. 경영도 마찬가지야. 막이 오르면 사원이라는 배우에게 맡겨야 해. (주장환, 2017)

→ 서비스 직원의 미래는 엔터테이너이다. 고객에게 재미와 감동을 연출한다.

1. 엔터테인먼트와 경영

엔터테인먼트 산업의 성공은 재미와 감동이라는 엔터테인먼트 요소에 있으며 이러한 요소들을 호텔관광기업을 포함하는 제반 산업에서 적극 활용하고 있다.

2. 엔터테이닝 서비스

엔터테이닝 서비스는 엔터테인먼트적 요소를 가지고 있는 서비스를 의미한다. 엔터테이닝 서비스는 엔터테인먼트 상품을 소비하도록 관객들에게 제시하는 연출과 서비스를 소비하도록 고객에게 제시하는 서비스를 전달해 나가는 과정이 포함된다.

3. 엔터테이닝 서비스 연출을 위한 이슈들

서비스의 엔터테인먼트화, 엔터테이닝 서비스를 위해서 관객의 고객화, 서비스 직원의 엔터테이너화, 엔터테이닝 정보서비스 등을 향후 심도 있게 논의해야 할 이슈로 제안하였다.

키워드

관객, 엔터테인먼트, 엔터테인먼트 요소, 엔터테이닝 서비스, 엔터테이너, 연출, e-Factor

도입사례

포항시, 관광엔터테이너 양성교육 참가자 모집

경북 포항시는 지난해에 이어 올해도 지역 청년들을 관광 관련 종사자들로 육성하기 위한 '포항관광엔터테이너 양성 교육' 참가자를 모집한다.

'포항관광엔터테이너 양성 교육'은 청년들의 끼와 재능을 살려 마술, 스피치, 레크리에이션, 관광, 문화, 예술 등 다양한 분야의 차별화된 커리큘럼으로 2017년에 지역청년들의 많은 관심을 모았다. 올해는 최근 이슈가 되고 있는 1인 미디어에 대한 교육내용을 추가하여 관광안내 및 홍보 전문가로 활동할 수 있도록 구성했다.

관광엔터테이너 양성교육은 10월 2일 개강식을 시작으로 관광산업의 중요성, 포항시의 역사, 커뮤니티 마술 교육 및 실습, 서비스 마인드 및 이미지 메이킹, 호감 가는 스피치 기법, 레크리에이션 기법과 실습, 관광자원 설명 및 안내에 대한 종합 실습 등 이론수업과 포항의 주요 관광자원에 대한 이해를 위한 해양, 축제, 캠핑 등 현장탐방 수업으로 오는 11월 3일까지 3주간 진행된다.

지원자격은 관광업계 취업을 희망하는 청년 및 경력단절 여성, 관광해설사, 관광자원봉사자, 통역자원봉사자, 청년회원 등 관광에 관심이 있고 포항시에 주민등록이 되어 있는 청년이면 누구나 가능하다. 오는 28일까지 선착순으로 모집 중이며, 포항시청 홈페이지 공지사항에서 지원서를 내려 받아 작성 후 담당자 메일로 신청하면 된다.

포항시 국제협력관광과 고원학 과장은 "교육을 통해 지역 관광산업의 새로운 트렌드를 이끌고 포항시 관광발전의 주도적인 역할을 할 것으로 기대한다"고 말했다.

출처: 중도일보 (2018.09.19).

학습목표

01 엔터테인먼트가 전 산업에 걸쳐 영향을 주고 있다는 것을 사례를 찾아 제시할 수 있다.

02 본인이 서비스를 제공받으면서 엔터테인먼트를 경험했던 것을 회상한다.

03 호텔관광산업에서 엔터테이닝 서비스의 사례를 추가적으로 찾아본다.

1 엔터테인먼트와 경영

1) 엔터테인먼트의 개념과 의의

(1) 엔터테인먼트는 무엇인가

엔터테인먼트(entertainment)의 어원은 사람 상호 간이라는 뜻의 'entre'와 유지하다, 붙잡다라는 뜻의 'tenir'가 합쳐진 말이다. 단어로 보면 인간과 인간 사이를 유지하는 무엇이라고 유추할 수 있다. 엔터테인먼트를 한국말로 번역하면 오락(娛樂)이 된다. 오(娛)는 즐기다, 장난치다, 농담하다 등의 뜻을 가지고 있고 락(樂)은 즐거움, 즐김이라는 뜻이다. 단어 자체로 보면 즐거움, 즐거움을 가져다주는 무엇으로 해석할 수 있다.

엔터테인먼트는 오락뿐만 아니라 대중문화를 대치하여 쓰인다. 따라서 엔터테인먼트에는 위의 두 단어가 가지고 있는 가벼움과 말초적 신경을 자극하는 저속함이 모두 포함되어 있다. 인간이 노는 방법 중에 하나가 TV를 시청하면서 대중문화를 소비하는 것이고, 이것을 오락이라고도 하니 전혀 틀린 말은 아니다.

포겔(Vogel)은 엔터테인먼트를 '즐거운 기분전환의 상태를 자극하거나 촉진하거나 혹은 만들어 내는 것'이라고 하였다. 질만과 브라이언트(Zillmann & Bryant)는 엔터테인먼트가 즐거움을 가져다주는 행동이라고 하였다. 보스하르트와 마코니(Bosshart & Macconi)는 엔터테인먼트를 체험으로 보고 현상에 대한 지각이라고 하면서 생리적 이완, 변화와 기분전환, 자극, 분위기, 기쁨 등을 특징으로 제시하였다.

(2) 엔터테인먼트의 의의

엔터테인먼트(entertainment)는 인간을 가장 인간답게 해주는 수단이다. 호이징가(Huizinga)는 인간을 호모 루덴스(Homo Ludens), 즉 놀이하는 인간이라고 하였는데 인간이 가장 인간다움을 보여주는 순간은 놀이하는 순간이라고 하였다. 놀이하는 인간의 얼굴에는 즐거움과 기쁨이 있고 또 놀이에 임하는 진지함과 감동이 교차한다. 그리고 카타르시스를 느낀다.

> 소나무가 사람을 즐겁게 하는데
> 어찌 사람이 즐겨할 줄 몰라서야 되겠는가. – 율곡 이이의 소나무 예찬 중에서

따라서 엔터테인먼트를 대중문화와 오락으로 국한하는 것은 너무나 편협한 사고라고 본다. 우리가 일상에서 접촉하는 빈도뿐만 아니라 제조업과 서비스업을 압도하는 산업규모를 볼 때 엔터테인먼트에 대한 인식 전환이 필요한 시점이다.

더 나아가 엔터테인먼트는 인간이 인생을 살면서 궁극적으로 추구해 나갈 목적이다. 삶에 있어서 시대정신이 무엇인가를 생각해 볼 때 사람들에게 기쁨과 감동을 주고 보다 궁극적으로 행복에 이르는 것이 답이 아닌가 한다. 손대현(2004)은 엔터테인먼트를 오락보다 한 차원 높은 것으로 보고 인간의 우뇌를 작동시켜

즐거움을 주고 인간의 좌뇌를 작동시켜 감동을 주는 것이라고 하였다. 인간은 엔터테인먼트를 통해 생명을 유지하고 삶을 지속하며 마침내 인간의 영역에 도달한다. 이러한 점에서 서비스를 엔터테인먼트와 연결해서 그 존재성을 규명해 보는 것은 매우 의미 있는 일이라 할 수 있다. 삶은 서비스이고 또 엔터테인먼트이기 때문이다. 누군가 인생은 희극이라고 했고 또 비극이라 하지 않았는가?

(3) 엔터테인먼트의 종류

엔터테인먼트를 산업적으로 접근하면 다양한 분류를 할 수 있다. 미국과 일본에서 엔터테인먼트 산업은 서비스 산업과 구별되는데 한국의 콘텐츠 산업(contents business)에 해당된다. 문화체육관광부가 매년 발간하는 콘텐츠 산업백서를 보면 엔터테인먼트 산업에 속하는 세부 산업군은 방송, 게임, 영화, 만화, 애니메이션, 캐릭터, 음악, 패션, 출판, 정기간행물(신문, 인터넷잡지), 광고 등이 포함된다. 이러한 콘텐츠는 제품과 달리 무형적 성격을 가지고 있으며 제작자의 지식, 기술, 태도가 반영된 완성품이라는 점에서 서비스와 유사하다.

손대현(2004)은 엔터테인먼트가 완성되기 전에 원재료로 쓰이는 것까지 포함하여 보다 폭넓은 종류의 엔터테인먼트를 제시하고 있다. 문화원형, 예술, 미디어, 레저 및 관광 그리고 엔터테인먼트를 접목한 전 산업이다. 문화원형에는 종교, 역사적 기록, 설화 및 전설 등이 포함된다.

포겔은 미디어 의존형(media-dependent) 엔터테인먼트와 체험형(live) 엔터테인먼트로 나누고 있다. 전자는 미디어에 의해 전달되는 모든 엔터테인먼트를 포함하고 후자는 미디어 없이 장소를 바탕으로 제공되는 카지노, 스포츠, 공연예술 등을 포괄한다.

엔터테인먼트에 대한 정의와 어디까지 엔터테인먼트 산업으로 보느냐에 대한 의견이 분분함을 알 수 있었다. 더 나아가 정의와 분류에 대한 실효성에 의문이 생기기도 한다. 이러한 점은 엔터테인먼트가 이제 주목받기 시작하여 많은 연구가 필요하다는 것과 함께 엔터테인먼트는 다른 무엇과 구별되는 것이 아니라 우리의 삶 자체가 아닌가 하는 추론이 가능하다.

2) 경영의 엔터테인먼트화

(1) 엔터테인먼트 요소

울프(Wolfe)는 세계 경제가 엔터테인먼트로 수렴하고 있다고 하면서 엔터테인먼트 요소(이팩터, e-factor 혹은 엔팩터, en-factor)라는 개념을 제시하였다. 엔터테인먼트 요소는 엔터테인먼트 산업이 공동으로 가지고 있는 본질로서 엔터테인먼트 본연의 기능인 즐거움과 감동을 주는 그 무엇이라고 하였다.

그림 12-1 맥도날드와 엔터테인먼트

맥도날드가 애니메이션 〈드래곤볼〉과 공동 프로모션하면서 햄버거 구매고객에게 한정판 피규어를 무료로 제공한 적이 있다. 어린아이가 지나가다 부모를 졸라 맥도날드로 들어가는 것은 햄버거를 먹고 싶다기보다는 한정판 피규어를 갖기 위함일 것이다. 맥도날드 입장에서 볼 때 이것이 마케팅에 활용한 엔터테인먼트 요소가 될 것이다. 엔터테인먼트 요소는 다음과 같이 정치, 교육, 스포츠, 쇼핑, 종교 등과 어울려 활용된다.

- 폴리테인먼트: 정치에서 엔터테인먼트 요소를 활용
- 에듀테인먼트: 교육에서 엔터테인먼트 요소를 활용
- 스포테인먼트: 스포츠에서 엔터테인먼트 요소를 활용
- 쇼퍼테인먼트: 쇼핑에서 엔터테먼트 요소를 활용
- 처치테인먼트: 종교에서 엔터테인먼트 요소를 활용

(2) 엔터테인먼트 요소를 활용한 조직 활성화

조직 활성화란 조직에 활기 혹은 사기를 불어넣는 것을 말한다. 이를 통해 개인과 조직의 역량을 최대한으로 발휘하도록 유도한다. 예를 들어 부서 간 계층 간 벽이 없는 조직을 만들어 커뮤니케이션을 활성화한다든가 공식조직에서 드러나지 않는 스타(직급에 관계없이 역량을 발휘하고 조직을 이끌 수 있는 리더로 연예계 스타와 같은 재능, 끼, 친화력을 소유함)를 발굴하며 칭찬 릴레이, 우수사원 선발, 사내 체육대회 이벤트 등을 개최한다. 이때 엔터테인먼트 요소를 활용하는 것이다.

조직의 최고경영자는 리더십에 엔터테인먼트 요소를 넣어서 직급 간의 단절된 벽을 허물 수 있다. 스스로 망가진 모습을 보이며 유머를 활용하면서 조직에 생기를 불러일으킨다. 기업조직에서 상사에 대한 어쩔 수 없는 미움이 있지만 그래도 애정을 이끌어낼 수 있다.

사우스웨스트 항공사의 허브 캘러허(Herb Kelleher) 회장의 파격적인 행보는 유머경영(fun management)이라는 경영의 새로운 패러다임을 낳았다. 한양대에서는 최고엔터테인먼트과정을 통해서 경영과 엔터테인먼트를 접목하기도 하였는데 졸업식에서 "기쁨과 행복을 전파할 수 있는 능력을 인정함"이라는 수료문구가 모든 것을 이 과정의 목표를 말해주고 있다. 직원들의 팀빌딩(team building)을 위해서 과거의 군대문화가 스며든 단합대회, 체육대회 등이 설자리를 잃고 있다. 예를 들어 연말 송년행사에 발표할 코러스 합창을 같이 준비하면서 팀워크를 키워나가고 성취감을 갖게 한다.

(3) 엔터테인먼트 요소를 활용한 생산과 판매 활동

기업이 만들어내는 생산물인 제품 혹은 서비스에 엔터테인먼트 요소를 포함시켜 가치를 높인다. 엔터테인먼트 요소가 상품에 포함되면 고객의 시선을 모으는 주목효과(attention effect)가 있다. 그리고 고객은 차별화의 요소를 발견할 것이며 따라서 상품은 경쟁력을 확보하게 되고 시장에서 선택될 가능성이 높아진다.

주목효과라는 것은 연상효과와도 관련이 있다. 영화나 드라마에서 본 이미지가 상품을 보았을 때 다시 생각이 나는 것이다. 그리고 엔터테인먼트 상품을 소비하였을 때 좋았던 감정이 되살아난다. 좋은 감정은 다시 되풀이하고 싶은 것이 인지상정이다. 이미 보았던 이미지는 쉽게 눈에 띈다.

부천은 아파트 외벽 만화벽화사업을 실시하였다. 신문수 작가의 로봇찌빠, 길창덕 작가의 꺼벙이, 정필원 작가의 패밀리맨, 이두호 작가의 머털도사, 윤태호 작가의 미생, 김동화 작가의 빨간자전거 등 만화 이미지로서 엔터테인먼트 요소를 아파트에 구현하였다. 한국의 프로야구는 경기 시작 전에 연예인의 시구를 통해 경기장을 찾은 관객에게 야구 이외의 볼거리로 보답하고 있다.

제품 및 서비스에 엔터테인먼트 요소를 포함시킬 뿐만 아니라 판매 및 마케팅

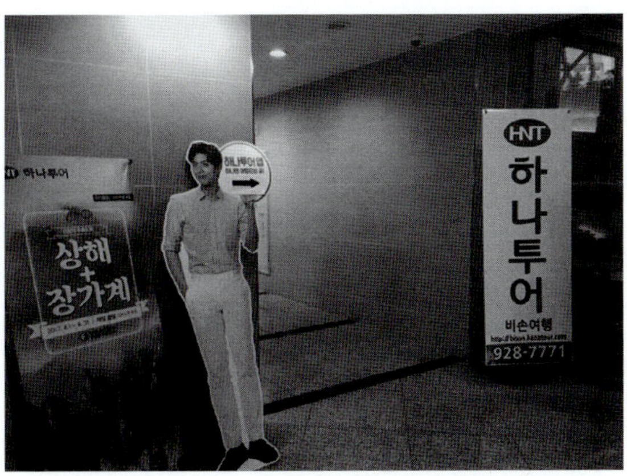

그림 12-2 스타를 활용한 여행사의 광고

역시 엔터테인먼트 요소를 적극 활용하고 있다. 상품광고에 연예인이나 성공한 엔터테인먼트를 연출하는 것은 이미 고전적인 방법이다. 아울러 영화나 드라마에 상품을 노출시키는 간접광고(PPL: Product Placement)는 보편적이다. 더 나아가 CF 자체를 영화로 만들어 이른바 브랜드(상품)와 엔터테인먼트가 결합한 브랜디드 엔터테인먼트(Branded Entertainment)가 선을 보이고 있다. BMW사가 단편영화 형식으로 〈the Hire〉를 선보였으며 삼성전자가 자사의 애니콜 피처폰을 소재로 '애니모션' 시리즈를 출시한 바 있다. 이것을 애드버타이징 무비(advertising movie)라고도 한다.

3) 호텔 및 관광 경영의 엔터테인먼트화

(1) 엔터테인먼트 관광객

관광의 소재는 주로 자연과 문화라고 할 수 있으며 각각 생태관광, 농촌관광, 문화관광 등이라고 하였다. 그러나 문화 중에서 대중문화, 대중문화 중에서 영화, 드라마 그리고 음악(이들을 엔터테인먼트 장르라고 함)을 소비하면서 이것을 방문지에서 다시 한 번 소비하고 싶은 새로운 욕구를 가진 관광객들이 출현하였다.

잉스키프(Inskeep)는 관광지를 자연관광지, 문화관광지 그리고 엔터테인먼트 관광지로 나누었다. 따라서 엔터테인먼트 관광객이란 엔터테인먼트 관광지를 방문하는 사람들이며 방문의 주목적이 엔터테인먼트재 소비이다. 진도의 '명량대첩 축제'는 영화 〈명량〉의 대박신화로 방문객 몰이를 하였다. 자메이카는 재즈 및 블루스 페스티벌을 개최하면서 기존의 태양의 자메이카(sun of Jamaica 이미지)를 능가하는 관광콘텐츠를 만들어냈다.

이러한 엔터테인먼트 관광객의 탄생은 엔터테인먼트 상품을 보다 쉽게 소비할 수 있는 바탕이 마련되었기 때문에 가능해졌다. 아울러 기존의 관광지가 경쟁력을 확보하기 위해서 기꺼이 성공한 엔터테인먼트 상품을 관광지 상품개발에 응용하였다. 그리고 관광객이 고유성 혹은 진정성을 추구하다가 엔터테인먼트, 즉 일시적인 즐거움, 게임과 오락을 선호하는 것도 무관하지 않다.

(2) 엔터테인먼트 호텔 및 관광기업

호텔 및 관광기업은 관광객과 관광지를 연결해 주는 매체에 해당한다. 따라서 관광객이 좀더 쉽게 관광을 할 수 있도록 도와주는 역할을 한다. 쉽게 말하면 소비하는데 매우 편리하게 만들어진 관광상품을 판다.

엔터테인먼트가 산업적으로 성장하고 일반기업 역시 경영에 엔터테인먼트를 전략적으로 활용함에 따라 호텔 및 관광기업 역시 같은 행보를 걷고 있다. 최고경영진의 엔터테인먼트 경영(유머경영)과 조직 활성화, 엔터테인먼트 기업(영화사, 연예기획사 등)과의 협업으로 공동생산, 공동마케팅 등을 진행해왔다.

CEO가 스스로 망가지면서 사우스웨스트항공사의 허브 캘러허 회장이 보여준 팔씨름 승부는 유명하다. 동종업계의 항공사와 광고문구 사용으로 생긴 다툼을 법정소송 대신 쇼이벤트화함으로써 오히려 항공사 자체 홍보에 성공을 거두었다. 라스베이거스의 플레닛 할리우드 리조트 앤 카지노호텔은 팝가수 브리트니 스피어스의 정기공연을 4년 동안 진행한 바 있다. 영화 〈국제수사〉는 필리핀을 배경으로 만들어졌는데 필리핀 영화진흥위원회뿐만 아니라 필리핀 관광청의 협조와 스폰서십이 있었다.

(3) 엔터테인먼트 관광지

관광객이 관광지를 방문하고자 마음을 먹는 데에는 해당 관광지에 대한 이미지가 크게 작용한다. 예전에 방문했던 관광지의 첫인상, 동행자와의 좋은 기억이 어떠한 계기가 되어 오감을 통해서 되살아나 다시 방문하고 싶다는 생각이 드는 것이다.

엔터테인먼트 관광지는 엔터테인먼트 상품의 배경에 등장한 장소, 엔터테인먼트, 즉 축제, 쇼 이벤트 등으로 관광자원을 보강하고 이를 상품화한 장소, 엔터테이너와 동행하는 여행상품 등 다양한 형태를 띤다.

TV버라어티쇼인 〈꽃보다 할배〉는 황혼을 맞이한 연예인들의 배낭여행을 소재로 하였는데 그리스, 스페인 등 촬영지가 시니어 관광객들의 관광명소로 각광받았다. 1970년 당시 재일교포의 모국방문을 주제로 발표된 〈돌아와요 부산항에〉는 부산의 동백섬 인근의 해운대 해수욕장의 노래비로 만들어져 관광지와 대중가요를 연결하고 있다. 유니버설스튜디오는 동명의 영화사가 제작한 영화 콘텐츠를 활용하여 만든 상업적 테마파크로서 〈킹콩〉, 〈해리포터〉, 〈죠스〉 코너를 통해 방문객으로 하여금 흥행에 성공한 영화의 등장인물이 될 수 있는 기회를 제공한다.

2 엔터테이닝 서비스

1) 엔터테이닝 서비스의 개념과 사례

(1) 엔터테이닝 서비스란 무엇인가

엔터테이닝 서비스(entertaining service)는 엔터테인먼트적 요소를 가지고 있는 서비스를 의미한다. 엔터테이닝 서비스는 엔터테인먼트 상품을 소비하도록 관객들에게 제시하는 연출(staging the performance)과 서비스를 소비하도록 고객에게 제시하는 서비스 전달(delivering the service)을 해나가는 과정이다. 기존의 서비스를 전달하는 과정에 엔터테인먼트 요소를 녹여 넣는다. 엔터테인먼트란 원래 업장의 서비스와 별개로 존재하는 것이었지만 서비스 전달과정에 포함시킴으로써 엔터테인먼트가 원래 가지고 있던 파급력을 극대화한다.

지금까지 각 장을 통해서 살펴본 바에 의하면 서비스는 전달되는(delivery) 것으로 알려져 있다. 그리고 파인과 길모어는 서비스 경제를 넘어서 체험경제로 향하고 있다고 하였다. 아울러 서비스 산업 이외에 엔터테인먼트 산업이 규모와 성장속도를 앞도하고 있다. 또한 서비스 산업은 엔터테인먼트 산업과 경계선이 흐려지고 있다. 엔터테인먼트 산업은 대표적 체험사업이다.

그렇지만 엔터테이닝 서비스는 무조건적인 이벤트 연출과는 다르다. 예를 들어 패밀리 레스토랑에서 고객 중에 생일을 맞이한 분을 위해 노래를 불러주는 것은 엔터테인먼트를 활용한 이벤트이지 서비스는 아니다. 또한 엔터테인먼트 사업을 진행하면서 서비스를 하는 것은 엔터테이닝 서비스가 아니다. 예를 들어 가수가 라이브 공연을 진행하기 전에 입장객에게 티켓을 나누어 주고 보안검색을 하는 것은 말 그대로 서비스이다.

이상의 논의를 바탕으로 엔터테이닝 서비스 연출을 도식화하면 [그림 12-3]과

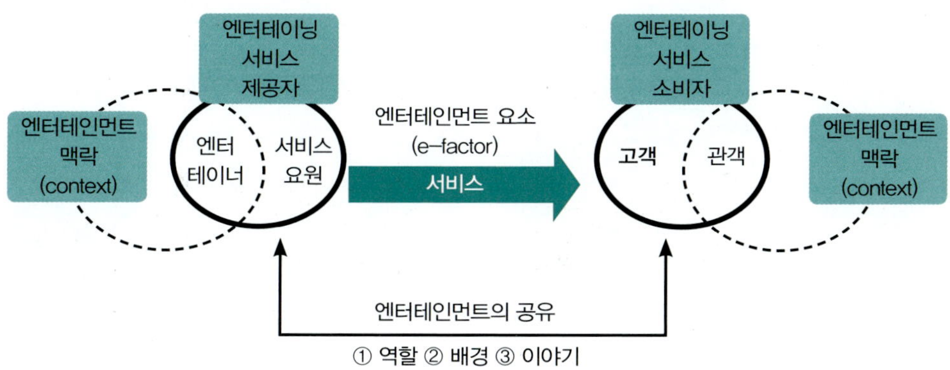

그림 12-3 엔터테이닝 서비스 연출 개념도

같다. 기존의 서비스에 엔터테인먼트를 담아서 전달한다. 서비스 제공자는 엔터테이너로서의 역할을 수행한다. 즉 서비스를 받는 고객과 서비스 제공자가 서로 인식하고 공감하는 엔터테인먼트에 대한 맥락을 알고 서비스를 주고받는 과정에서 엔터테인먼트 요소의 효과를 볼 수 있는 것이다. 고객이 거부감을 갖지 않고 서비스 전달에 무리가 가지 않을 정도로 연예인의 몸짓이나 유행어를 흉내 내거나 연예 에피소드, 스타의 핫이슈 등을 공유하는 것이다.

(2) 엔터테이닝 서비스의 예

축제의 장(첫 번째 사진)에서 승마체험상품을 구매한 고객에게 말의 고삐를 잡고 안전을 확보하며 정해진 시간 동안 일정 코스를 도는 서비스에 추가하여 동시에 중세 분위기가 나도록 배우의 복장을 입고 돈키호테의 산초 판사 연출을 하면 엔터테이닝한 서비스가 될 것이다. 실내 카지노(두 번째 사진)에서 베니스의 곤돌라 탑승 서비스를 제공해 주고 노를 저으며 손님의 안전을 확보하며 정해진 시간 동안 일정 코스를 도는 서비스에 추가하여 동시에 옛날 뱃사공 복장을 입고 오페라의 아리아를 부르면 엔터테이닝한 서비스가 될 것이다.

그림 12-4 엔터테이닝 서비스 연출 예시

2) 엔터테이닝 서비스 의의

(1) 엔터테이닝 서비스의 의의

서비스를 함으로써 궁극적으로 지향하는 것은 고객만족이다. 전 장에서 살펴본 바와 같이 고객만족이란 기대된 서비스와 서비스를 받고 나서 인식한 서비스 간의 차이이다. 그럼에도 불구하고 우리는 고객만족을 넘어서 비(非)학문적인 표현이지만 고객감동, 고객 졸도 등을 쓰기도 한다. 그리고 서비스를 받고 나서 만족과 유사한 괜찮았다, 나쁘지 않았다, 재미있었다, 흥미로웠다 등을 쓰고 있다.

엔터테인먼트를 소비함으로써 궁극적으로 지향하는 것은 관객의 재미와 감동이다. 따라서 영화나 드라마를 보고나서 만족한다는 말은 그리 자주 쓰이지 않는다. 엔터테인먼트 상품 자체보다는 부수적인 서비스에 대한 만족은 쓸 수 있다. 예를 들어 영화관의 크기나 화장실의 청결도, 팝콘을 파는 직원의 친절도 등은 그러하다. 엔터테인먼트 소비를 하고 나서 만족과 유사한 괜찮았다, 나쁘지 않았다, 재미있었다, 흥미로웠다 등을 쓰고 있다. 이상의 논의를 볼 때 서비스와 엔터테인먼트가 가져오는 효과에는 유사한 점도 있지만 차이점도 있음을 알 수 있다.

(2) 엔터테이닝 서비스 실행 시 유의점

엔터테인먼트 제공을 할 때 무엇이 주(主)가 되고 무엇이 부(副)가 되어야 하는지를 명심해야 한다. 물론 서비스 업체는 테마파크가 아니고 서비스 직원은 공연팀이 아니므로 서비스를 제대로 전달하는 것이 우선이다. 엔터테이먼트에 치중하여 서비스를 소홀히 하는 우를 범해서는 안 된다.

크루즈의 댄싱웨이터가 막간 여흥을 위해서 고객과 춤을 추다가 디저트를 제때 제공 못하여 고객의 불만을 산다면 엔터테이닝한 서비스를 하는 데 실패한 것이다. 테마 레스토랑의 웨이터가 고객의 식사 서빙 도중에 마술을 보여준다고 무대 위에 올라가서 열심히 하지만 정작 방금 업장에 들어온 새로운 고객이 테이블에 앉아 주문도 하지 못하고 있으면 엔터테이닝한 서비스를 하는 데 실패한 것이다. 주객전도가 되어서는 안 된다. 엔터테이닝 서비스의 주는 서비스이다.

(3) 엔터테이닝 서비스스케이프

엔터테이닝 서비스를 주고받는 직원과 고객은 서비스에 내재된 엔터테인먼트 요소에 대한 이해를 돕는 보조장치가 필요하다. 엔터테인닝 서비스스케이프는 엔터테이닝 서비스가 이루어지는 공간이자 엔터테이닝 서비스가 발생한 맥락이라고 할 수 있다. 따라서 적절한 공간연출과 복장, 도구 구비가 따라야 할 것이다.

하드록카페와 같이 연예인의 음악세계를 테마로 하는 레스토랑에서 바텐더의 서비스는 영화 〈칵테일〉의 톰 크루즈를 연상케 하는 화려한 셰이킹 동작과 함께 영화 포스터, 주제가 비치 보이스의 〈코코모〉가 흘러나오면 좋다.

3) 엔터테이닝 서비스 연출의 방법

(1) 놀라움(surprise)

깜짝 놀람(nice surprise)을 담은 엔터테이닝 서비스는 고객이 예상한 바를 뛰어넘어 신선함이 있기에 즐거움과 감동이 있다. 레스토랑에서 초짜 서비스 직원이 실수로 와인과 와인잔을 나르다가 바닥에 떨어뜨리고 고객들은 웅성거리기 시작한다. 이때 갑자기 실내에 불이 꺼진다. 고객은 더욱더 당황한다. 키친으로부터 매니저를 필두로 일군의 웨이터가 삼삼오오 줄을 서서 나타난다. 오늘 생일을 맞이한 고객을 축하하는 촛불과 케이크가 어둠 속에서 빛을 발하고 있다. 그리고 축하노래 합창이 수분 동안 진행되고 마침내 불이 켜진다. 초짜 서비스 직원은 본인이 저질러놓은 난장판이 마술과 같이 흔적도 없이 사라졌음을 발견한다. 손님의 시선을 빼앗고 그동안 바닥청소를 한 것이다.

(2) 차별성

다른 서비스와 차별성을 담은 엔터테이닝 서비스는 고객에게 차별적 가치를 주기 때문에 즐거움과 감동이 있다. 디즈니랜드는 직원이 한 손가락으로 특정한 방향을 가리키는 것을 금지한다. 일명 디즈니포인트라고 해서 디즈니의 캐스트(cast)는 독특하게 두 개의 손가락을 겹친다. 한 손가락으로 가리키는 것은 특정 국가의 문화에 따라 무례할 수도 있으며 또 한 손가락보다는 두 손가락이 훨씬 더 잘 보이기 때문이라는 디즈니의 서비스 정신을 반영한 것이다.

(3) 독특함

독특함을 담은 엔터테이닝 서비스는 고객의 고정관념을 깨기 때문에 즐거움과 감동이 있다. 스타벅스 1호점으로 유명한 시애틀 파이크 플레이스 마켓의 어(漁)시장에는 독특함이 있다. 재래 어시장 하면 축축하고 냄새나고 더러움이 상상되지만 '날아다니는 물고기'란 애칭으로 널리 알려진 파이크 플레이스 피시(Pike Place Fish)란 생선가게는 다르다. 1986년 침체해가던 시장 전체에 존 요코하마는 손님이 고른 생선을 계산대의 직원에게 날라다 주는 대신 던지는 서비스를 하였는데 시끌벅적한 분위기와 유쾌함이 조화를 이뤄 오히려 손님보다 구경꾼을 더 끌고 있다. 고기를 파는 상인들은 삶의 터전이 말 그대로 '펄떡이는 물고기처럼' 열정의 놀이터로 만들어져 가고 있다.

(4) 여유(slack)

여유를 담은 엔터테이닝 서비스에서 손님도 서비스 직원도 서두르지 않고 서비스의 전 과정을 천천히 음미하고 즐긴다. 식당에서 손님이 많아 눈코 뜰 새 없이 바쁘다는 핑계로 뛰어다니는 것만큼 볼썽 사나운 것은 없다. 고객에게 바쁘다는 것을 보여주어도 고객은 기다려주지 않는다. 호수 위를 유유하게 헤엄치고 있는 오리는 멋진 자태를 뽐내며 여유를 보이지만 사실은 물밑에서 열심히 발을 움직인다. 서비스도 마찬가지이다. 불필요하게 여유 없음을 보여주는 것은 손님을 불안하게 한다. 손님이 보지 않은 곳에서는 물론 바쁘게 움직여야 한다.

와인을 좀 알고 있는 손님이 동행자를 대접한다고 아는 척하면서 약간 비싼 와인을 시켰다. 그리고 한 모금 테이스팅을 해보다 와인이 예전에 먹었던 그것과 다르다는 알고 불같이 화를 낸다. 웨이터가 해야 할 행동은 당황하고 황급히 달려가 똑같은 와인 한 병을 더 가져오는 것이 아니다. 이때 소믈리에는 여유롭게(being slack) 와인병 내부에 가라 앉아 있는 침전물을 걸러 내거나 혹은 와인과 공기를 접촉시켜 좀 더 부드러운 맛을 이끌어 내기 위해 와인을 높이 들고 마치 실을 뽑아내듯 가늘고 길게 디켄터(decanter)로 옮기는 작업을 한다. 연출을 하는 소믈리에의 얼굴과 자태에는 여유가 있고 보는 재미가 있으며 달라진 맛에 감동이 있다.

(5) 환대(hospitality)

환대를 담은 엔터테이닝 서비스는 나를 알아주기 때문에 즐겁고 감동적이다. 상대를 환영하고 반갑게 맞이하는 것을 환대라고 한다. '환대하다'를 영어로 표기하면 엔터테인(entertain)인데 '접대하다'라는 뜻을 가지고 있다. 이러한 점에서 볼 때 엔터테인먼트와 서비스는 사실 동전의 양면이라고 보아도 무방하다. 제주항공 모 승무원은 구수한 경상도 사투리를 사용하여 기내 환영 멘트를 한 바 있다. "제 고향이 대구거든예. 그런데 입사해 보니 다 서울아들이라 가지고 사투리를 몬 알아듣더라고예 지지배들이", "여분의 적극적인 협조를 부탁드립니데이".

Service Break

3초의 여유

- 엘리베이터를 타고 닫기 버튼을 누르기 전에 3초만 기다리자.
  → 지금 누군가 급하게 오고 있을지도 모른다.
- 출발신호를 받고 앞차가 서 있으면 경적을 울리지 말고 3초만 기다려 주자.
  → 그 사람은 인생의 중요한 기로에서 갈등하고 있을지도 모른다.
- 내 앞에 어떤 차가 끼어들어도 3초만 기다려 보자.
  → 그 사람의 아내가 위급한 상태인지도 모른다.
- 친구와 헤어질 때 고개를 돌리지 말고 그 뒷모습을 3초만 더 바라보자.
  → 혹시 녀석이 가다가 뒤돌아봤을 때 웃어줄 수 있도록 길을 가다가 불행을 당한 사람을 보거든 잠시 눈을 감고 3초만 그들을 위해 기도하자.
  → 언젠가는 그들도 나를 위해 기꺼이 그렇게 할 것이다.
- 정말 화가 나서 참을 수 없을 때라도 3초만 고개를 들어 하늘을 보자.
  → 내가 화낼 일이 보잘 것 없지 않은가.
- 차창 밖으로 고개를 내밀다가 한 아이와 눈이 마주친다면 3초만 그 아이에게 손을 흔들어 주자.
  → 그 아이가 크면 분명 내 아이에게도 그렇게 할 것이다.
- 죄를 짓고 감옥에 가는 사람을 볼 때 욕하기 전에 3초만 생각해 보자.
  → 내가 그 사람과 같은 환경이었다면 어떻게 되었을까?
- 그녀가 화가 나서 소나기처럼 퍼부어도 3초만 미소 짓고 들어주자.
  → 그녀가 저녁에 넉넉한 웃음으로 한 잔 술을 부어줄지도 모른다.

3 엔터테이닝 서비스 연출을 위한 이슈들

1) 관객의 고객화

(1) 관객의 고객화

엔터테인먼트를 소비하는 집단을 관객(audience)이라고 한다. 따라서 서비스업은 엔터테인먼트의 관객을 고객으로 만드는 전략이 필요하다. 이를 통해서 서비스기업은 생존 가능성을 더욱 높일 수 있다. 디즈니는 애니메이션과 영화를 통해 확보한 관객을 자연스럽게 디즈니크루즈에 탑승하는 고객으로 만든다.

(2) 관객의 특징

관객은 일반적인 재화나 서비스를 소비하는 집단과 달리 강력한 팬덤(fandom)을 소유한다. 엔터테인먼트 상품은 스토리이고 스토리에는 주인공이 있으며 주인공은 스타이다. 즉 스타와 팬 간의 관계가 존재한다. 팬은 스타가 나오는 엔터테인먼트 상품, 즉 영화, 드라마, 노래에 관계없이 자신이 좋아하는 스타가 나오기 때문에 그 엔터테인먼트 상품을 구매한다. 이보다 좋은 고객은 없다.

(3) 관객의 고객화를 위한 호텔관광기업의 방향

호텔관광기업은 엔터테인먼트 기업, 즉 연예기획사, 영화사, 방송국 등과 전략적 제휴를 통해서 관객의 고객화를 위한 인프라를 구축하여야 한다. 호텔관광기업이 강점으로 가지고 있는 탁월한 서비스는 엔터테인먼트 기업이 팬을 관리해 나가는 데 제휴요소가 될 수 있다. 호텔은 엔터테인먼트 기업에 장소협찬을 하여 인지도를 높여나간다. 여행사는 스타급 연예인의 개인 여행, 여행 버라이어티 프로그램 소재로서 여행 프로그램 공동개발 등을 할 수 있다.

2) 서비스 직원의 엔터테이너화

(1) 서비스 직원의 엔터테이너화

엔터테이너는 원래 엔터테인먼트를 업으로 삼는 사람을 말한다. 그러나 최근에는 재미와 감동이라는 엔터테인먼트 요소를 포함하고 있으면 원래 업종에 붙여서 사용하는 사례가 빈번해지고 있다. 아나운서의 아테이너, 사회운동가의 소셜테이너 등이다. 따라서 서비스 직원 역시 가칭 서비스테이너라고 명명할 수도 있겠다.

(2) 인력선발 과정에서 엔터테이너적 재능에 주목

서비스 직원을 채용하는 과정에서 서비스 업무 수행과정, 별도의 엔터테인먼트 관련 이벤트를 임시로 담당 혹은 엔터테인먼트 업계를 위한 서비스 업무 수행 등을 한다는 가정하에서 이에 필요한 지식, 기술, 태도 보유 유무를 확인한다. 엔터테이너를 지칭하는 탤런트(talent)는 원래 재능을 뜻한다.

(3) 서비스는 쇼비즈니스

서비스가 쇼비즈니스(show business)인 것은 고객에게 어떻게 보여지느냐가(show) 그 성과 판단 기준이기 때문이다. 엔터테인먼트 속의 등장인물은 대본에 없는 한 말을 더듬고 허둥대지 않는다.

'고객만족 발로 뛰겠소'라는 광고문안이 있다. 물론 고객만족을 위해서 열심히 성심성의를 다하겠다, 신속한 서비스를 제공하겠다는 뜻이다. 그러나 부지런히 움직인다고 고객이 감동하는 것이 아니다. 고객은 바쁜 직원에게 결코 동정을 표시하지 않는다. 고객에 대한 사랑이 자기만족으로 끝나면 안 된다. 좋은 서비스를 했다는 기분 좋음이 아니라 중요한 것은 고객이 어떻게 느끼느냐이다. 바쁜 것은 불필요한 동작과 중복적인 동작이 많기 때문이다.

웨이터에게는 'Do not go empty hand', 즉 빈손으로 이동하지 말라는 철칙이 있다. 고객에게 우아한 서두르지 않는 모습을 보여주어야 할 것이다. 마치의 백조처럼. 그러나 그 우아한 모습을 보여주기 위해 백조는 물밑 보이지 않은 곳에서 쉬지 않고 발놀림을 한다. 고객이 보지 못하는 주방은 마치 기관차의 엔진룸과 같이 뜨겁고 바쁘지만 이 웨이터는 뜨거운 주방과 차가운 홀을 오가는 중간자이다.

3) 엔터테이닝 정보 서비스

(1) 정보 서비스의 개념

정보서비스란 서비스 이용객이 서비스를 이용하는 데 어려움이 없도록 하기 위해서 혹은 특정한 강제성에 의해서 정보를 제공하는 행위 혹은 제공된 정보 자체를 말한다. 사람을 이용한 서비스도 중요하지만 미리 정보를 수집하고 적시에 정보에 따라 서비스를 제공하는 것 역시 중요하다.

(2) 정보의 엔터테인먼트화

정보는 필요한 사람에 의해 이용되어야만 가치가 있다. 그러나 때로는 정보가 강제적으로 서비스되어야 하며 이용해야 할 사람이 여러 가지 이유로 이를 거부하는 경우도 있을 수 있다. 따라서 정보이용에 대한 저항을 줄이기 위해서 정보를 엔터테인먼트화, 즉 인포테인먼트(infortainment)로 만들어야 한다.

(3) 인포테인먼트의 예시

비행기에 탑승 시 안전운항을 위해 고객이 숙지해야 할 내용이 승무원의 데몬스트레이션과 동영상을 통해 제시된다. 에어프랑스는 예술적 감각이 돋보이는 영상을 통해서 자연스럽게 기내에서의 안전수칙을 전달하고 있다.

크루즈는 출항 시 모든 승객이 예외 없이 크루즈 안전훈련에 참가해야 한다. 최근의 동영상은 정보의 전달을 넘어서 한편의 CF와 같은 이야기로 구성된다.

그림 12-5 엔터테인먼트로 만든 기내안전비디오

출처: 에어프랑스

그림 12-6 엔터테인먼트로 만든 선상훈련 비디오

출처: Royal caribbean International Muster drill viedo (2021).

세자르 리츠(César Ritz, 1850~1918)

세자르 리츠(César Ritz)

고급호텔의 창시자로 불리며 호텔리어의 왕, 왕의 호텔리어(king of hoteliers and hoteliers of king)라는 별명을 가졌다. 당시 신조어인 리치(Ritzy: 화려한, 고급의 뜻)를 만들어내었다.

그가 당대의 왕족과 귀족의 허영과 명예를 만족시켜주는 최고급 서비스를 지향한 이유 중 하나로 가난한 시골 태생으로서 도시에 돈과 권력이 있는 사람들에 대해 열등감을 가졌기 때문이라고 한다. 따라서 영국신사를 역할 모델로 하였다고 하지만 자신에게 맞지 않은 역할을 스스로 수행하였다.

그는 부자와 권력이 있는 사람들을 자세히 관찰하여 그들이 좋아하는 것과 싫어하는 것, 그들의 습관과 허영심을 파악하였다고 한다(최풍운·박수현, 2015). 웨일즈 왕자는 "자네는 내가 무엇을 좋아하는지 나보다 더 잘 알고 있지 않나, 나의 입맛에 맞는 저녁을 준비하라"고까지 하였다. 또한 본인이 상상하는 최고의 서비스를 위해서 돈을 아끼지 않는 과감함을 보였는데 산봉우리에 10,000개의 촛불을 밝히는 이벤트, 지하 만찬식당에 베니스식 곤돌라 설치 등이 그 예이다(오정환, 1995). 남성 전용식당에 부부동반을 유도해서 매출을 올렸으며, 요한시트라우스 오케스트라 연주 등으로 만찬을 길게 하고 음료 판매를 증가시키는 등 사업적 수완 또한 남달랐다고 한다. 이와 같은 시설의 화려함, 호화로움을 더해 무겁고 격식이 있는 서비스를 담아 그랜드 호텔시대를 열었으며 그 중심에는 고객이 원하는 것을 최고의 서비스로 제공하겠다는 생각이 있었다.

출처: 김영찬 · 홍영택 (2013).

엔터테인먼트로
배우는 서비스

The Greatest Showman(위대한 쇼맨)

마이클 그레이시 감독(2017)

쇼 비즈니스의 창시자이자, 꿈의 무대로 전 세계를 매료시킨 남자 'P.T 바넘'의 이야기에서 영감을 받아 탄생한 오리지널 뮤지컬 영화이다. 휴 잭맨, 잭 에프론, 미셸 윌리엄스, 레베카 퍼거슨, 젠다야까지 할리우드 최고의 배우들이 대거 등장하였다. 주인공은 어린 시절 가난했고, 재단사였던 아버지가 돌아가신 후 고아가 되었지만 타고난 상상력과 기발한 아이디어를 바탕으로 화려한 쇼를 구성하였다. 대중들은 프릭쇼(freak show)라 하여 인권침해, 저속함 등을 근거로 비난하였지만 영국 왕실에까지 알려지게 되고, 그곳에서 만난 '제니 린드'라는 스웨덴의 오페라 가수를 미국에 소개시켜 큰 성공을 거두게 된다. 말미에는 인생에서 소중한 것이 명예, 돈이 아닌 가족의 소중함이라는 것을 알고 돌아가게 된다.

쇼맨이 위대한 것은 사람들에게 멋진 볼거리를 제공한 것도 있지만 인생에서 모든 사람에게 엔터테이닝한 서비스를 했다는 데 있다.
개인적으로 어려운 시절을 영광의 나날로 바꾸었으며 어둠 속에 있던 쇼 단원들에게 당당히 관객 앞에서 박수를 받을 수 있는 무대를 선사하였다. 그리고 말년에는 가장 소중한 가족에게 서비스로 마무리짓는다.

참고문헌

〈국내논문〉

김광기 (2003). 이방인의 사회학: 이방인에 대한 사회학적 소묘, 짐멜, 슈츠, 고프만 그리고 가핑겔. **한국사회학대회논문집.**

김용만 (1996). 판매력의 원천에 관한 이론적 접근. **지역산업연구**, 18(1): 173–204.

김종숙 (2005). 국외여행인솔자의 역할이 관광객 만족에 미치는 영향. 경기대학교 국제 · 문화대학원. 석사논문.

김현수 (2019). 한국대표사상의 서비스철학성 고찰. **서비스연구**, 9(1): 1–16.

박기홍 (1988). 한국적 관광서비스의 모형개발에 관한 실증적 연구. 한양대학교 석사학위논문.

반재광 (2017). 누가의 '환대의 식탁' 연구. **신약논단**, 24(3): 553–585.

심기성 (1992). 미국현대호텔산업의 개척과 현황: 스타틀러, 힐튼과 지금의 Hospitality. **관광연구논집**, 9: 15–48.

유진희 (2015). 한국의 감성적 문화유전자 '정(情)'의 글로벌 수용가능성에 대한 탐구: 한국 드라마를 중심으로. **콘텐츠문화**, 6: 11–58.

이웅규, 민미순 (2006). 한국형 환대산업의 발전을 위한 유교적 가치 재평가. **호텔경영학연구**, 15(3): 189–203.

이정학 (2000). 서비스업의 특성에 따른 경영상의 문제점과 대응방안에 관한 연구. **연구논문집**, 27(1): 443–462.

이정학 (2009). 서비스 전환행동 및 비용에 관한 연구: 레스토랑 이용고객을 대상으로 CIT분석. **관광학연구**, 33(5): 343–361.

이헌경 (2006). 친절의 결: 한국과 일본, 어디가 더 친절할까. **이제여기그너머**, 10: 166–174.

조민호, 최인호, 장미 (2004). 호텔 레스토랑 팁핑에 대한 국가문화적 인식차이에 관한 연구. 외식경영연구, 7(1): 49–66.

조선배 (2001). 서비스품질평가와 향상전략: 숙박산업 및 외식산업의 서비스 표준화 방향에 관한 연구 서비스품질과 향상전략, 23–33.

주기종, 유상진 (2012). 서비스스케이프와 정보기술이 서비스 접점직원의 직무만족과 정서적 몰입 및 서비스 수행에 미치는 영향: 간호서비스를 중심으로. 한국산업정보학회논문지, 17(5): 75–88.

최호남, 이규태 (2016). 호텔 기업 식음료팀 직원의 감정노동이 서비스회복 노력에 미치는 영향: 감정조절에 따른 차이를 중심으로. 관광연구저널, 30(3): 19–31

한성훈 (2015). 제노사이드와 근대이성에 대한 성찰: 관계의 사회학과 공유, 환대의 공동체 윤리. 문화와사회, 19: 87–129.

함봉수 (1999). 호텔의 서비스 품질경영활동에 관한 이론적 고찰. 호텔경영학연구, 8(2): 149–179.

〈국내 단행본〉

강도원, 박종원, 안운석, 장형섭, 조춘봉, 최동춘 (2008). 서비스마케팅. 대진.

고프만 (2016). 자아연출의 사회학. 진수미 역.

관광서비스연구회 (2017). 관광서비스. 기문사.

교토대 경영관리대학원편 (2016). 일본의 크리에티브 서비스. 김우봉, 이재환 역. 日本型クリエイティブ.サービスの時代'おもてなし'への科學的接近. 청람.

구유회 (2013). 호텔리어 로랑의 시선. 안나푸르나.

권혁률 (2005). 관광서비스론. 현학사.

김기영, 추상용, 채영철 (1999). 식음료 서비스 실무론. 대왕사.

김병욱 (1987). Top 서비스맨이 되는 길. 세경서원.

김승욱 (2017). 디자인싱킹 for 서비스경영. 박영사.

김영찬, 홍영택 (2013). 호텔외식식음료서비스관리론. 한경사.

김영철 (2001). 사랑도 커피도 긴 다리도 영원하지 않다. 가야넷.

김지노 (2008). 서비스에 미쳐라. 북카라반.

김태희, 윤지영, 서선희 (2017). 외식서비스 마케팅. 파워북.

나구라 야스노부 (1994). 서비스가 최고의 상품이다. 이제빈 역. 21세기북스.

다카하시 히데오 (2003). 서비스업의 전략적 마케팅: 관광산업을 중심으로. 오미숙 역. 백산.

라이싱거, Y., et al. (2006). 관광서비스경영론. 정익준 외 공역. 형설.
로버트, P. Z., & 설리번, J. (1999). 서비스 댓 셀. 최은경, 김문식, 홍승우 역. 펜콤코리아.
리바트, C. (2017). 레스토랑에서. 이수영 역. 열린책들.
맥도날드 (2005). CREW 트레이닝 매뉴얼. 자료집.
맥킨지컨설팅그룹 (1997). 문제해결방법. 자료집.
메리어트, J. W. (1999). 메리어트의 서비스정신. 구본성 역. 세종서적.
무라카미 노부오 (2010). 제국호텔 주방이야기. 강철호 역. 책과길.
미야 에이지 (1992). 그림해설, 외식비즈니스. 한국산업훈련연구원 역. 한국산업훈련연구소.
백지연 (2017). 고객서비스실무. 한올.
사사키 요시오 (2006). 음식점 접객의 프로만들기. 월간 외식경영편집팀 역. 월간외식경영.
손대현 (2000). 서비스는 이런 것이다: 기분좋은 사회 서비스의 연출. 백산.
스터먼, M., 코질, J., 버마, R. (2015). 코넬대 휴미락 서비스업 완벽강의. 이정덕, 이환인 역. 눌민.
시미즈 히토시 (2005). 서비스산업을 위한 호스피탈리티코칭. 한국외식정보 역. 한국외식정보.
시미즈 (1985). 서비스의 원리: 그 이론과 실천. 국제관광서비스개발 역. 자유문고.
안대희 외 (2017). 관광서비스. 지식인.
안미현 (2002). 고객의 영혼을 사로잡는 50가지 서비스기법. 거름.
오정환 (1995). 호텔산업의 왕자들. 기문사.
오홍진, 강찬호, 김연화 (2016). 실무형 호텔객실서비스론. 기문사.
우경진(2008). 미라클 서비스마인드. 기문사.
유혜선 (2004). 당당한 서비스. 엑스퍼트컨설팅미디어사업본부.
이선희, 김근종 (2003). 관광서비스. 백산.
이영주 (2015). 호텔외식서비스실무운영관리론. 신화전산기획.
이정학 (2018). 서비스마케팅. 대왕사.
이치조 신야 (1993). 하트비즈니스. 이종덕 역. 세종서적.
이케가미 료타 (2010). 도해 메이드. 에이케이커뮤니케이션.
정영주 (2009). 고객의 가치를 높이는 서비스기법. 미래지식.
정용길 (2016). 서비스 마케팅. 이프레스.

조관일 (2000). 친절학개론. 다움.

차길수 (2008). 서비스인간관계론. 대왕사.

최풍운, 박수현 (2015). 환대산업서비스의 이해. 새로미.

최한우 (2017). 오모테나시, 접객의 비밀. 스리체어스.

테라다 나오코 (2013). 호텔 브랜드 이야기. 정희봉 역. 이숲.

파인, B. J. (2001). 고객체험의 경제학. 신현승 역. 세종서적.

피츠시몬스, J. A., & 피츠시몬스, M. J. (2006). 서비스경영. 서비스경영연구회 편역. 한경사.

한국생산성본부 (2017). 서비스경영자격 MAT. 박문각.

황필홍 (2001). 친절론. 학생생활연구, 6: 167-184.

황현진 (2017). 세일즈, 말부터 바꿔라. 비즈니스북.

〈국내잡지〉

동아비즈니스리뷰 (2012). 96호.

삼성경제연구소 (2011).

외식경영 (2014). 10월호.

호텔&레스토랑 (2014). 3월호.

〈외국서적 및 논문〉

Gronnos, C. (1984). A service quality model and its marketing implication. *European Journal of Marketing*, *40*, 36-44.

Kano, N. (1995). *Upsizing the organization by attractive quality creation*. Japan: Science University of Tokyo.

Marriot hotel (2010). re Plenish: Service training manual.

Pine, B. J. II & Gilmore, J. H. (1998). The experience economy. *Harvard Business Review*. July-August, 97-105.

Schmenner, R. W. (1986). "How can service business survive and prosper?", *Sloan Management Review*, 27(3).

Zemke, R., Bacon, T., & Bell, C. (2000). Knock your socks off service recovery. AMACOM div, American Management Association.

望月まもる (2013). 集客は「地域のお客様」からはじめよう. 同文館出版.
諏訪良武 (2016). サービスービスの価値を高めて豊かになる豊かさを実現する6つの価値.

〈인터넷 자료〉
리츠칼튼 홈페이지 http://www.ritzcarlton.com
매경이코노미 (2017.8.14). "포시즌스호텔, 억만장자도 단골, 고객 100% 만족서비스". http://news.mk.co.kr/v2/economy/view.php?year=2017&no=543957
맥도날드 홈페이지 McDonalds, https://www.mcdonalds.com.
스칸디나비아항공사 홈페이지 https://www.flysas.com
신라호텔&리조트 홈페이지 https://Shillahotels.com
오피니언타임스 http://www.opiniontimes.co.kr
올리브가든 홈페이지 https://www.olivegarden.com.
제국호텔 홈페이지 https://www.imperialhotel.co.jp
조건섭 소셜외식경영, 61가지 감성서비스 콘텐츠 사례- 고객관점에서 출발, https://blog.naver.com/nspado/220702445735
한국맥도날드 홈페이지 http://www.macdonalds.co.kr

찾아보기

[ㅋ]

[ㅌ]

[ㅍ]

[ㅎ]

[기타]

양승훈

신라대 관광경영학과 교수

고려대 사회학 학사
플로리다 주립대(FIU) 호텔경영대학원 석사
한양대 대학원 관광학 박사

LG전자
JW메리어트 호텔(마이애미)
로얄캐리비안 크루즈

엔터테이닝

호텔관광서비스

초판발행 2021년 3월 10일 **1판 1쇄 인쇄** | 2021년 3월 15일 **1판 1쇄 발행**

지은이 양승훈
펴낸이 최용구 | **펴낸곳** 도서출판 **이프레스**
주소 (04316) 서울시 용산구 원효로 89길 19 (원효로1가)
전화 02) 537-1720(영업부), 537-1721(편집부), 537-1711(팩스)
이메일 epress01@naver.com | **홈페이지** www.epress1.com
등록 2009년 12월 10일 제16-2710호
기획마케팅 최용구 장만동 최충구 진소희 | **책임편집** 석기은 황가연

ISBN 979-11-91348-08-8 93980
정가 24,000원